예습, 복습, 숙제까지 해결되는

교과서 완전 학습서

KB214037

만점왕

BOOK 1
개념책

국어 6-1

개념책

BOOK 1 개념책으로
교과서에 담긴 **학습 개념**을
꼼꼼하게 공부하세요!

⬇ 해설책은 EBS 초등사이트(primary.ebs.co.kr)에서 다운로드 받으실 수 있습니다.

교 재 내 용 문 의 교재 내용 문의는 EBS 초등사이트 (primary.ebs.co.kr)의 교재 Q&A 서비스를 활용하시기 바랍니다.

교 재 정오표 공 지 발행 이후 발견된 정오 사항을 EBS 초등사이트 정오표 코너에서 알려 드립니다.
교재 검색 ▶ 교재 선택 ▶ 정오표

교 재 정 정 신 청 공지된 정오 내용 외에 발견된 정오 사항이 있다면 EBS 초등사이트를 통해 알려 주세요.
교재 검색 ▶ 교재 선택 ▶ 교재 Q&A

초등 기본서

국어

6·1

구성과 특징

BOOK 1
개념책

① 단원 도입

단원을 시작할 때마다 도입 그림을 눈으로 확인하며 안내 글을 읽으면, 공부할 내용에 대해 흥미를 갖게 됩니다.

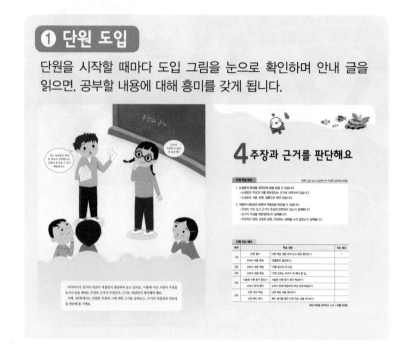

② 교과서 내용 학습

국어 교과서에 실린 지문, 활동을 꼼꼼하게 살펴보며 교과서에 담긴 개념을 빈틈없이 학습할 수 있습니다.

③ 서술형 수행 평가 돋보기

단원의 주요 개념과 관련된 서술형 문항을 심층적으로 학습하여, 학교에서 출제되는 서술형 수행 평가를 미리 준비할 수 있습니다.

④ 교과서 문제 확인

교과서 문제와 답을 제시하여 만점왕 하나로 학교 숙제까지 해결할 수 있도록 하였습니다.

⑤ 단원 정리 학습

지문과 활동을 통해 접했던 단원 학습 개념을 정리하는 단계입니다. 자세한 개념 설명과 그림, 예시를 통해 핵심 개념을 분명하게 파악할 수 있습니다.

⑥ 단원 확인 평가

평가를 통해 단원 학습을 마무리하고, 자신이 보완해야 할 점을 파악할 수 있습니다.

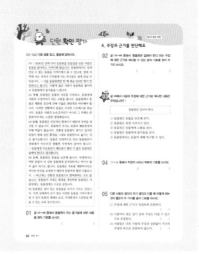

꼭꼭이, 쑥쑥이, 쏙쏙이가
핵심 개념, 심화 개념, 문제 푸는 방법을
자세히 설명해 줄 거예요.
세 친구와 함께 쉽고 재미있게 공부해 보세요.

BOOK2

실전책

❶ 핵심+쪽지시험

핵심 정리를 통해 학습한 내용을 복습하고, 간단한 쪽지 시험을 통해 자신의 학습 상태를 확인할 수 있습니다.

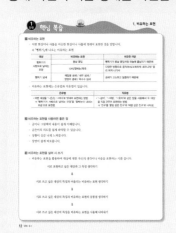

❷ 학교 시험 만점왕

앞서 학습한 내용을 바탕으로 보다 다양한 문제를 경험하여 단원별 수시 평가를 대비할 수 있습니다.

BOOK 1

자기주도 활용 방법

평상 시 진도 공부

교재(북1 개념책)로 공부하기

만점왕 북1 개념책으로 진도에 따라 공부해 보세요.

개념책에는 학습 개념이 자세히 설명되어 있어요. 따라서 학교 진도에 맞춰 만점왕을 풀어 보면 혼자서도 쉽게 공부할 수 있습니다.

TV(인터넷) 강의로 공부하기

개념책으로 혼자 공부했는데, 잘 모르는 부분이 있나요? 더 알고 싶은 부분도 있다고요?
만점왕 강의가 있으니 걱정 마세요.
만점왕 강의는 TV를 통해 방송됩니다. 방송 강의를 보지 못했거나 다시 듣고 싶은 부분이 있다면 인터넷(EBS 초등 사이트)을 이용하면 됩니다.

만점왕 방송 시간: EBS홈페이지 편성표 참조
EBS 초등 사이트: http://primary.ebs.co.kr

앗, 만점왕 방송 시간이네!

이 부분은 잘 모르겠으니 인터넷으로 다시 봐야겠어.

시험 대비 공부는 북2 실전책으로! (북2 2쪽 자기주도 활용 방법을 읽어 보세요.)

BOOK1 차례

반딧불이는
하늘을 떠다니는
등불 같구나.

남자아이가 반딧불이를 보고 등불 같다고 했어요. 반딧불이가 내는 불빛이 등불과 비슷하다고 생각해서 불빛을 등불에 비유하여 표현했나 봐요.

이제, 1단원에서는 비유하는 표현에 대하여 알아보고, 비유하는 표현을 사용하여 시를 써 볼 거예요.

1 비유하는 표현

단원 학습 목표

14쪽 단원 정리 학습에서 더 자세히 공부해 보세요.

1. 비유하는 표현을 살펴볼 수 있습니다.
   - '비유하는 표현'은 어떤 현상이나 사물을 비슷한 현상이나 사물에 빗대어 표현한 것을 말합니다.

2. 비유하는 표현을 살려 시를 쓸 수 있습니다.
   - 시로 쓰고 싶은 대상의 특징과 어울리는 비유하는 표현을 생각합니다.
   - 시로 쓰고 싶은 대상의 특징과 비유하는 표현의 공통점을 생각합니다.
   - 시로 쓰고 싶은 대상의 특징을 비유하는 표현을 사용해 나타냅니다.

단원 진도 체크

회차		학습 내용	진도 체크
1차	단원 열기	단원 학습 내용 미리 보고 목표 확인하기	✓
	교과서 내용 학습	「뻥튀기」	✓
2차	교과서 내용 학습	「봄비」	✓
3차	교과서 내용 학습	「풀잎과 바람」	✓
4차	교과서 내용 학습	비유적 표현을 살려 시 쓰기	✓
	교과서 문제 확인	교과서 문제 학습하며 학교 숙제 해결하기	✓
5차	단원 정리 학습	단원 학습 내용 정리하기	✓
	단원 확인 평가	확인 평가를 통한 단원 학습 상황 파악하기	✓

해당 부분을 공부하고 나서 ✓표를 하세요.

뻥튀기

학습 목표 ▶ 비유하는 표현 살펴보기

교과서 32~35쪽

- 글쓴이: 고일
- 글의 특징: 뻥튀기가 사방으로 날리는 모양과 뻥튀기의 고소한 냄새를 비유하는 표현으로 쓴 글입니다.

- ■ 비유하는 표현
  어떤 현상이나 사물을 비슷한 현상이나 사물에 빗대어 표현하는 것

★ 바르게 쓰기

메밀꽃	매밀꽃
(○)	(×)

"뻥이요. 뻥!"
'뻥이오'가 바른 표기임. 비유하려는 대상을 알 수 있음.

봄날 꽃잎이 흩날리는 것처럼 아름답게 보였습니다.

아니야, 아니야, 나비가 날아갑니다.
    반복하는 말
아니야, 아니야, 함박눈이 내리는 거야.

맞아요, 맞아요, 폭죽입니다.
    반복하는 말

하얀 연기 고소하고요.

가을날 메밀꽃 냄새가 납니다.
    ★
아니야, 아니야, 새우 냄새가 납니다.

아니야, 아니야, 멍멍이 냄새가 납니다.

맞아요, 맞아요, 옥수수 냄새입니다.

비유하는 표현을 사용해서 상황이 실감 나게 느껴져.

01 이 글에서 다음은 무엇을 비유하는 표현인지 쓰시오.

- 나비가 날아가는 모습
- 함박눈이 내리는 모습
- 봄날에 꽃잎이 흩날리는 모습

(   )

02 뻥튀기 냄새를 비유하는 표현으로 알맞지 <u>않은</u> 것은 무엇입니까? (   )

① 새우 냄새   ② 멍멍이 냄새
③ 메밀꽃 냄새   ④ 옥수수 냄새
⑤ 함박눈 냄새

03 중요

뻥튀기 냄새와 그것을 비유하는 표현에는 어떤 공통점이 있습니까? (   )

① 냄새가 고소하다.   ② 냄새가 매콤하다.
③ 냄새가 거의 안 난다. ④ 냄새가 지독하다.
⑤ 냄새가 빨리 사라진다.

04 서술형

'뻥튀기'를 다른 사물에 비유하여 표현해 보고 그렇게 표현한 까닭을 쓰시오.

비유하는 표현	(1)
비유한 까닭	(2)

도움말 사물을 다른 대상에 비유하여 표현할 때에는 대상의 특징을 떠올려 두 대상 사이의 공통점을 찾아봅니다.

봄비

학습 목표 ▶ 비유하는 표현을 생각하며 시 읽기

해님만큼이나

㉠큰 은혜로

내리는 **교향악**

이 세상

모든 것이 다

악기가 된다.

달빛 내리던 지붕은

두둑 두드둑

큰북이 되고
세숫대야에 비해 큰 소리가 남.

아기 손 씻던

세숫대야 바닥은

도당도당 도당당

작은북이 된다.
지붕에 비해 작은 소리가 남.

앞마을 냇가에선

풍풍 포옹 풍

뒷마을 연못에선

풍풍 푸웅 풍

> 앞마을 냇가와 뒷마을 연못에 봄비가 경쾌하게 내리는 장면을 표현함.

외양간 엄마 소도 함께

댕그랑댕그랑
엄마 소의 목에 달린 워낭이 잇따라 흔들릴 때 나는 소리.

엄마 치마 주름처럼

산들 나부끼며
사늘한 바람이 가볍고 보드랍게 부는 모양.
왈츠

봄의 왈츠

하루 종일 연주한다.

- **글의 종류:** 시
- **글쓴이:** 심후섭
- **글의 특징:** 봄비가 내리는 모습을 교향악에 비유하여 표현한 시입니다.

■ **은유법**
  어떤 대상을 '~은/는 ~이다'로 빗대어 표현하는 방법

> 운율은 시가 음악처럼 느껴지게 하는 요소로, 소리가 비슷한 글자나 일정한 글자 수가 반복될 때 생겨.

낱말 사전

교향악 관현악을 위해 만든 음악을 통틀어 이르는 말.
왈츠 3박자의 경쾌한 춤곡. 또는 그에 맞추어 남녀가 한 쌍이 되어 원을 그리며 추는 춤.

---

05 ㉠은 무엇을 표현한 것인지 쓰시오.

( )

06 이 시에서 악기가 되지 <u>않은</u> 것은 무엇입니까?

( )

① 지붕
② 앞마을 냇가
③ 엄마의 치마
④ 세숫대야 바닥
⑤ 외양간 엄마 소

07 이 시에서 큰북에 비유한 것은 무엇인지 쓰시오.

( )

08 세숫대야 바닥이 내는 소리를 운율이 느껴지게 표현한 말은 어느 것입니까? ( )

① 두둑 두드둑
② 풍풍 포옹 풍
③ 풍풍 푸웅 풍
④ 댕그랑댕그랑
⑤ 도당도당 도당당

풀잎과 바람

- 글의 종류: 시
- 글쓴이: 정완영
- 글의 특징: 내가 좋아하는 친구의 모습을 풀잎과 바람에 비유하여 표현한 시입니다.

■ 직유법
'~같이', '~처럼', '~듯이'와 같은 말을 써서 두 대상을 직접 견주어 표현하는 방법

낱말 사전

엉켰다가 여럿의 실이나 줄, 문제 따위가 풀기 어려울 정도로 서로 얽혔다가.
얼싸안는 두 팔을 벌리어 껴안는.
㉠ 오랜만에 만난 형제가 울면서 얼싸안는 장면이 감동적이었다.

나는 풀잎이 좋아, 풀잎 같은 친구 좋아
　　　　　　　　　　直喻法(직유법)
바람하고 **엉켰다가** 풀 줄 아는 풀잎처럼

헤질 때 또 만나자고 손 흔드는 친구 좋아.
(본)헤어질　　　　　풀잎 같은 친구 모습

나는 바람이 좋아, 바람 같은 친구 좋아
　　　　　　　　　　直喻法(직유법)
풀잎하고 헤졌다가 되찾아 온 바람처럼

만나면 **얼싸안는** 바람, 바람 같은 친구 좋아.
바람 같은 친구 모습

> 글쓴이는 직유법을 사용하여 자신이 좋아하는 친구를 다른 대상에 비유했어.

★ 바르게 읽기

[풀립]	[푸립]
(○)	(×)

---

09 이 시에서는 좋아하는 친구를 무엇에 비유하였는지 두 가지를 고르시오. (　　,　　)

① 집
② 학교
③ 바람
④ 꽃잎
⑤ 풀잎

11 이 시에 대한 설명으로 알맞지 <u>않은</u> 것은 무엇입니까? (　　)

① 2연으로 이루어져 있다.
② 반복되는 말이 나타나 있다.
③ 주제는 친구 사이의 우정이다.
④ 안타까운 마음이 나타나 있다.
⑤ 비유하는 표현이 잘 나타나 있다.

서술형
12 밑줄 친 표현을 새롭게 바꾸어 쓰시오.

비유하는 표현	풀잎 같은 친구 좋아 바람하고 엉켰다가 풀 줄 아는 풀잎처럼
바꾼 표현	

도움말 좋아하는 친구의 특징을 떠올려 보고 무엇에 비유하면 좋을지 생각하여 봅니다.

중요
10 이 시의 느낌과 감상에 관련된 질문 두 가지를 찾아 ○표를 하시오.

(1) 이 시의 주제는 무엇인가? (　　)
(2) 이 시는 몇 연 몇 행인가? (　　)
(3) 이 시를 읽고 무엇을 느꼈는가? (　　)
(4) 이 시를 읽으면서 어떤 친구가 생각났는가? (　　)

[13~16] 다음을 보고, 물음에 답하시오.

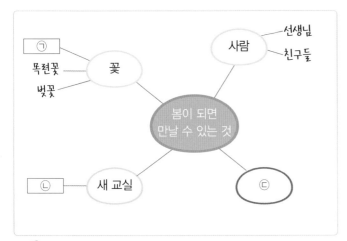

13 이 생각 그물은 무엇을 떠올린 내용입니까? (   )
① 비유하는 표현
② 내가 좋아하는 것
③ 내가 하고 싶은 것
④ 학교에서 볼 수 있는 것
⑤ 봄이 되면 만날 수 있는 것

14 ㉠에 들어갈 말로 알맞은 것은 무엇입니까? (   )
① 연필   ② 축구
③ 개나리꽃   ④ 볶음밥
⑤ 할아버지

15 ㉡에 들어갈 말로 알맞지 <u>않은</u> 것은 무엇입니까?
(   )
① 칠판   ② 책상
③ 의자   ④ 강아지
⑤ 사물함

16 ㉢에 들어갈 수 있는 말을 한 가지 쓰고, 그에 대해 어떤 생각이나 마음을 표현하고 싶은지 쓰시오.

새롭게 만난 대상	표현하고 싶은 생각이나 마음
(1)	(2)

17 비유하는 표현을 할 때 '친구'와 비유할 대상의 공통점이 바르게 연결되지 <u>않은</u> 것은 무엇입니까? (   )

	대상	비유할 대상	공통점
①	친구	연예인	멋있다.
②	친구	바다	깊고 넓다.
③	친구	발전소	내게 힘을 준다.
④	친구	밝은 햇살	눈물이 많다.
⑤	친구	흥부	착하고 순박하다.

18 '봄'을 비유하는 표현을 떠올려 쓰시오.

도움말 비유하는 표현이란 사물을 비슷한 현상이나 사물에 빗대어 표현한 것을 말합니다.

 교과서 문제 확인

「뻥튀기」

○ 뻥튀기를 할 때의 모습을 비유하는 표현을 사용하여 나타낸 시

• 「뻥튀기」를 읽고 질문을 만들어 친구들과 묻고 답해 봅시다.

그림과 관련한 질문	• 그림에 무엇이 있나요? • '뻥이요'를 왜 진하고 구불구불하게 표현했을까요? • 예 그림에서 소녀의 표정은 어떤 것 같나요?
글과 관련한 질문	• 이 글에서 표현하려는 것은 무엇인가요? • 예 뻥튀기를 튀기는 것을 본 경험이 있나요? • 예 지은이가 말하고 싶은 의도는 무엇일까요?

• 「뻥튀기」에 나오는 비유하는 표현을 찾아봅시다.

대상	비유하는 표현	비유한 까닭
뻥튀기가 사방으로 날리는 모양	봄날 꽃잎	뻥튀기가 봄날 꽃잎처럼 하늘에 흩날리기 때문에
	예 나비 / 함박눈 / 폭죽	예 다양한 방향으로 움직여서 / 소복하게 내리니까 / 멀리 퍼져 나가서
뻥튀기 냄새	예 메밀꽃 냄새 / 새우 냄새 / 멍멍이 냄새 / 옥수수 냄새	예 냄새가 고소하고 달콤하기 때문에

• '뻥튀기'를 다른 사물에 비유하여 표현해 보고 그렇게 표현한 까닭을 써 봅시다. 그리고 비유해 표현한 사물을 친구들에게 표정이나 몸짓으로 나타내 봅시다.

대상	비유하는 표현	비유한 까닭
뻥튀기	나비	번데기가 나비가 되듯이 아주 다른 모습으로 변하는 것이 비슷해서
	예 솜사탕	예 작은 것이 큰 것으로 변하는 성질이 비슷하기 때문에

「봄비」

○ 봄비가 내릴 때의 모습을 교향악에 비유하여 나타낸 시

• 봄비를 무엇으로 표현했나요?

　예 봄비를 '큰 은혜로 내리는 교향악'으로 표현했습니다.

• 악기가 되는 것은 무엇무엇인가요?

　예 지붕, 세숫대야 바닥, 앞마을 냇가, 뒷마을 연못, 외양간 엄마 소입니다.

• "앞마을 냇가에선 / 퐁퐁 포옹 퐁 / 뒷마을 연못에선 / 풍풍 푸웅 풍"은 어떤 장면을 표현한 것인가요?

　예 앞마을 냇가과 뒷마을 연못에 봄비가 경쾌하게 내리는 장면을 표현한 것입니다.

• 이 시의 어느 부분에서 운율이 잘 느껴지나요?

　예 3연의 '두둑 두드둑' / 5연의 '도당도당 도당당' / 6연의 '퐁퐁 포옹 퐁', '풍풍 푸웅 풍' / 7연의 '댕그랑댕그랑'

• 비유하여 표현한 부분을 생각하며 「봄비」를 다시 읽고 대상을 어떻게 표현했는지 알아봅시다.

대상	비유하는 표현	비유한 까닭
봄비 내리는 소리	교향악	여러 가지 소리가 섞여 있는 것이 비슷해서
이 세상 모든 것	예 악기	예 소리가 나는 것이 비슷해서
지붕	예 큰북	예 큰 소리가 나는 것이 비슷해서 / 크기가 커서
세숫대야 바닥	예 작은북	예 작은 소리가 나는 것이 비슷해서 / 크기가 작아서
봄비 내리는 모습	예 왈츠	예 경쾌하고 가볍게 움직이는 것이 비슷해서

• 봄비 내리는 장면에서 떠올린 대상의 특징을 다른 악기에 비유하여 표현해 보세요.

> 바이올린, 첼로, 비올라, 피아노, 나팔, 클라리넷, 트라이앵글, 실로폰, 캐스터네츠, 리코더, 탬버린……

대상	비유하는 표현	비유한 까닭
가로수	리코더	비를 맞으며 일자로 서 있는 모습이 비슷하기 때문에
예 새싹	예 클라리넷	예 클라리넷의 여린 소리가 새싹의 여린 모습과 닮아서
예 개구리	예 캐스터네츠	예 개구리의 우는 소리가 캐스터네츠의 소리와 비슷해서

「풀잎과 바람」

○ 내가 좋아하는 친구를 풀잎과 바람에 비유하여 나타낸 시

• '풀잎 같은 친구'가 좋다고 한 까닭은 무엇인가요?
예 바람하고 엉켰다가 풀 줄 아는 풀잎의 모습이 헤어질 때 또 만나자고 손 흔드는 친구 같기 때문입니다.

• '바람 같은 친구'가 좋다고 한 까닭은 무엇인가요?
예 풀잎하고 헤어졌다가 되찾아 온 바람의 모습이 만나면 얼싸안는 친구 같기 때문입니다.

• 「풀잎과 바람」을 읽고 질문을 만들어 친구들과 묻고 답해 봅시다.

느낌과 감상에 관련한 질문	• 이 시를 읽고 무엇을 느꼈나요? • 예 시를 읽으면서 어떤 친구가 생각났나요? • 이 시를 읽으면 어떤 장면이 떠오르나요?
내용과 형식에 관련한 질문	• 이 시의 주제는 무엇인가요? • 예 이 시는 몇 연 몇 행인가요? • 예 이 시에서 운율이 느껴지는 부분은 어디인가요?

• 「봄비」와 「풀잎과 바람」처럼 우리에게 익숙한 대상을 비유하는 표현을 살려 표현하면 어떤 점이 좋은지 친구들과 이야기해 봅시다.
비유하는 표현을 보니 봄비와 친구가 새롭게 느껴졌어. / 비유하는 표현이 대상을 더욱 실감 나게 느끼게 해. / 예 평소에 그냥 지나쳤던 봄비와 친구를 다시 한번 생각해 보게 돼. / 익숙한 대상도 비유하는 표현을 사용하면 새롭게 느껴져.

단원 정리 학습

비유하는 표현 알기

1 비유하는 표현

- 어떤 현상이나 사물을 비슷한 현상이나 사물에 빗대어 표현한 것을 '비유하는 표현'이라고 합니다.

 예 「뻥튀기」에 나오는 비유하는 표현

대상	비유하는 표현
뻥튀기가 사방으로 날리는 모양	봄날 꽃잎

공통점 하늘에 흩날린다.

- 은유법은 어떤 대상을 '~은/는 ~이다'로 빗대어 표현하는 방법입니다.

 예 '봄비 내리는 소리'를 '교향악'으로 비유함.

- 직유법은 '~같이', '~처럼', '~듯이'와 같은 말을 써서 두 대상을 직접 견주어 표현하는 방법입니다.

 예 '친구'를 '풀잎 같은 친구'와 '바람 같은 친구'로 나타냄.

2 비유하는 표현을 사용하면 좋은 점

- 글이나 그림책의 내용이 쉽게 이해됩니다.
- 글쓴이의 의도를 쉽게 파악할 수 있습니다.
- 상황이 실감 나게 느껴집니다.
- 장면이 쉽게 떠오릅니다.

익숙한 대상도
비유하는 표현을 사용하면
새롭게 느껴져.

비유하는 표현을 살려 시 쓰기

- 시로 표현하고 싶은 대상과 그 특징을 생각해 봅니다.

 예 봄, 날씨가 자주 변한다.

- 시로 쓰고 싶은 대상의 특징과 어울리는 비유하는 표현을 생각해 봅니다.

 예 내 동생

- 시로 쓰고 싶은 대상의 특징과 비유하는 표현의 공통점을 생각해 봅니다.

 예 자주 변한다.

- 시로 쓰고 싶은 대상의 특징을 비유하는 표현을 사용해 나타내 봅니다.

 예 봄은 / 아침저녁으로 변하는 변덕쟁이 / 내 동생

- 비유하는 표현을 활용하여 대상에 대한 자신의 생각이나 마음을 표현하는 시를 써 봅니다.

단원 확인 평가

1. 비유하는 표현

[01~04] 다음 글을 읽고, 물음에 답하시오.

> "뻥이요. 뻥!"
>
> 봄날 꽃잎이 흩날리는 것처럼 아름답게 보였습니다.
> 아니야, 아니야, ㉠나비가 날아갑니다.
> 아니야, 아니야, 함박눈이 내리는 거야.
>
> 맞아요, 맞아요, 폭죽입니다.
>
> 하얀 연기 고소하고요.
>
> ㉡가을날 메밀꽃 냄새가 납니다.
> 아니야, 아니야, 새우 냄새가 납니다.
> 아니야, 아니야, 멍멍이 냄새가 납니다.
>
> 맞아요, 맞아요, 옥수수 냄새입니다.

01 ㉠은 무엇을 비유하는 표현입니까? (   )

① 눈이 내리는 모습
② 연기가 퍼지는 모습
③ 새가 날아가는 모습
④ 뻥튀기가 사방에 날리는 모습
⑤ 꽃잎이 여기저기 흩날리는 모습

02 ㉡은 어떠한 냄새를 표현한 것입니까? (   )

① 고소한 냄새   ② 고약한 냄새
③ 매콤한 냄새   ④ 비릿한 냄새
⑤ 시큼한 냄새

03 이 글을 읽고 떠올릴 수 있는 장면은 무엇입니까?
(   )

① 부침개를 부치는 모습
② 여름에 수박을 먹는 모습
③ 비가 주룩주룩 내리는 모습
④ 모두 잠든 고요한 숲의 모습
⑤ 뻥튀기가 사방에 날리는 모습

04 이 글에서 대상을 비유하여 표현한 말이 <u>아닌</u> 것은 무엇입니까? (   )

① 나비   ② 함박눈
③ 새우 냄새   ④ 하얀 연기
⑤ 봄날 꽃잎

05 다음 빈칸에 들어갈 알맞은 말을 쓰시오.

> 은유법은 어떤 대상을 '~은/는 ~이다'로 빗대어 표현하는 방법이고, ☐☐☐은/는 '~같이', '~처럼', '~듯이'와 같은 말을 사용해서 두 대상을 직접 견주어 표현하는 방법을 말한다.

(   )

[06~08] 다음 시를 읽고, 물음에 답하시오.

> 나는 풀잎이 좋아, ㉠풀잎 같은 친구 좋아
> 바람하고 엉켰다가 풀 줄 아는 풀잎처럼
> 헤질 때 또 만나자고 손 흔드는 친구 좋아.
>
> 나는 바람이 좋아, 바람 같은 친구 좋아
> 풀잎하고 헤졌다가 되찾아 온 바람처럼
> 만나면 얼싸안는 바람, 바람 같은 친구 좋아.

06 ㉠은 어떤 친구를 말하는 것입니까? (   )

① 나를 잘 도와주는 친구
② 나를 보고 항상 웃어 주는 친구
③ 내가 힘들 때 기댈 수 있는 친구
④ 헤어질 때 또 만나자고 손 흔드는 친구
⑤ 마음이 잘 맞아서 무엇이든 함께하는 친구

07 (중요) 이 시에서는 만나면 얼싸안는 친구의 모습을 무엇에 비유하였는지 쓰시오.

(   )

08 이 시와 같이 비유하는 표현을 사용하면 어떤 점이 좋은지 한 가지만 쓰시오.

(   )

[09~10] 다음을 보고, 물음에 답하시오.

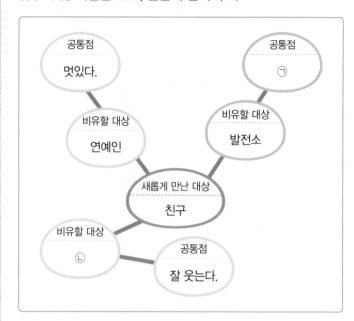

09 ㉠에 들어가기에 알맞은 말로, '친구'와 '발전소'의 공통점은 무엇이겠습니까? (   )

① 나보다 작다.
② 나에게 힘을 준다.
③ 나와 취미가 같다.
④ 나보다 마음이 넓다.
⑤ 나처럼 목소리가 크다.

10 (서술형) ㉡에 들어갈 알맞은 대상을 정하여 보기 에서 사용한 방법으로 '친구'를 비유하는 표현을 쓰시오.

보기

달리기를 잘하는 내 친구는 날아가는 화살이다.

_____

도움말 은유법은 어떤 대상을 '~은/는 ~이다'로 빗대어 표현하는 방법입니다.

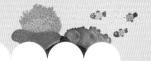

꼭꼭 숨어라, 숨은 그림 찾기

가족들과 함께 딸기 농장에 체험학습을 다녀왔어요. 빨갛게 잘 익은 딸기를 따서 맛있게 먹었어요. 어떤 그림이 꼭꼭 숨어 있는지 찾아보세요.

정답 어린이, 웅덩이, 자, 빨대, 장갑, 사탕

그랬구나. 엄마가 지금 좀 바쁜데 네가 읽은 책의 내용을 요약해서 말해 주겠니? 끝까지 자세히 들을 시간이 안될 것 같구나.

오늘 학교에서 책을 읽었는데, 그 책이 너무 재미있었어요. 책에는 별을 좋아하는 아이가 나오는데, 하루는 그 아이가 잠을 자다가 꿈을……

민형이가 어머니께 학교에서 읽은 책의 내용을 자세히 말하고 있어요. 바쁜 어머니는 민형이의 말을 끝까지 듣지 못할 것 같아서 간단히 요약해서 말해 달라고 하시는데 어떻게 요약하면 좋을까요?

이제, 2단원에서는 이야기 구조에 대해 알아보고, 이야기를 요약하는 방법을 배울 거예요. 이야기 구조를 생각하며 작품을 감상해 보도록 해요.

2 이야기를 간추려요

단원 학습 목표

33쪽 단원 정리 학습에서 더 자세히 공부해 보세요.

1. **이야기 구조를 알 수 있습니다.**
   - 이야기 구조에는 발단, 전개, 절정, 결말이 있습니다.

2. **이야기를 요약하는 방법을 알 수 있습니다.**
   - 이야기 흐름에서 중요하지 않은 내용은 삭제하거나 간단히 씁니다.
   - 여러 사건이 있을 때에 관련 있는 사건은 하나로 묶습니다.

단원 진도 체크

회차		학습 내용	진도 체크
1차	단원 열기	단원 학습 내용 미리 보고 목표 확인하기	✓
	교과서 내용 학습	「황금 사과」	✓
2차	교과서 내용 학습	「저승에 있는 곳간」	✓
3차	교과서 내용 학습	「소나기」	✓
4차	서술형 수행 평가 돋보기	서술형 수행 평가 대비 학습하기	✓
	교과서 문제 확인	교과서 문제 학습하며 학교 숙제 해결하기	✓
5차	단원 정리 학습	단원 학습 내용 정리하기	✓
	단원 확인 평가	확인 평가를 통한 단원 학습 상황 파악하기	✓

해당 부분을 공부하고 나서 ✓표를 하세요.

교과서 내용 학습

황금 사과

학습 목표 ▶ 이야기 속 사건의 흐름 살펴보기

교과서 54~61쪽

- 글의 종류: 이야기
- 글쓴이: 송희진
- 옮긴이: 이경혜

- **글의 특징**: 황금 사과를 가지려고 금을 긋고, 담을 쌓으며 서로 싸움을 하였던 두 동네 사람들의 이야기를 통해 욕심을 부리지 말고 서로 대화하고 소통함이 중요함을 알려 주고 있습니다.

중심 내용 두 동네의 한가운데에 있는 사과나무에 황금 사과가 열렸는데 두 동네 사람들이 황금 사과를 서로 가지겠다고 땅바닥에 금을 그었습니다.

1 오래전 일이야.
⎯⎯⎯ 일이 일어난 때
　어느 작은 도시 한가운데에 예쁜 사과나무가 있었어.

　나무는 두 동네를 정확하게 반으로 가르는 곳에 있었지.

　하지만 아무도 그 나무를 **눈여겨보지** 않았어.

　그 나무에 황금 사과가 열린다는 걸 누군가 알아채기

전까지는 말이야.

　"얘기 들었어? 사과나무에 황금 사과가 열린대!"

　"황금 사과? 말도 안 돼!"

　"가 보면 알 거 아냐. 우리 눈으로 직접 확인하자고!"

　그 소식은 아랫동네부터 윗동네까지 쫙 퍼져 나갔지.
사과나무에 황금 사과가 열린다는 소식
　사람들은 황금 사과를 따려고 마법의 나무 주위로 벌
　　　　　　　　　　　　　　　　　사과나무

떼처럼 우르르 몰려 들었어.

　"이 사과들은 우리 거예요!"

　"천만에! 이건 우리 것입니다!"

　"이 사과를 처음 본 건 우리라고요."

　두 동네 사이에는 툭하면 싸움이 벌어졌어.

　다들 황금 사과를 갖겠다고 **아우성**이었지.

　할 수 없이 사람들은 모여서 의논을 했어.

　『"이 나무는 우리 두 동네의 한가운데에 있습니다. 그러니 잘 나누기 위해 땅바닥에 금을 그읍시다. 금 오른쪽에 열리는 사과는 윗동네, 금 왼쪽에 열리는 사과는 아랫동네에서 갖도록 말입니다."』『 』: 금이 생기게 된 원인

　그렇게 해서 땅바닥에 금이 생겼지.

낱말 사전

눈여겨보지 주의 깊게 잘 살펴보지.
㈃ 나는 그 문제를 눈여겨보지 않았습니다.

아우성 떠들썩하게 기세를 올려 지르는 소리.
㈃ 그들은 서로 먼저 가겠다고 아우성이었습니다.

---

01 **1**에 나오는 등장인물은 누구인지 쓰시오.

（　　　　　　　　　　　　）

02 어느 작은 도시 한가운데에 있는 것은 무엇입니까?
（　　）

① 예쁜 상점　　② 작은 동상
③ 무서운 곰　　④ 작은 동물원
⑤ 예쁜 사과나무

중요
03 사람들이 싸움을 하는 까닭은 무엇인지 쓰시오.

（　　　　　　　　　　　　）

서술형
04 황금 사과를 사이좋게 나누려면 어떻게 하면 좋을지 쓰시오.

_____

_____

도움말 **1**에 나온 두 동네 사람들의 행동과 다른 방법이어야 합니다.

중심 내용 두 동네 사람들은 담까지 높게 쌓았는데, 담을 세운 까닭을 잊고 미워하는 마음만 남았습니다.

2 잠깐 동안은 **별일** 없이 평화롭게 지냈어.

하지만 사람들은 곧 약속을 어겼어.

<u>사과를 따려고 금을 넘어가기 시작한 거야.</u>
　　　　_{두 동네 사이에 싸움이 일어난 까닭}
두 동네 사이에는 다시 싸움이 일어났지.

결국 금보다 ㉠더 확실하고 분명한 방법이 있어야 했어.

이런저런 생각 끝에 사람들은 드나들 수 있는 작은 문이 달린 나무 울타리를 세웠지.

그렇지만 나무 울타리도 사람들의 욕심을 막을 수가 없었어.

사람들은 이제 담을 쌓기 시작했어.

사방이 꽉 막힌 높고 단단한 담을.

그런 다음 양쪽에 **보초**를 세우고 담을 넘는 사람이 있나 잘 감시했지.

윗동네도 아랫동네도 서로를 의심하는 마음이 **차츰차츰** 쌓여 갔어.

그러다 나중에는 서로 잡아먹을 듯이 미워하게 되었지.

세월이 흘러갈수록 담은 점점 더 높아졌지.

그러다 어느 때부터인가 아무도 그 담에 관심을 갖지 않게 되었어.

언제 담을 세웠는지, 왜 세웠는지조차 사람들은 까맣게 잊고 만 거야.

담을 넘는 사람들이 없어지자 보초도 사라졌고, 황금 사과까지 사라졌어.

오직 남은 것은 가슴 깊숙이 뿌리박힌 서로 미워하는 마음뿐이었지.

■ 질문을 만들어 글 내용 파악하기
• 답이 여러 개인 질문을 만들려면 '왜' 질문, '만약' 질문, '어떻게' 질문을 활용할 수 있습니다.
• '왜' 질문: 왜 이런 일이 일어났을까요?
• '만약' 질문: 만약 자신이라면 어떻게 했을까요?
• '어떻게' 질문: 어떻게 하면 문제를 해결할 수 있을까요?

낱말 사전

별일 특별히 다른 일.
보초 부대의 경계선이나 각종 출입문에서 경계와 감시의 임무를 맡은 병사. ⑩ 성문마다 보초를 세워 감시하겠습니다.

차츰차츰 어떤 사물의 상태나 정도가 시간의 흐름에 따라 일정한 방향으로 조금씩 자꾸 변화하는 모양.
⑩ 줄넘기 실력이 차츰차츰 향상되고 있었습니다.

---

05 ㉠은 어떤 방법을 말합니까? (　　　)

① 열린 사과를 따는 것
② 나무 울타리를 세우는 것
③ 다른 사과나무를 심는 것
④ 사과나무를 베어 버리는 것
⑤ 처음에 그은 금보다 더 굵은 금을 긋는 것

07 사람들 사이에는 결국 어떤 마음만 남았습니까?
　　　　　　　　　　　　　　　　　(　　　)

① 행복한 마음　　　② 사랑하는 마음
③ 걱정하는 마음　　④ 미워하는 마음
⑤ 부끄러워하는 마음

서술형
08 **2**에 나타난 인물의 행동에 대한 생각이나 느낌을 쓰시오.

_____

도움말 두 동네 사이에 금이 생기고, 울타리가 생기고, 담이 생기고, 보초가 생긴 것에 대해 생각해 봅니다.

중요
06 황금 사과에 대한 사람들의 마음을 표현한 두 글자의 낱말을 찾아 쓰시오.

　　　　　　　　(　　　　　　　　)

중심 내용 어느 날, 꼬마 아이가 엄마께 담 너머에 누가 사느냐고 묻자 엄마는 괴물이 사니 조심하라고 했습니다.

3 어느 날, 한 꼬마 아이가 물었어.

"엄마, 저 담 너머에는 누가 살아요?"

"쉿! 아가야, 절대로 저 담 옆에 가면 안 돼. 저 담 너머에는 심술궂고 못된, 아주 나쁜 사람들이 산단다."

그 아이가 어른이 되어 다시 딸을 낳았지.

어느 날, 어린 딸이 물었어.

"엄마, 저 담 너머에는 누가 살아요?"

"쉿! 아가야, 절대로 저 담 옆에 가면 안 돼. 저 담 너머에는 무시무시한 괴물들이 산단다."

시간이 지날수록 윗동네는 점점 바뀌어 갔어.

어느새 커다란 현대식 건물들로 가득 찬 엄청나게 큰 동네가 되었지.
　　　　　　　　　윗동네의 모습

하지만 아랫동네는 높은 담 때문에 멀리까지 그늘이 졌어.

그래서 낮에도 햇볕이 들지 않고, 동네는 늘 어두웠어.
　　　　　　　　　아랫동네의 모습

그늘진 곳에 살던 사람들은 따뜻하고 밝은 곳을 찾아 멀리 떠났지.

중심 내용 꼬마 아이가 공을 주우려고 담 쪽으로 갔다가 담에 있는 문을 열자, 그곳에서 아이들이 즐겁게 놀고 있었습니다.

4 그러던 어느 날, 한 꼬마 아이가 공놀이를 하다가 공을 놓치고 말았어.

공은 떼굴떼굴 담 쪽으로 굴러갔지.

아이는 아무도 살지 않는 <u>으스스한</u> 그곳으로 걸어갔어.
　　　　　　　차거나 싫은 것이 몸에 닿았을 때 크게 소름이 돋는 느낌이 있는.
그런데 담 쪽으로 다가가 보니 작은 문이 언뜻 보이는 거야. / 몸이 오싹거렸지만 그 아이는 계속 다가갔어.

열쇠 구멍에서 희미한 빛이 새어 나왔거든.

아이는 무서운 마음을 꾹 누르고 구멍 속을 들여다보
　　　　　　　　　괴물들이 있을 거라 생각했기 때문에
았어.

"와, 세상에 이럴 수가!"

아이의 눈에 보인 건 <u>공을 가지고 즐겁게 노는 아이들</u>
　　　　　　　　　　　　　　　　담 너머 아이들의 모습
이었어. / 엄마가 말한 끔찍한 괴물들이 아니라 자기하고 비슷한 또래 친구들 말이야.

끼이이이익— / 아이가 문을 밀자 쓱 열렸어.

문은 낡았고, 자물쇠는 망가져 있었거든.

환한 햇살 때문에 아이는 눈이 부셨지.
　　　　　　　　빛이나 색채가 강렬하여 마주 보기가 어려운 상태에 있었지.
아이는 친구들에게 다가가 말했어.

"얘들아, 안녕! 내 이름은 사과야. 너희 이름은 뭐야?"
　　　　문을 열고 들어간 아이가 담 너머 아이들에게 다가가서 한 인사

---

09 **3**에서 꼬마 아이는 어른이 되어 담 너머에 누가 살고 있다고 하였는지 쓰시오.

（　　　　　　　　　　）

10 **4**에서 꼬마 아이가 공을 줍기 위해 담 쪽으로 갔다가 열쇠 구멍을 통해 본 것은 무엇입니까? （　　　）

① 문을 지키는 보초
② 무시무시한 괴물들
③ 황금 열매가 열린 사과나무
④ 어두컴컴하고 허름한 건물들
⑤ 공을 가지고 즐겁게 노는 아이들

서술형
11 **4**의 내용을 간단히 정리해 쓰시오.

_____

_____

도움말 누가 무엇을 하였는지 살펴보고 일어난 일을 간단히 정리해 봅니다.

중요
12 「황금 사과」의 주제는 무엇이겠습니까? （　　　）

① 욕심을 부리지 말자.
② 부지런하게 생활하자.
③ 자연을 소중히 여기자.
④ 부모님 말씀을 잘 듣자.
⑤ 아이들의 마음을 이해하자.

저승에 있는 곳간

학습 목표 ▶ 이야기 구조를 생각하며 요약하는 방법 알기

· **글의 종류:** 옛이야기
· **글의 특징:** 저승에 간 원님이 덕진의 저승 곳간에서 쌀을 꾸어 이승으로 온 후에 덕진에게 쌀을 갚았는데 덕진은 그 쌀로 사람들을 위해 다리를 만들었다는 내용의 옛이야기입니다.

중심 내용 저승에 간 원님이 염라대왕에게 이승에서 좀 더 살게 해 달라고 간청하자 염라대왕은 원님을 저승사자에게 돌려보냈고, 저승사자는 원님에게 수고비를 내놓으라고 하였습니다.

1 옛날, 전라남도 영암 땅에서 있던 일이다.
<u>일이 일어난 때</u> <u>일이 일어난 곳</u>

영암 원님이 죽어서 염라대왕 앞으로 끌려갔다.

"염라대왕님, 소인은 아직 할 일이 많습니다. 그런데
<u>원님이 자신을 낮추어 부르는 말</u>
벌써 저를 데려오셨습니까? 이승에서 좀 더 살게 해

주십시오."

원님은 머리를 조아리며 **간청했다.** 그러자 염라대왕은

수명을 적어 놓은 책을 들여다보고는 아직 원님이 나이

가 젊어 딱하다는 생각이 들었다.

"좋다, 내 마음이 변하기 전에 얼른 사라져라."

염라대왕은 원님을 저승사자에게 돌려보냈다.
<u>인간이 죽으면 저승으로 데려가는 매개자.</u>

낱말 사전

간청했다 간절히 청하였다.
(예) 나는 용돈을 올려 달라고 엄마께 간청했다.

"이승으로 나가려는데 어떻게 가면 될까요?"

"여기까지 데려왔는데 그냥 보내 줄 수는 없다. 너 때
문에 ★**헛걸음**을 했으니 수고비를 내놓아라."

"어떡하지요? 지금 저는 빈털터리인데……."
                                    <u>수고비를 드릴 수가 없습니다.</u>
"그러면 저승에 있는 네 곳간에서라도 내놓아라."

사람은 누구나 저승에 곳간이 하나씩 있다. 그렇지만
이승에서 부자라고 해서 그 곳간이 꽉 차 있지는 않다.
마찬가지로 가난하게 사는 사람이라고 해서 저승 곳간
까지 텅 빈 것도 아니었다. 그 곳간은 이 세상에서 좋은
일을 한 만큼 재물이 쌓이게끔 되어 있었다.
                    <u>저승의 곳간</u>

★ 바르게 읽기
[헌꺼름]	[헌걸음]
(○)	(×)

헛걸음 목적을 이루지 못하고 헛수고만 하고 가거나 옴. 또는 그런 걸음.

13 이 이야기의 첫 장면은 어떤 내용입니까? (   )

① 원님이 죽는 장면
② 원님이 덕진을 만나는 장면
③ 원님이 저승 곳간에 가는 장면
④ 원님이 염라대왕을 만나는 장면
⑤ 원님이 이승으로 돌아오는 장면

14 원님이 염라대왕에게 간청한 것은 무엇입니까?
(   )

① 이승에서 좀 더 살게 해 달라.
② 자신의 곳간에 가 보게 해 달라.
③ 곳간에 쌓을 재물을 얻게 해 달라.
④ 이승의 가족들이 행복하게 해 달라.
⑤ 이승의 가족을 한 번만 만나 보게 해 달라.

15 원님이 이승으로 돌아가기 위한 방법으로 알맞은 것에 ○표를 하시오.

(1) 수고비를 내야 한다.   (   )
(2) 저승사자가 되어야 한다.   (   )
(3) 이승에 있는 사람들이 간청해야 한다. (   )

중요 16 저승 곳간 안의 재물이 사람마다 다른 까닭은 무엇입니까? (   )

① 죽은 나이가 달라서
② 이승에서의 지위가 달라서
③ 저승에서 오래 일한 정도가 달라서
④ 이승에서 좋은 일을 한 횟수가 달라서
⑤ 이승에서 사람들에게 인정받은 정도가 달라서

중심내용 저승사자는 원님에게 덕진이라는 아가씨의 곳간에서 쌀을 꾸어 계산하게 하고 원님을 이승으로 보냈습니다.

2 원님은 그렇게 하기로 하고 자기 곳간으로 갔다. 그
<u>저승 곳간에서 수고비를 드리기로 하고</u>
런데 그 곳간에는 특별한 재물이랄 게 없었다. **고작 볏짚**★
<u>남에게 덕을 베푼 것이 별로 없어서</u>
한 단만이 있을 뿐이었다.

"이 사람, 남에게 덕을 **베푼** 일이라곤 없는 모양이네!"
<u>원님의 저승 곳간에 볏짚 한 단 있어서</u>
옆에 서 있던 저승사자가 코웃음을 치며 말했다.

"어찌해 제 곳간에는 볏짚 한 단밖에 없습니까?"

"너는 이승에 있을 때 남에게 덕을 베푼 일이 없지 않느냐?"

원님은 순간, 쥐구멍에라도 숨고 싶을 만큼 부끄러웠다. 생각해 보니 자신은 남에게 좋은 일 한 번 **변변히** 한 적이 없었다.

단 한 번, 몹시 가난한 아낙이 아기를 낳을 때 짚이 없어서 쩔쩔매는 것을 우연히 보고 볏짚 한 단을 구해다
<u>원님이 이승에서 덕을 베푼 일</u>

준 게 전부였다. 저승 곳간에 볏짚이나마 있는 것은 그 때문이었다.

"남에게 덕을 베풀려면 어떻게 해야 합니까?"

"배고픈 사람에게는 밥을 주고, 옷이 없는 사람에게는
<u>덕을 베푸는 일</u>
옷을 주고, 돈이 없는 사람에게는 돈을 주는 것이 다 남에게 덕을 베푸는 일이니라."

원님은 자기 곳간이 비어 이승으로 갈 수 없다고 생각하니 걱정되었다.

'어쩐다……?'

★ **바르게 읽기**

[벼찝]	[변집]
(○)	(×)

■ **이야기 구조**
• 발단: 이야기의 사건이 시작되는 부분
• 전개: 사건이 본격적으로 발생하고 갈등이 일어나는 부분
• 절정: 사건 속의 갈등이 커지면서 긴장감이 가장 높아지는 부분
• 결말: 사건이 해결되는 부분

낱말 사전

고작 기껏 따져 보거나 헤아려 보아야. 아무리 좋고 크게 평가하려 하여도 별것 아니라는 뜻을 나타낼 때 쓴다.
볏짚 벼의 낟알을 떨어낸 줄기.

베푼 남에게 돈을 주거나 일을 도와주어서 혜택을 받게 한.
변변히 제대로 갖추어져 충분하게.
예 이사하는 날에 변변히 인사도 못하고 왔습니다.

---

17 원님의 저승 곳간을 보고 짐작할 수 있는 것은 무엇입니까? ( )

① 이승에서 가난하였다.
② 이승에서 신을 믿지 않았다.
③ 이승에서 덕을 베풀지 않았다.
④ 저승에 온 지 얼마 되지 않았다.
⑤ 이승에서 일을 열심히 하지 않았다.

18 원님은 자신의 저승 곳간을 보고 어떤 마음이 들었습니까? ( )

① 부럽다.
② 부끄럽다.
③ 행복하다.
④ 억울하다.
⑤ 자랑스럽다.

19 원님의 저승 곳간에 볏짚 한 단만 있는 까닭은 무엇입니까? ( )

① 볏짚을 좋아하여서
② 볏짚을 하찮게 여겨서
③ 볏짚을 공짜로 산 적이 있어서
④ 원님의 마을에서 볏짚이 귀해서
⑤ 몹시 가난한 아낙에게 볏짚 한 단을 구해다 준 적이 있어서

중요
20 2는 사건이 본격적으로 발생하고 갈등이 일어나는 부분입니다. 이야기 구조 중에서 어느 부분인지 ○표를 하시오.

(1) 발단 ( ) (2) 전개 ( )
(3) 절정 ( ) (4) 결말 ( )

그때였다. 저승사자가 **핀잔하듯** 말했다.

"네 고을에 사는 주막집 딸은 곳간을 그득하게 채웠는데, 고을 원님이라는 사람이 이게 무슨 꼴이냐?"

(비) 가득하게

"아니, 그게 무슨 얘깁니까?"

"<u>덕진이라는 아가씨의 곳간에는 쌀이 수백 석이나 있으니, 일단 거기서 쌀을 꾸어 계산하고 이승에 나가서</u>

저승사자가 원님에게 이승에 갈 수 있는 방법을 제안함.

<u>갚도록 해라.</u>"

저승사자가 원님에게 제안했다. 결국 원님은 덕진의 곳간에서 쌀 삼백 석을 꾸어 **셈**을 치를 수 있었다.

원님은 저승사자를 쫓아 얼마쯤 갔다. 드디어 이승 문앞에 이르렀다.

저승사자는 그 문을 열며

이승으로 가는 문

"이 컴컴한 데로만 들어가면 이승으로 나갈 수 있다. 속히 나가거라."

하면서 원님을 문밖으로 밀쳤다.

중심 내용 원님이 이승으로 돌아와 덕진을 만나고 덕진의 말과 행동에 크게 감명받아 덕진에게 쌀 삼백 석을 갚았습니다.

3 원님이 깜짝 놀라 정신을 차려 보니, 그곳은 바로 이승이었고, 자신도 이승 사람이 되어 있었다. 원님은 즉시 **나졸**들을 시켜 덕진이라는 아가씨를 찾으라고 명령했다. 얼마 뒤, 덕진이라는 아가씨가 어머니와 주막을 차려 살고 있으며, 인정이 많아 손님을 **후하게** 대접한다는 것을 알았다.

낱말 사전

핀잔하듯 맞대어 놓고 언짢게 꾸짖거나 비꼬아 꾸짖듯.
셈 주고받을 돈이나 물건 따위를 서로 따져 밝히는 일. 또는 그 돈이나 물건.

나졸 조선 시대에, 포도청에 속하여 관할 구역의 순찰과 죄인을 잡아들이는 일을 맡아 하던 하급 병졸.
후하게 마음 씀씀이나 태도가 너그럽게.

21 덕진의 저승 곳간이 가득 차 있는 것으로 보아 덕진은 어떤 인물이겠습니까? ( )

① 얼굴이 예쁘다.
② 이승에서 부자다.
③ 덕을 많이 베푼다.
④ 일을 열심히 한다.
⑤ 사람들에게 인기가 많다.

중요
22 원님은 저승사자에게 줄 수고비를 어떻게 마련하였는지 쓰시오.

( )

■ 질문의 종류
• 사실 질문: '사건이 언제, 어디에서 일어났나요?'와 같이 사실을 묻는 질문
• 추론 질문: '왜 …… 했을까요?', '까닭은 무엇일까요?'와 같이 사실을 바탕으로 하여 추론한 정보를 묻는 질문
• 평가 질문: '만약 자신이라면 …… 했을까요?'와 같이 사실에 대한 가치 판단을 묻는 질문

23 이야기가 **2**에서 **3**으로 이어지면서 이야기의 공간적 배경이 어디에서 어디로 변하였는지 쓰시오.

	→	

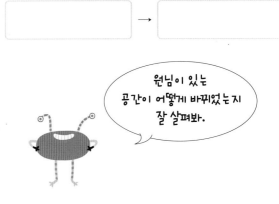

원님이 있는 공간이 어떻게 바뀌었는지 잘 살펴봐.

서술형
24 **2**와 **3**을 읽고 일어난 사실에 대한 질문을 **보기**와 같이 만들어 쓰시오.

보기

저승사자는 원님에게 이승으로 돌아가려면 무엇을 내놓으라고 했나요?

도움말 이야기를 읽고 알 수 있는 사실에 대해 물어야 합니다.

사실을 확인하고 싶은 원님은 허름한 선비 모습으로
덕진이 덕을 베푸는지 확인하고 싶은
변장하고, 밤에 덕진의 주막을 찾아갔다.

덕진은 따뜻하게 원님을 맞이했다. 술을 달라는 원님
에게 덕진은 술상을 정성스럽게 차려서 가지고 왔다.

"한 잔에 두 푼씩 여섯 푼만 주십시오."

"술값이 무척 싼 편이로군. 무슨 까닭이라도 있소?"

"다른 집에서 두 푼을 받으면 저희 집은 한 푼을 받고,
다른 집에서 서 푼을 받으면 저희 집에서는 두 푼을 받
아 왔습니다."

원님은 며칠 뒤에 다시 덕진의 주막을 찾았다. 원님은
머뭇거리며 말했다.

"저, 돈 열 냥만 빌려줄 수 있소?"

"그렇게 하지요."
돈을 빌려 드리지요.
덕진은 선뜻 열 냥을 내주었다.

"아니, 모르는 사람에게 돈을 빌려주었다가 안 갚으면
어쩌려고 그러시오?"
돈을 빌려 주시오?
"걱정 마시고 형편이 어렵거든 가져다 쓰시고, 돈이
생기거든 갚으십시오."

덕진은 웃으며 대답했다. 원님은 열 냥을 받아 가지고
나오면서 생각했다.

'이런 것이 만인에게 **적선하는** 것이로구나. 이런 식으
덕을 베푸는 일이 무엇인지 깨닫게 됨.
로 덕진은 수많은 사람을 도와주고, 돈 수천 냥을 다
른 사람들에게 나누어 주었을 것이다. 그러니 덕진의
저승 곳간에는 곡식이 가득 차 있을 수밖에……'

낱말 사전

변장하고 본래의 모습을 알아볼 수 없게 하기 위하여 옷차림이나
얼굴, 머리 모양 따위를 다르게 바꾸고.
예 변장하고 거리를 걸어 다녔는데도 아무도 못 알아봤습니다.

머뭇거리며 말이나 행동 따위를 선뜻 결단하여 행하지 못하고 자꾸
망설이며.
적선하는 사람을 불러 대접하는.

---

 25 원님이 허름한 선비 모습으로 변장하고 덕진을 찾아
간 까닭을 두 가지 고르시오. (,)

① 돈을 갚지 않기 위해서

② 술을 값싸게 먹기 위해서

③ 돈을 몰래 놓고 가기 위해서

④ 자신의 신분을 감추기 위해서

⑤ 가난한 사람에게도 따뜻하게 대하는지 확인하
기 위해서

26 원님이 덕진에게 돈 열 냥을 빌려 달라고 하자 덕진은
어떻게 하였는지 쓰시오.

( )

27 원님은 자신을 대하는 덕진의 행동을 보고 어떤 마음
이 들었겠습니까? ( )

① 서운한 마음이 들었을 것이다.

② 불안한 마음이 들었을 것이다.

③ 쓸쓸한 마음이 들었을 것이다.

④ 감동적인 마음이 들었을 것이다.

⑤ 안타까운 마음이 들었을 것이다.

28 원님은 덕진에 대해 어떻게 생각하였는지 알맞은 말
에 ○표를 하시오.

덕진의 저승 곳간에 곡식이 가득 차 있는 것이
(당연하다 , 못마땅하다).

원님은 크게 감명받아 며칠 뒤에 달구지에 쌀 삼백 석
<u>을 신고 덕진의 주막을 찾아갔다.</u> <small>저승에서 빌린 것을 이승에서 갚으려고 함.</small>

주모가 **호들갑스럽게** 원님을 맞이했다.

"주모 딸을 좀 불러 주게."

"아니, 소인의 딸은 무슨 일로……."

"**★해코지**하려는 게 아니니 염려 말게."

잠시 뒤, 덕진은 마당에 나와 원님 앞에 다소곳이 섰다.

"너에게 빚진 쌀 삼백 석을 갚으러 왔느니라."

그러자 덕진은 어리둥절해하며 원님을 쳐다보았다.
<small>저승에서 일어난 일을 모르기 때문에</small>
"하여튼 받아 두어라. 먼 훗날, 너도 알게 될 것이니라."

덕진이 받을 수 없다고 하자 원님은 강제로 쌀을 떠맡
겼다.

★ 바르게 쓰기	
해코지 (○)	헤꼬지 (×)

낱말 사전

호들갑스럽게 말이나 하는 짓이 야단스럽고 방정맞게.
해코지 남을 해치고자 하는 짓.

중심내용 덕진이 원님에게 받은 쌀로 마을 앞을 가로지르는 강가에 다리를 놓았습니다.

4 원님이 가고 난 다음에도 덕진은 **영문**을 몰라 그 자
<small>원님이 삼백 석을 준 까닭을 알 수 없어서</small>
리에 멍하게 서 있었다. 덕진은 어머니와 함께 쌀을 어
떻게 할 것인지 의논했다.

"나도 영문을 모르겠구나. 무슨 까닭이 있는 것 같긴
한데……. 네가 주인이니 네 뜻대로 해라."

그날 밤, 덕진은 이리저리 몸을 뒤척이며 고민하다가
결론을 내렸다.

'어차피 내 쌀이 아니니 좋은 일에 쓰도록 하자.'
<small>마을 사람들을 위해 다리를 만드는 일</small>
그리하여 덕진은 쌀을 팔아서 마을 앞을 가로지르는
강가에 다리를 놓기로 했다. 마을 사람들 모두가 그곳에
다리가 없어서 불편을 겪던 참이었다. 이렇게 해서 돌다
리를 놓자, 사람들은 그 다리를 '덕진 다리'라고 했다.

영문 (의문이나 부정을 나타내는 말과 함께 쓰여) 일이 돌아가는 형
편이나 그 까닭.

중요 29 다음은 「저승에 있는 곳간」의 절정을 요약한 것입니
다. 빈칸에 알맞은 말을 쓰시오.

사건의 중심 내용 정리하기
• 원님은 이승으로 돌아와 덕진을 찾아갔는데, 덕진은 원님에게 술값을 다른 집보다 더 싸게 받고 선뜻 돈도 빌려주었다. • 원님은 그동안 덕진이 수많은 사람을 도와주고, 돈 수천 냥을 다른 사람들에게 나누어 주었을 것이라고 생각했다. • 원님은 크게 감명받아 빚을 갚으러 왔다며 덕진에게 쌀 삼백 석을 주었다.

사건의 중심 내용 간추리기
원님이 ㉮ (으)로 돌아와 ㉯ 을/를 만나고 덕진의 말과 행동에 크게 감명받아 덕진에게 ㉰ 을/를 갚음.

(1) ㉮: (   )   (2) ㉯: (   )

(3) ㉰: (   )

30 원님이 덕진에게 쌀을 주었을 때 덕진의 마음은 어떠
하였겠는지 쓰시오.

(   )

서술형 31 **4**의 내용을 간추려 쓰시오.

_____

_____

도움말 덕진이 한 일이 무엇인지 간추려 봅니다.

간추린 것을 요약하는 방법은
'중요하지 않은 내용 삭제하기',
'사건의 원인 찾기', '관련 있는
사건을 하나로 묶기'야.

소나기

만화 영화의 줄거리

소년은 집으로 돌아가던 길에 개울가에서 물장난하는 소녀와 마주쳤습니다. 소년
발단 →
은 소녀에게 비켜 달라는 말도 못 하고 소녀가 징검다리에서 비키기만을 기다렸습니다.
개울이나 물이 괸 곳에 돌이나 흙더미를 드문드문 놓아 만든 다리.
다. 며칠 뒤 징검다리에서 만난 소녀는 세수를 하다 물 속에서 하얀 조약돌 하나를 집
어 소년에게 던지며 "이 바보."라고 외쳤습니다. 소년은 소녀가 던진 조약돌을 간직
소녀를 좋아하는 소년의 마음
하였습니다.

소년과 소녀가 가까워졌습니다. 그러던 어느 날 함께 산으로 놀러 갔습니다.
전개 →
산에서 소나기를 만난 소년과 소녀는 수숫단 속에서 비를 피하였습니다. 소나기를
절정 →
피하고 돌아오는 길에 물이 불어나 돌다리가 없어졌습니다. 소년은 소녀를 업고 개울
을 건넜습니다.

그 뒤로 소녀의 모습은 보이지 않고 소년은 주머니 속의 조약돌만 만지작거리며 소
소녀가 많이 아픔.   개울가에서 소녀가 던진 조약돌
녀를 기다렸습니다. 며칠 뒤 다시 만난 소녀는 그동안 많이 아팠으며 곧 이사를 간다
고 쓸쓸해 하였습니다.

며칠 뒤, 소년은 소녀가 앓다가 죽었다는 소식을 듣게 되었습니다. 소녀의 유언은
결말 →   죽음에 이르러 말을 남김. 또는 그 말.
자신이 입던 옷을 그대로 입혀서 묻어 달라는 것이었습니다.

• **특징**: 시골을 배경으로 한 소년과 소녀의 순수한 사랑을 담은 소설 「소나기」를 만화 영화로 표현한 작품입니다.

■ 소설과 만화 영화의 차이점
• 소설은 독자가 상상력을 발휘할 수 있습니다.
• 소설은 문장 자체가 주는 울림이 있습니다.
• 만화 영화는 인물과 배경을 다 정해서 보여 주어 상상할 수 없습니다.
• 만화 영화는 화려하고 아름다운 영상미가 있습니다.

---

32 소년이 소녀와 마주친 곳은 어디인지 쓰시오.

(   )

33 소녀가 비키기만을 기다리는 소년의 모습에서 짐작할 수 있는 것은 무엇입니까? (   )

① 용감하다.
② 수줍음이 많다.
③ 성격이 급하다.
④ 소녀에게 관심이 없다.
⑤ 소녀에게 잘 보이고 싶어 한다.

34 소녀가 소년에게 조약돌을 던진 까닭은 무엇이겠습니까? (   )

① 소년이 싫어서
② 소년을 이기고 싶어서
③ 소년의 도움이 필요해서
④ 비키기만 기다리는 소년이 서운해서
⑤ 소년에게 조약돌을 자랑하고 싶어서

중요
35 「소나기」의 이야기 구조 중에서 절정의 중심 내용을 찾아 ○표를 하시오.

(1) 소년은 개울가에서 물장난하는 소녀와 마주침.
(   )

(2) 소년과 소녀가 가까워져서 함께 산으로 놀러 감.
(   )

(3) 소년은 소녀가 앓다가 죽었다는 소식을 듣게 됨.
(   )

(4) 산에서 소나기를 만난 소년과 소녀는 수숫단 속에서 비를 피함.
(   )

36 소녀가 자신이 입던 옷을 그대로 입혀서 묻어 달라고 한 까닭은 무엇이겠습니까? (   )

① 가정 형편이 어려웠기 때문에
② 부모님께서 주신 선물이었기 때문에
③ 사람들의 관심을 받고 싶었기 때문에
④ 자신의 모습을 보이기 싫었기 때문에
⑤ 소년과의 추억을 간직하고 싶었기 때문에

서술형 수행 평가 돋보기

학교에서 출제되는
서술형 수행 평가를
미리 준비하세요.

○ 다음 글을 읽고, 물음에 답하시오.

> 원님은 그렇게 하기로 하고 자기 곳간으로 갔다. 그런데 그 곳간에는 특별한 재물이랄 게 없었다. 고작 볏짚 한 단만이 있을 뿐이었다.
>
> "이 사람, 남에게 덕을 베푼 일이라곤 없는 모양이네!"
>
> 옆에 서 있던 저승사자가 코웃음을 치며 말했다.
>
> "어찌해 제 곳간에는 볏짚 한 단밖에 없습니까?"
>
> "너는 이승에 있을 때 남에게 덕을 베푼 일이 없지 않느냐?"
>
> 원님은 순간, 쥐구멍에라도 숨고 싶을 만큼 부끄러웠다. 생각해 보니 자신은 남에게 좋은 일 한 번 변변히 한 적이 없었다.
>
> 단 한 번, 몹시 가난한 아낙이 아기를 낳을 때 짚이 없어서 쩔쩔매는 것을 우연히 보고 볏짚 한 단을 구해다 준 게 전부였다. 저승 곳간에 볏짚이나마 있는 것은 그때문이었다.
>
> "남에게 덕을 베풀려면 어떻게 해야 합니까?"
>
> "배고픈 사람에게는 밥을 주고, 옷이 없는 사람에게는 옷을 주고, 돈이 없는 사람에게는 돈을 주는 것이 다 남에게 덕을 베푸는 일이니라."
>
> 원님은 자기 곳간이 비어 이승으로 갈 수 없다고 생각하니 걱정되었다.
>
> '어쩐다……?'

1 원님의 저승 곳간에 볏짚 한 단만 있었던 까닭은 무엇인지 쓰시오.

_____

2 이 이야기를 읽고 중요한 사건을 정리한 것입니다. 빈칸에 알맞은 내용을 쓰시오.

> • 원님은 이승에 있을 때 남에게 덕을 베푼 일이 없어 원님 곳간에는
>
>   (1) _____
>
> • 원님은 자기 곳간이 비어 (2) _____
>   생각하니 걱정되었다.

3 이 이야기의 내용을 요약해 쓰시오.

>

문제 파악
이야기의 내용을 요약하는 문제입니다.

해결 전략

1 단계	일어난 일의 순서를 생각하며 이야기 읽기
2 단계	이야기를 읽고 일의 원인과 결과 파악하기
3 단계	이야기 구조를 생각하며 중요한 사건 정리하기
4 단계	정리한 내용을 바탕으로 이야기의 내용을 요약해 쓰기

학교 선생님께서
알려 주시는 모범 답안과
채점 기준도 book ❸ 해설책에서
꼭 확인하세요!

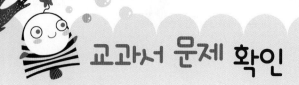 

「황금 사과」

○ 황금 사과를 가지려고 금을 긋고, 담을 쌓으며 서로 싸움을 하였던 두 동네 사람들의 이야기

• 이 글에서 무슨 일이 있었는지 생각하며 질문을 만들어 묻고 답해 보세요.

글에서 답을 찾을 수 있는 질문	• 이 글에 나오는 등장인물은 누구누구인가요? • 예 두 동네의 한가운데에 어떤 나무가 있었나요? • 윗동네와 아랫동네 사람들은 왜 싸웠나요?
친구들 생각을 알고 싶은 질문	• 황금 사과를 사이좋게 나누려면 어떻게 하는 것이 좋을까요? • 예 아이의 이름은 왜 '사과'일까요? • 예 두 동네 사람들이 서로 화해하려면 어떻게 해야 할까요?

• 두 동네 사람들 사이에 어떤 일이 있었나요?

　예 두 동네의 한가운데에 있는 사과나무에 열리는 황금 사과를 서로 가지겠다고 싸웠습니다.

• 두 동네 사람들 사이에 어떤 일이 일어났는지 정리해 보세요.

1 예 두 동네의 한가운데에 있는 사과나무에 황금 사과가 열렸는데 두 동네 사람들이 황금 사과를 서로 가지겠다고 땅바닥에 금을 그었다.

2 두 동네 사람들은 담까지 높게 쌓았는데, 담을 세운 까닭을 잊고 미워하는 마음만 남았다.

3 예 어느 날, 꼬마 아이가 엄마께 담 너머에 누가 사느냐고 묻자 엄마는 괴물이 사니 조심하라고 했다.

4 예 꼬마 아이가 공을 주우려고 담 쪽으로 갔다가 담에 있는 문을 열자, 그곳에서 아이들이 즐겁게 놀고 있었다.

• 두 동네 사람들의 관계는 앞으로 어떻게 될까요?

　예 문을 연 꼬마 아이와 담 너머의 아이들이 서로 친해지고 두 동네 사람들도 서로 오해를 풀어 사이좋게 지내게 될 것입니다.

• 「황금 사과」에 나오는 인물의 말과 행동을 보고 난 뒤에 든 자신의 생각이나 느낌을 쓰고, 친구들과 이야기해 봅시다.

예 　인물	인물의 말과 행동	자신의 생각이나 느낌
두 동네 사람들	황금 사과를 서로 가지겠다고 땅바닥에 금을 긋고 담을 높게 쌓았다.	서로 소통해 황금 사과를 나누어 가졌다면 두 동네가 사이좋게 살았을 텐데 그러지 못해 아쉬운 마음이 든다.
사과	"얘들아, 안녕! 내 이름은 사과야. 너희 이름은 뭐야?"	괴물이 산다며 담 근처에도 가지 말라는 어른들과 달리 먼저 다가가 말을 건네는 사과가 용기 있다고 생각한다.

• 「황금 사과」에서 윗동네와 아랫동네가 평화를 유지하려면 두 동네 사람들이 어떻게 해야 할지 친구들과 이야기해 봅시다.

　예 자주 만나 소통해야 할 것 같아. / 서로 정보를 주고받고 도와야 해. / 서로를 이해할 수 있도록 노력해야 해.

「저승에 있는 곳간」

저승에 간 원님이 덕진의 저승 곳간에서 쌀을 꾸어 이승으로 온 후에 덕진에게 쌀을 갚았는데 덕진은 그 쌀로 사람들을 위해 다리를 만들었다는 내용의 옛이야기

• 「저승에 있는 곳간」의 사건 전개 과정을 보고, 이야기 구조를 네 부분으로 나누어 생각해 봅시다.

예	이야기 구조	사건 전개 과정
	발단	① 옛날, 영암 원님이 죽어서 저승에 있는 염라대왕 앞으로 끌려갔는데, 원님이 염라대왕에게 이승에서 좀 더 살게 해 달라고 간청하자 염라대왕은 원님을 저승사자에게 돌려보냈다. ② 저승사자는 원님에게 이승으로 가려면 저승에 있는 곳간에서라도 수고비를 내놓으라고 했다.
	전개	③ 원님은 이승에 있을 때 남에게 덕을 베푼 일이 없어 원님 곳간에는 고작 볏짚 한 단만이 있었다. ④ 원님은 자기 곳간이 비어 이승으로 갈 수 없다고 생각하니 걱정되었다. ⑤ 저승사자는 원님에게 덕진이라는 아가씨의 곳간에서 쌀을 꾸어 계산하고 이승에 나가서 갚으라고 제안했다.
	절정	⑥ 원님은 이승으로 돌아와 덕진을 찾아갔는데, 덕진은 원님에게 술값을 다른 집보다 더 싸게 받고 선뜻 돈도 빌려주었다. ⑦ 원님은 그동안 덕진이 수많은 사람을 도와주고, 돈 수천 냥을 다른 사람들에게 나누어 주었을 것이라고 생각했다. ⑧ 원님은 크게 감명받아 빚을 갚으러 왔다며 덕진에게 쌀 삼백 석을 주었다.
	결말	⑨ 덕진은 고민 끝에 쌀을 팔아서 마을 앞을 가로지르는 강가에 다리를 놓았다.

• 이야기의 사건이 시작되는 부분은 어디인가요?

　예 영암 원님이 죽어서 저승에 있는 염라대왕을 만나는 부분입니다.

• 어느 부분에서 사건이 본격적으로 발생하나요?

　예 원님이 저승에 있는 자기 곳간을 확인하는 부분입니다.

• 어느 부분에서 긴장감이 가장 높아지나요?

　예 원님이 허름한 선비 모습으로 변장해 덕진을 만나는 부분입니다.

• 어느 부분에서 사건이 해결되나요?

　예 덕진이 원님에게 받은 쌀로 마을 앞을 가로지르는 강가에 다리를 놓은 부분입니다.

• 전개 부분의 내용을 직접 요약해 보세요.

이야기 구조	사건의 중심 내용 간추리기
전개	예 저승사자는 원님에게 덕진이라는 아가씨의 곳간에서 쌀을 꾸어 계산하게 하고 원님을 이승으로 보냄.

• 절정 부분의 내용을 직접 요약해 보세요.

이야기 구조	사건의 중심 내용 간추리기
절정	예 원님이 이승으로 돌아와 덕진을 만나고 덕진의 말과 행동에 크게 감명받아 덕진에게 쌀 삼백 석을 갚음.

• 결말 부분의 내용을 직접 요약해 보세요.

이야기 구조	사건의 중심 내용 간추리기
결말	예 덕진이 원님에게 받은 쌀로 마을 앞을 가로지르는 강가에 다리를 놓음.

• 이야기를 요약하는 방법에 알맞은 말을 [보기]에서 골라 써 봅시다.

보기

| 원인 | 결과 | 삭제 | 이야기 구조 |

• 예 **이야기 구조**을/를 생각하며 각 부분에서 중요한 사건이 무엇인지 찾는다.
• 이야기 흐름에서 중요하지 않은 내용은 예 **삭제**하거나 간단히 쓴다.
• 중요한 사건이 일어난 예 **원인**과/와 그에 따른 예 **결과**을/를 찾는다.
• 여러 사건이 관련 있을 때에는 관련 있는 사건을 하나로 묶는다.

교과서
89~90쪽

「소나기」

○ 시골을 배경으로 한 소년과 소녀의 순수한 사랑을 담은 소설 「소나기」를 만화 영화로 표현한 작품

• 이 이야기에서 일어난 일을 생각하며 질문을 만들어 묻고 답해 보세요.

일어난 사실에 대한 질문의 답	• 소년은 주로 어디에서 소녀와 마주쳤나요? → 예 개울가 징검다리입니다. • 예 소녀는 소년에게 "이 바보."라고 하면서 무엇을 던졌나요? → 예 조약돌입니다. • 소녀는 소년에게 어디에 가자고 했나요? → 예 산 너머입니다. • 예 소녀는 죽기 전에 어떤 말을 남겼나요? → 예 자신이 입던 옷을 그대로 입혀서 묻어 달라고 했습니다.
이야기 내용을 추론하는 질문의 답	• 소년은 왜 소녀에게 비켜 달라는 말도 못 했을까요? → 예 옷차림이 초라해서 말을 걸 엄두가 나지 않았기 때문입니다. • 예 소녀가 소년에게 하얀 조약돌을 던지며 "이 바보."라고 외친 까닭은 무엇일까요? → 예 자신에게 말을 걸지 않는 소년의 무심함이 야속했기 때문입니다. • 예 소녀의 옷에 묻은 얼룩은 어떻게 해서 생겼을까요? → 예 소나기가 내리던 날 소녀를 업은 소년의 옷에서 물들었습니다.
친구들 생각을 알고 싶은 질문의 답	• 왜 소년과 소녀의 이름이 나오지 않을까요? → 예 공감대를 형성하기 위해서입니다. • 예 제목을 「소나기」로 한 까닭은 무엇일까요? → 예 소년과 소녀의 사랑이 잠깐 내린 소나기처럼 아주 짧은 시간이지만 잊히지 않는 강한 인상을 주기 위해서입니다. • 예 소녀가 자신이 입던 옷을 그대로 입혀서 묻어 달라고 한 까닭은 무엇일까요? → 예 소년과의 추억을 간직하고 싶어서입니다.

• 「소나기」의 사건 전개 과정을 이야기 구조에 따라 요약해 봅시다.

이야기 구조	사건의 중심 내용 간추리기
발단	예 소년은 집으로 돌아가던 길에 개울가에서 물장난하는 소녀와 마주치고 소녀가 던진 조약돌을 간직함.
전개	예 소년과 소녀가 가까워져 함께 산으로 놀러 감.
절정	예 산에서 소나기를 만난 소년과 소녀는 수숫단 속에서 비를 피함. 며칠 뒤 다시 만난 소녀는 그동안 많이 아팠으며 곧 이사를 간다고 쓸쓸해 함.
결말	예 며칠 뒤, 소년은 소녀가 앓다가 죽었다는 소식을 듣게 됨. 소녀의 유언은 자신이 입던 옷을 그대로 입혀서 묻어 달라는 것이었음.

단원 정리 학습

이야기 구조

● 이야기 구조에는 발단, 전개, 절정, 결말이 있습니다.

발단	이야기의 사건이 시작되는 부분

↓

전개	사건이 본격적으로 발생하고 갈등이 일어나는 부분

↓

절정	사건 속의 갈등이 커지면서 긴장감이 가장 높아지는 부분

↓

결말	사건이 해결되는 부분

이야기 구조는 중요한 사건의 흐름에 따라 나누어지는 것을 꼭 기억해.

이야기를 요약하는 방법

● 이야기 구조를 생각하며 각 부분에서 중요한 사건이 무엇인지 찾습니다.

● 이야기 흐름에서 중요하지 않은 내용은 삭제하거나 간단히 씁니다.

● 중요한 사건이 일어난 원인과 그에 따른 결과를 찾습니다.

● 여러 사건이 관련 있을 때에는 관련 있는 사건을 하나로 묶습니다.

예 「저승에 있는 곳간」 요약하기

이야기 구조	사건의 중심 내용 정리하기
발단	① 옛날, 영암 원님이 죽어서 저승에 있는 염라대왕 앞으로 끌려갔는데, 원님아 염라대왕에게 이승에서 좀 더 살게 해 달라고 간청하자 염라대왕은 원님을 저승사자에게 돌려보냈다. 중요하지 않은 내용 삭제하기 →사건의 원인 찾기 ② 저승사자는 원님에게 이승으로 가려면 저승에 있는 곳간에서라도 수고비를 내놓으라고 했다.

↓

이야기 구조	사건의 중심 내용 간추리기
발단	저승에 간 원님이 염라대왕에게 이승에서 좀 더 살게 해 달라고 간청하자 염라대왕은 원님을 저승사자에게 돌려보냈고, 저승사자는 원님에게 수고비를 내놓으라고 함. → 관련 있는 사건은 하나로 묶기

 요약한 내용을 이야기의 흐름에 맞게 연결합니다.

단원 확인 평가

2. 이야기를 간추려요

[01~05] 다음 글을 읽고, 물음에 답하시오.

(가) "이승으로 나가려는데 어떻게 가면 될까요?"

"여기까지 데려왔는데 그냥 보내 줄 수는 없다. 너 때문에 헛걸음을 했으니 수고비를 내놓아라."

"어떡하지요? 지금 저는 빈털터리인데……."

"그러면 저승에 있는 네 곳간에서라도 내놓아라."

사람은 누구나 저승에 곳간이 하나씩 있다. 그렇지만 이승에서 부자라고 해서 그 곳간이 꽉 차 있지는 않다. 마찬가지로 가난하게 사는 사람이라고 해서 저승 곳간까지 텅 빈 것도 아니었다. 그 곳간은 이 세상에서 좋은 일을 한 만큼 재물이 쌓이게끔 되어 있었다.

(나) 저승사자가 핀잔하듯 말했다.

"네 고을에 사는 주막집 딸은 곳간을 그득하게 채웠는데, 고을 원님이라는 사람이 이게 무슨 꼴이냐?"

"아니, 그게 무슨 얘깁니까?"

"덕진이라는 아가씨의 곳간에는 쌀이 수백 석이나 있으니, 일단 거기서 쌀을 꾸어 계산하고 이승에 나가서 갚도록 해라."

저승사자가 원님에게 제안했다. 결국 원님은 덕진의 곳간에서 쌀 삼백 석을 꾸어 셈을 치를 수 있었다.

원님은 저승사자를 쫓아 얼마쯤 갔다. 드디어 이승 문 앞에 이르렀다.

(다) 원님은 며칠 뒤에 다시 덕진의 주막을 찾았다. 원님은 머뭇거리며 말했다.

"저, 돈 열 냥만 빌려줄 수 있소?"

"그렇게 하지요."

덕진은 선뜻 열 냥을 내주었다.

"아니, 모르는 사람에게 돈을 빌려주었다가 안 갚으면 어쩌려고 그러시오?"

"걱정 마시고 형편이 어렵거든 가져다 쓰시고, 돈이 생기거든 갚으십시오."

덕진은 웃으며 대답했다.

(라) 그날 밤, 덕진은 이리저리 몸을 뒤척이며 고민하다가 결론을 내렸다.

'어차피 내 쌀이 아니니 좋은 일에 쓰도록 하자.'

그리하여 덕진은 쌀을 팔아서 마을 앞을 가로지르는 강가에 다리를 놓기로 했다. 마을 사람들 모두가 그곳에 다리가 없어서 불편을 겪던 참이었다. 이렇게 해서 돌다리를 놓자, 사람들은 그 다리를 '덕진 다리'라고 했다.

01 (가)~(라) 중에서 이야기의 공간적 배경이 저승인 것을 모두 찾아 기호를 쓰시오.

(   )

02 (가)~(다)에 나오는 등장인물을 모두 쓰시오.

(   )

03 (중요) (가)~(라) 중에서 이야기의 결말에 해당하는 것은 무엇인지 찾아 기호를 쓰시오.

(   )

04 덕진의 저승 곳간에 쌀이 수백 석이나 있는 까닭은 무엇이겠습니까? (   )

① 오래 살아서
② 돈을 잘 벌어서
③ 농사를 오래 지어서
④ 장사를 열심히 해서
⑤ 좋은 일을 많이 해서

05 (서술형) 이 이야기를 읽고 어떤 생각이나 느낌이 들었는지 쓰시오.

_____

도움말 덕진의 행동이나 성격, 주제와 관련지어 생각해 봅니다.

[06~10] 다음 글을 읽고, 물음에 답하시오.

(가) 소년은 집으로 돌아가던 길에 개울가에서 물장난하는 소녀와 마주쳤습니다. 소년은 소녀에게 비켜 달라는 말도 못 하고 소녀가 징검다리에서 비키기만을 기다렸습니다. 며칠 뒤 징검다리에서 만난 소녀는 세수를 하다 물속에서 하얀 조약돌 하나를 집어 소년에게 던지며 "이 바보."라고 외쳤습니다. 소년은 소녀가 던진 조약돌을 간직하였습니다.

소년과 소녀가 가까워졌습니다. 그러던 어느 날 함께 산으로 놀러 갔습니다.

산에서 소나기를 만난 소년과 소녀는 수숫단 속에서 비를 피하였습니다. 소나기를 피하고 돌아오는 길에 물이 불어나 돌다리가 없어졌습니다. 소년은 소녀를 업고 개울을 건넜습니다.

그 뒤로 소녀의 모습은 보이지 않고 소년은 주머니 속의 조약돌만 만지작거리며 소녀를 기다렸습니다. 며칠 뒤 다시 만난 소녀는 그동안 많이 아팠으며 곧 이사를 간다고 쓸쓸해 하였습니다.

며칠 뒤, 소년은 소녀가 앓다가 죽었다는 소식을 듣게 되었습니다. 소녀의 유언은 자신이 입던 옷을 그대로 입혀서 묻어 달라는 것이었습니다.

(나)

이야기 구조	사건의 중심 내용 간추리기
㉠	소년은 집으로 돌아가던 길에 개울가에서 물장난하는 소녀와 마주치고 소녀가 던진 조약돌을 간직함.
전개	㉡
절정	산에서 소나기를 만난 소년과 소녀는 수숫단 속에서 비를 피함. 며칠 뒤 다시 만난 소녀는 그동안 많이 아팠으며 곧 이사를 간다고 쓸쓸해 함.
결말	며칠 뒤, 소년은 소녀가 앓다가 죽었다는 소식을 듣게 됨. 소녀의 유언은 자신이 입던 옷을 그대로 입혀서 묻어 달라는 것이었음.

06 소년이 조약돌을 소중히 여기는 모습에서 소년의 어떠한 마음을 짐작할 수 있습니까? (　　　)

① 소녀를 좋아하는 마음
② 소녀를 잊고 싶은 마음
③ 약속을 반드시 지키려는 마음
④ 작은 것도 함부로 하지 않는 마음
⑤ 어떤 일이든 신중하게 결정하는 마음

07 소녀가 소년과의 추억을 소중히 여긴다는 것을 짐작할 수 있는 부분은 무엇입니까? (　　　)

① 소녀가 앓다가 죽은 것
② 소녀가 오랫동안 앓았던 것
③ 소녀가 소년에게 이사를 간다고 말한 것
④ 소녀가 개울가 징검다리에서 세수를 한 것
⑤ 소녀가 자신이 입던 옷을 그대로 입혀서 묻어 달라고 유언한 것

08 ㉠에 들어갈 알맞은 말을 쓰시오.

(　　　　　　　　　　)

09 다음은 이야기를 읽고 만든 질문 중 무엇인지 보기 에서 기호를 골라 쓰시오.

보기
㉮ 이야기 구조를 확인하는 질문
㉯ 이야기 내용을 추론하는 질문
㉰ 친구들 생각을 알고 싶은 질문

(1) 이야기는 어떻게 시작되나요? (　　　)
(2) 왜 소년과 소녀의 이름이 나오지 않을까요?
(　　　)
(3) 소년은 왜 소녀에게 비켜 달라는 말도 못 했을까요? (　　　)

10 (가)를 참조하여 ㉡에 들어갈 알맞은 내용을 정리해 쓰시오.

_____

_____

도움말 ㉡ 뒤에 일어나는 일과 관련지어 생각해 봅니다.

철민이가 친구들이 이해하기 쉽게 자료를 제시하며 자신 있는 모습으로 발표를 하고 있어요. 철민이처럼 발표를 잘하려면 어떻게 해야 할까요?

이제, 3단원에서는 발표를 체계적으로 하기 위해 자료를 어떻게 활용해야 하는지 배우고, 자료를 활용해 발표할 내용을 정리해 보기로 해요.

3 짜임새 있게 구성해요

48쪽 단원 정리 학습에서 더 자세히 공부해 보세요.

단원 학습 목표

1. 공식적인 말하기 상황을 살펴볼 수 있습니다.
   - 공식적인 말하기 상황의 자료를 살펴봅니다.
   - 말할 내용의 특성에 알맞은 자료를 알아봅니다.

2. 발표할 내용을 준비할 수 있습니다.
   - 발표할 주제와 내용을 정하고, 발표 자료를 만들어 봅니다.
   - 발표할 내용을 정리하는 방법을 알아보고, 발표할 내용을 정리해 봅니다.

단원 진도 체크

회차		학습 내용	진도 체크
1차	단원 열기	단원 학습 내용 미리 보고 목표 확인하기	✓
	교과서 내용 학습	공식적인 말하기 상황 살펴보기	✓
2차	교과서 내용 학습	「전교 학생회 회장단 선거 후보의 연설」	✓
3차	교과서 내용 학습	다양한 자료의 특성 알기	✓
4차	교과서 내용 학습	발표할 내용 준비하기 / 발표할 내용 정리하기	✓
	교과서 문제 확인	교과서 문제 학습하며 학교 숙제 해결하기	✓
5차	단원 정리 학습	단원 학습 내용 정리하기	✓
	단원 확인 평가	확인 평가를 통한 단원 학습 상황 파악하기	✓

해당 부분을 공부하고 나서 ✓표를 하세요.

교과서 96~99쪽 내용   학습 목표 ▶ 공식적인 말하기 상황 살펴보기

01 다음 중에서 공식적인 말하기 상황은 무엇인지 찾아 ○표를 하시오.

(1)

(   )

(2) 학급 토의
(   )

02 공식적인 말하기 상황의 특성이 <u>아닌</u> 것은 어느 것입니까? (   )

① 작은 목소리로 말한다.
② 높임 표현을 써야 한다.
③ 여러 사람 앞에서 말한다.
④ 또박또박 바르게 말해야 한다.
⑤ 듣는 사람은 집중해서 들어야 한다.

03 공식적인 말하기 상황에서 말을 하거나 들어 본 경험을 떠올려 쓰시오.

_____

_____

도움말 여러 사람 앞에서 말을 해 본 경험이나 연설을 들어 본 경험을 생각해 봅니다.

[04~05] 다음 그림을 보고, 물음에 답하시오.

가 전교 학생회 회장단 선거 후보의 연설

나 군것질은 해로워요

04 가와 나의 말하기 상황에서 비슷한 점은 무엇입니까? (   )

① 말하는 장소가 같다.
② 같은 주제로 이야기한다.
③ 동영상 자료를 사용하여 말한다.
④ 말하는 사람과 듣는 사람이 있다.
⑤ 친구들과 개인적으로 말하는 상황이다.

05 가와 나의 말하기 상황에서 주의할 점은 무엇인지 한 가지 쓰시오.

_____

_____

도움말 가와 나는 공식적인 말하기 상황입니다.

06 공식적인 말하기 상황에서 자료를 활용해 발표하면 좋은 점으로 알맞지 <u>않은</u> 것은 무엇입니까? (   )

① 발표 준비가 간단하다.
② 듣는 사람이 이해하기가 쉽다.
③ 설명하는 내용을 쉽게 전달할 수 있다.
④ 듣는 사람의 흥미를 이끌어 낼 수 있다.
⑤ 설명하는 내용을 한눈에 알아보기 쉽다.

전교 학생회 회장단 선거 후보의 연설

학습 목표 ▶ 공식적인 말하기 상황 살펴보기

선생님: 다음은 기호 2번 나성실 학생의 **소견** 발표를 들어 보겠습니다.

전교 학생회 회장단 선거 후보

나성실: 안녕하세요? 저는 전교 학생회 회장단 선거에 **입후보한** 나성실입니다. 저는

자기 소개

가고 싶은 학교, 즐거운 학교를 만들고 싶어서 이 자리에 섰습니다. 우리 학교에

서는 지난해에 학생들이 학교에 바라는 점을 **설문** 조사했습니다. 학생들이 학교

자료 활용 ①ー 설문 조사 결과

에 바라는 점 가운데에서 가장 많이 나온 의견은 바로 "깨끗한 화장실을 만들어

주세요."라는 의견으로 47퍼센트가 나왔습니다.

학생들: 맞아요. 좋아요.

나성실 학생이
어디에서 누구에게
말하고 있는지 살펴봐.

- **글의 특징:** 전교 학생회 회장단 선거 후보가 소견을 발표하는 상황으로 후보자의 연설 내용이 나타나 있습니다.

- 말하는 상황을 파악하기 위해 살펴보아야 할 점
- 어디에서 말하고 있는지 살펴봅니다.
- 누구에게 말하고 있는지 살펴봅니다.

낱말 사전

소견 어떤 일이나 사물을 살펴보고 가지게 되는 생각이나 의견.
입후보한 선거에 후보자로 나선.
설문 조사를 하거나 통계 자료 따위를 얻기 위하여 어떤 주제에 대하여 문제를 내어 물음. 또는 그 문제.

---

07 이 글에 나타난 말하기 상황의 특성으로 알맞은 것에 ○표를 하시오.

(1)

여러 친구 앞에서 공식적으로 말하는 것이다.

( )

(2)

친구들과 개인적으로 이야기하는 것이다.

( )

08 나성실 학생이 전교 학생회 회장단 선거에 입후보한 까닭은 무엇입니까? ( )

① 꿈을 실현하기 위해서
② 자신감을 기르기 위해서
③ 좋은 경험을 쌓기 위해서
④ 선생님을 위해 봉사하고 싶어서
⑤ 가고 싶은 학교를 만들고 싶어서

중요
09 나성실 학생이 발표를 할 때에 활용한 자료는 무엇입니까? ( )

① 그림 자료
② 사진 자료
③ 신문 자료
④ 동영상 자료
⑤ 설문 조사 결과 자료

10 학생들이 학교에 바라는 점 가운데에서 가장 많이 나온 의견은 무엇인지 찾아 쓰시오.

( )

나성실: 저는 이러한 여러분의 의견을 교장 선생님께 적극 말씀드리고 전교 학생회에
_{공약 ①}
서도 의견을 모아 꼭 깨끗한 화장실을 만들겠습니다. 저는 최근에『오늘의 순위』
_★　　　　　　　　　　　　　　　　　　　　_{자료 활용 ② – 책 자료}
라는 책을 우연히 보았습니다. 이 책은 우리나라의 여러 가지를 조사한 순위를
알려 주는 책인데, 우리나라 초등학생들 가운데에서 꿈이 없는 사람이 남학생은
14.2퍼센트, 여학생은 16.7퍼센트라고 합니다. 꿈을 정하지 못한 것이 아니라 꿈
이 없는 학생들이 그만큼이라는 얘기입니다. 백 명 가운데 열다섯 명이 꿈이 없
는 학생이라니, 어릴 때부터 공부만 열심히 하라는 말을 지겹게 들어 온 결과가
아닌가 싶습니다. 그래서 저는 우리 학교의 학생들만큼은 꼭 누구나 꿈을 하나씩
　　　　　　　　　　　　　　　　　　　　　_{공약 ②}
정하고 그 꿈을 이루려고 노력하도록 도와주고 싶습니다. 그래서 첫째, 여러분이
꿈을 찾을 수 있게 여러 가지 직업을 체험할 수 있는 직업 체험학습을 가도록 노
　　　　　　_{공약 ②를 실천하기 위해 할 일}
력하겠습니다. 둘째, 우리가 모르는 직업을 알 수 있도록 선생님의 도움을 받아
서 여러 가지 꿈 찾기 기획을 진행하려고 합니다. 여러분, 깨끗한 환경과 꿈이 있
는 학교를 만들려고 최선을 다하겠습니다. 기호 2번 나성실, 꼭 뽑아 주십시오.
감사합니다.

---

11 나성실 학생이 꿈이 없는 학생에 대한 정보를 제시할 때 활용한 자료는 무엇인지 쓰시오.

(　　　　　　　　　)

12 나성실 학생의 공약 내용으로 알맞지 <u>않은</u> 것은 무엇입니까? (　　)

① 토론 시간을 늘리겠다.
② 깨끗한 화장실을 만들겠다.
③ 꿈 찾기 기획을 진행하겠다.
④ 꿈이 있는 학교를 만들기 위해 노력하겠다.
⑤ 여러 가지 직업을 체험할 수 있는 직업 체험학습을 가도록 노력하겠다.

13 이와 같은 말하기 상황의 특성이 <u>아닌</u> 것은 무엇입니까? (　　)

① 자료를 제시하고 있다.
② 말하는 장소는 학교이다.
③ 듣는 사람이 여러 명이다.
④ 가족을 대상으로 말하고 있다.
⑤ 전교 학생회 회장단이 되기 위한 목적으로 말하고 있다.

중요 14 이와 같은 말하기 상황에서 주의할 점으로 알맞지 <u>않은</u> 것은 무엇입니까? (　　)

① 바른 자세로 말해야 한다.
② 큰 목소리로 말해야 한다.
③ 높임 표현을 사용해야 한다.
④ 반드시 자료를 제시해야 한다.
⑤ 듣는 사람을 바라보며 말해야 한다.

교과서 100~101쪽 내용 | **학습 목표** ▶ 다양한 자료의 특성 알기 | 교과서 100~101쪽

[15~17] 다음을 보고, 물음에 답하시오.

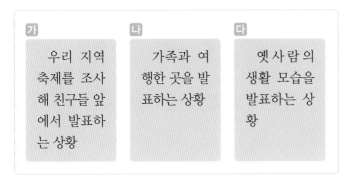

가	나	다
우리 지역 축제를 조사해 친구들 앞에서 발표하는 상황	가족과 여행한 곳을 발표하는 상황	옛 사람의 생활 모습을 발표하는 상황

중요
15 가~다에서 활용할 수 있는 자료를 알맞게 선으로 이으시오.

(1) 가 •   • ① 그림

(2) 나 •   • ② 축제 사진, 축제 안내 자료

(3) 다 •   • ③ 사진, 지도

서술형
16 가와 같은 상황에서 위 15에서 답한 자료를 활용한 까닭은 무엇인지 쓰시오.

_____

_____

도움말 여러 가지 자료의 특성을 알고 상황에 적절한 자료를 생각해 봅니다.

17 이와 같은 말하기 상황에서 자료를 활용하는 까닭으로 알맞지 않은 것에 △표를 하시오.

(1) 듣는 사람의 이해를 돕기 위해서 ( )
(2) 듣는 사람의 흥미를 끌기 위해서 ( )
(3) 더 어렵고 복잡하게 설명하기 위해서 ( )

[18~20] 다음을 보고, 물음에 답하시오.

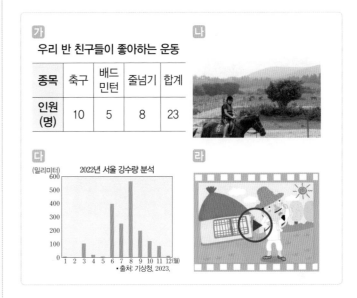

가
우리 반 친구들이 좋아하는 운동

종목	축구	배드민턴	줄넘기	합계
인원(명)	10	5	8	23

나

다
(밀리미터) 2022년 서울 강수량 분석
600
500
400
300
200
100
1 2 3 4 5 6 7 8 9 10 11 12(월)
• 출처: 기상청, 2023.

라

18 가와 같은 자료의 특성으로 알맞은 것은 무엇입니까?
( )

① 수량의 변화 정도를 알 수 있다.
② 대상의 정확한 생김새를 알 수 있다.
③ 장면을 있는 그대로 보여 줄 수 있다.
④ 여러 가지 자료의 수량을 비교하기 쉽다.
⑤ 음악이나 자막을 넣어 분위기를 잘 전달할 수 있다.

19 가~라 중에서 도표는 무엇인지 찾아 기호를 쓰고, 그와 같은 자료의 특성을 한 가지 쓰시오.

(1) 기호	(2) 자료의 특성

20 가~라 중에서 대상의 움직이는 모습과 분위기를 잘 전달하기 위해 활용할 수 있는 자료는 무엇인지 기호를 쓰시오.

( )

[21~23] 다음을 보고, 물음에 답하시오.

21 학생들은 무엇에 대하여 발표하고 있습니까? (　　　)

① 신분 제도
② 과거의 직업
③ 시장의 발달
④ 우리 민족의 음식
⑤ 과거 도시의 특징

22 가와 나는 각각 어떤 자료를 활용해 발표하였는지 쓰시오.

(1) 가: (　　　　　　　　　)
(2) 나: (　　　　　　　　　)

23 나의 발표 상황에서 22에서 답한 자료를 활용한 까닭은 무엇인지 쓰시오.

(　　　　　　　　　　　　　　　)

[24~25] 다음 그림을 보고, 물음에 답하시오.

24 남자아이가 여행지의 자연환경을 소개할 때 활용한 자료는 무엇인지 쓰시오.

(　　　　　　　　　)

25 여행지까지 가는 길을 소개하기 위해 활용할 수 있는 자료는 무엇인지 쓰고, 그렇게 생각한 까닭을 쓰시오.

(1) 활용할 자료	(2) 그렇게 생각한 까닭

도움말 여행지까지 가는 길을 시각적으로 보여 줄 수 있는 자료를 활용하는 것이 좋습니다.

■ 자료를 활용해서 말하면 좋은 점
• 듣는 사람이 흥미를 느끼게 할 수 있습니다.
• 정보를 효과적으로 전달할 수 있습니다.
• 듣는 사람이 더 잘 이해할 수 있습니다.

교과서 104~107쪽 내용 학습 목표 ▶ 발표할 내용 준비하기

[26~28] 다음을 보고, 물음에 답하시오.

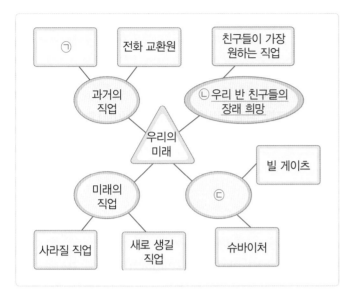

26 ㉠에 들어갈 알맞은 내용은 무엇입니까? (　　)

① 의사　　　　② 경찰관
③ 보부상　　　④ 선생님
⑤ 디자이너

서술형 27 ㉡과 같은 내용을 발표할 때 필요한 자료와 자료를 찾는 방법을 쓰시오.

(1) 필요한 자료의 종류	(2) 자료를 찾는 방법

도움말 관련된 내용을 발표할 때 필요한 자료와 자료를 조사 방법을 생각해 봅니다.

28 ㉢에 들어갈 알맞은 내용은 무엇인지 쓰시오.

(　　　　　　　　　　)

중요 29 교실에서 학급 친구들에게 발표하는 상황의 특성으로 알맞지 <u>않은</u> 것은 무엇입니까? (　　)

① 공개된 장소이다.
② 발표 장소가 넓다.
③ 개인적인 말하기 상황이다.
④ 여러 사람 앞에서 발표한다.
⑤ 자료를 활용해 발표할 수 있다.

중요 30 다음 그림은 미혜가 교실에서 발표하는 상황입니다. 자료를 제시할 때 주의할 점은 무엇입니까? (　　)

① 자료를 화려하고 멋지게 만든다.
② 최대한 자세하게 정보를 제시한다.
③ 자료가 너무 복잡하지 않도록 한다.
④ 집중해서 보도록 자료를 작게 만든다.
⑤ 자료의 출처는 정확하게 밝히지 않는다.

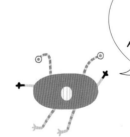

저작권은 문학, 예술, 학술에 속하는 창작물에 저작자나 그 권리를 이어받은 사람이 행사하는 권리를 말해. 다른 사람의 창작물을 사용할 때에는 반드시 허락을 구하거나 출처를 밝혀야 해.

■ 자료를 활용할 때 주의할 점
• 자료가 너무 길거나 복잡하지 않아야 합니다.
• 자료를 가져온 곳을 꼭 밝혀야 합니다.

[31~34] 다음 글을 읽고, 물음에 답하시오.

(가) **시작하는 말** 안녕하세요? 1모둠 발표를 맡은 김대한입니다. 우리의 미래를 생각하면서 우리 모둠은 '미래에는 어떤 인재가 필요할까'라는 주제로 발표를 준비했습니다. 우리 모둠이 준비한 자료는 표와 동영상입니다.

(나) **자료1** 100대 기업의 인재상 변화

	2008년	2013년	2018년
1순위	창의성	도전 정신	소통과 협력
2순위	전문성	주인 의식	전문성
3순위	도전 정신	전문성	원칙과 신뢰
4순위	원칙과 신뢰	창의성	도전 정신
5순위	소통과 협력	원칙과 신뢰	주인 의식

■출처: 대한상공회의소, 2018.

설명하는 말 미래에는 어떤 인재가 필요할까요? 대한상공회의소에서 조사한 '100대 기업의 인재상 변화'에 따르면 2008년에는 창의성이 1순위였는데 2013년에는 도전 정신이, 2018년에는 소통과 협력이 1순위입니다. 이처럼 시대에 따라 필요한 인재상은 달라지고 있습니다.

우리가 어른이 되는 미래에는 어떤 인재가 필요할까요? 우리 모둠은 인공 지능, 사물 인터넷 같은 4차 산업 혁명으로 이전과는 다른 산업 형태가 나타나면서 필요한 인재상도 달라질 것이라고 예상했습니다.

(다)

자료2 ■출처: 한국교육방송공사(2018), 「지식 채널e: 일자리의 미래」

설명하는 말 다음으로 준비한 자료는 한국교육방송공사에서 방송한 「일자리의 미래」입니다. 자료를 보면서 발표를 이어 가겠습니다. 이 동영상에서는 2020년까지 사라지는 일자리는 510만 개로, 미래에는 한 사람이 평균 4~5개의 직업을 가져야 한다고 합니다. 우리가 이러한 미래 사회에서 성공하려면 여러 분야에서 다양한 능력을 갖춰야 합니다. 경제협력개발기구[OECD]가 정리한 미래 핵심 역량은 도구 활용 능력, 사회적 상호 작용 능력, 자기 삶에 대한 자주적 관리 능력입니다. 앞서 발표한 '100대 기업의 인재상 변화'에서도 나타난 소통, 협력, 전문성과 관련 있다고 생각합니다. 이러한 능력을 키우려고 핀란드, 독일, 아르헨티나와 같은 세계 여러 나라에서는 단순한 암기 교육이 아니라 현실에 적용할 수 있는 능력을 키우는 역량 중심 교육을 강화한다고 합니다.

31 발표 주제는 무엇인지 쓰시오.
( )

32 발표를 위해 준비한 자료는 무엇이라고 하였는지 두 가지를 찾아 쓰시오.
(,)

33 (다)는 발표 마지막 부분입니다. 마지막에 구성한 자료는 무엇인지 쓰고, 그 자료를 마지막 부분에 넣은 까닭은 무엇이겠는지 쓰시오.

(1) 자료	
(2) 마지막 부분에 넣은 까닭	

도움말 동영상 자료가 주는 효과가 무엇인지 생각해 봅니다.

34 이와 같은 발표 주제에 어울리는 자료를 추가한다면 어떤 자료를 찾고 싶은지 쓰시오.
( )

■**발표 자료 구성하기**
• 시작하는 말에는 발표하려는 주제나 제목을 넣고, 듣는 사람의 주의를 집중시킬 수 있는 내용을 넣도록 합니다.
• 자료를 설명하는 말에는 자료를 가져온 곳을 반드시 밝혀야 합니다.
• 마지막 부분에는 친구들이 흥미 있는 내용을 넣어 마지막까지 집중해서 들을 수 있도록 합니다.
• 끝맺는 말에는 발표한 내용을 간단히 정리하고, 함께 생각할 점을 넣습니다.

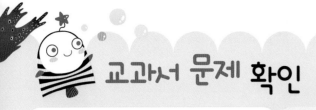 
교과서 96~99쪽 · 공식적인 말하기 상황 살펴보기

• 우리 주변에 다른 사람 앞에서 말하는 상황에는 어떤 것이 있나요?

　예 학급 회의에서 발표하기 / 국어 시간에 토론하기 / 학급 임원 선거에서 소견 발표하기

• 다른 사람 앞에서 말하는 상황의 특성을 친구들과 이야기해 보세요.

　예 다른 사람 앞에서 말할 때에는 또박또박 바르게 말해야 합니다. / 여러 사람 앞에서 말할 때에는 높임 표현을 써야 합니다.

• 후보자는 어디에서 누구에게 말했나요?

　예 강당에서 학생들에게 말했습니다.

• 후보자는 어떤 공약을 발표했나요?

　예 깨끗한 화장실을 만들겠다고 했습니다. / 다양한 직업 체험학습을 가도록 노력하겠다고 했습니다. / 꿈 찾기 기획을 진행하겠다고 했습니다.

• 후보자는 의견을 발표할 때 어떤 자료를 활용했나요?

　예 설문 조사 결과표와 책을 활용했습니다.

• 공식적인 말하기 상황에서 후보자는 어떤 태도로 말해야 할까요?

　예 여러 사람 앞에서 말하기 때문에 높임 표현을 써야 합니다. / 바른 자세와 태도로 말해야 합니다.

• 그림 가와 그림 나를 보고 두 가지 말하기 상황에서 비슷한 점과 다른 점은 무엇인지 비교해 봅시다.

비슷한 점		• 말하는 사람과 듣는 사람이 있다. • 예 듣는 사람이 친구들이다.
다른 점	그림 가	• 예 교실 밖에서 자유롭게 말한다. • 예 친구들과 개인적으로 말한다.
	그림 나	• 예 수업 시간에 교실에서 여러 사람 앞에서 발표한다. • 예 여러 친구 앞에서 공식적으로 말한다.

• 자료를 활용하지 않고 발표할 때와 자료를 활용해 발표할 때 듣는 사람은 각각 어떻게 반응했나요?

자료를 활용하지 않고 발표할 때	예 친구가 어떤 음식을 소개하는지 잘 몰랐습니다.
자료를 활용해 발표할 때	예 친구가 소개하는 음식이 무엇인지 한눈에 쉽게 알아보았습니다.

• 자료를 활용해 발표할 때에 좋은 점을 친구들과 이야기해 보세요.

　예 설명하는 내용을 쉽게 전달할 수 있습니다. / 설명하는 내용을 한눈에 알아보기 쉽습니다.

• 공식적인 말하기 상황의 특성을 말해 봅시다.

공식적인 말하기는 여러 사람 앞에서 발표하는 상황이기 때문에 큰 소리로 또박또박 말해야 해.

공식적인 말하기 상황에서 듣는 사람은 집중해서 들어야 해.

예 여러 사람 앞에서 말하는 상황이므로 높임 표현을 사용해야 해. / 듣는 사람이 이해하기 쉽게 자료를 활용하면 좋아.

교과서 100~103쪽   ○ 다양한 자료의 특성 알기

• 공식적인 말하기 상황을 떠올려 보고, 말하는 사람이 활용한 자료와 그 자료를 활용한 까닭을 발표해 보세요.

공식적인 말하기 상황	활용한 자료	그 자료를 활용한 까닭
우리 지역 축제를 조사해 친구들 앞에서 발표하는 상황	• 축제 사진 • 축제 안내 자료	축제 사진이 우리 지역 축제 모습을 잘 보여 줄 수 있고, 축제 안내 자료에 여러 가지 행사가 잘 나와 있기 때문입니다.
예 가족과 여행한 곳을 발표하는 상황	예 사진, 지도	예 사진은 여행지의 모습을 있는 그대로 보여 줄 수 있고, 지도는 여행지까지 가는 길을 한눈에 보여 줄 수 있기 때문입니다.
예 옛사람의 생활 모습을 발표하는 상황	예 그림	예 옛사람의 생활 모습을 그림으로 보여 주면 쉽게 설명할 수 있기 때문입니다.

• 말하는 사람이 활용한 자료의 특성을 생각해 보세요.

　예 표나 도표는 자료의 변화 모습을 한눈에 보여 줄 수 있습니다. / 사진은 대상의 모습을 사실대로 보여 줄 수 있어 설명할 때 편리합니다.

• 공식적인 말하기 상황에서 활용할 수 있는 자료의 특성을 모둠 친구들과 함께 정리해 봅시다.

자료 종류	특성
표	예 대상의 수량이 얼마나 되는지 쉽게 알 수 있다. / 여러 자료의 수량을 비교하기 쉽다. / 많은 양의 자료를 간단하게 나타낼 수 있다.
사진	예 장면을 있는 그대로 보여 줄 수 있다. / 설명하는 대상의 정확한 모습을 보여 줄 수 있다. / 설명하는 대상을 한눈에 보여 줄 수 있다.
도표	예 대상의 수량을 견주어 볼 수 있다. / 수량의 변화 정도를 알 수 있다. / 정확한 수치를 나타낼 수 있다.
동영상	예 대상의 움직이는 모습을 잘 전달할 수 있다. / 음악이나 자막을 넣어 분위기를 잘 전달할 수 있다.

• 학생들은 무엇을 발표하나요?

　예 과거의 직업을 발표합니다.

• 그림 가와 그림 나에서 어떤 자료를 활용해 발표하나요? 말할 내용에 따라 활용할 수 있는 자료가 왜 다른지 친구들과 이야기해 보세요.

그림	말할 내용	활용한 자료	활용한 까닭
가	사라진 직업의 종류	표	사라진 직업의 종류와 그 까닭을 직업별로 정리해서 보여 주기에 표가 알맞기 때문입니다.
나	예 과거의 직업인 보부상의 모습	예 동영상	예 사라진 직업인 보부상의 모습을 생생하게 보여 주기에 동영상이 알맞기 때문입니다.

- 여행지의 자연환경을 소개할 때 왜 사진 자료를 활용했을까요?
  - ㉜ 여행지의 자연환경은 있는 그대로의 모습을 보여 줄 때 더 이해하기 쉽기 때문입니다.
- 말할 내용에 따라 어떤 자료를 활용하면 좋을지 모둠 친구들과 의논해 보세요.

말할 내용	활용할 자료	그렇게 의논한 까닭
여행지의 자연환경	사진	여행지의 자연환경을 한눈에 보여 줄 수 있기 때문입니다.
여행 일정	㉜ 관광 안내서	㉜ 여행 코스와 일정이 잘 설명되어 있기 때문입니다.
여행지까지 가는 길	㉜ 지도	㉜ 여행지까지 가는 길을 지도로 한눈에 보여 줄 수 있기 때문입니다.

- 자료를 활용해서 말하면 어떤 점이 좋은지 정리해 봅시다.
  - ㉜ • 자료를 활용해서 말하면 듣는 사람의 ㉜ 흥미을/를 느끼게 할 수 있다.
    - 자료를 활용해서 말하면 정보를 ㉜ 효과적으로 전달할 수 있다.
    - 자료를 활용해서 말하면 듣는 사람이 더 잘 이해할 수 있다.

교과서
105~106쪽

교과서 104~107쪽　　　○ 발표할 내용 준비하기

- 발표할 내용에 따라 필요한 자료는 어떻게 달라질까요?
  - ㉜ 발표할 내용에 따라 내용을 잘 전달하기에 알맞은 자료가 달라집니다.
- 우리 모둠 발표에 필요한 자료를 어떻게 찾으면 좋을까요?

㉜	필요한 자료의 종류	자료를 찾는 방법
	우리 반 친구들의 장래 희망을 정리한 표	친구들의 장래 희망을 설문으로 조사해 표로 정리한다.
	새로 생길 직업을 표현한 그림	직업 관련 누리집에서 미래에 새로 생길 직업을 검색한다.

- 발표하는 상황의 특성에 따라 자료를 어떻게 제시하면 좋을지 떠올려 봅시다.

㉜	
발표하는 상황	교실에서 학급 친구들에게 발표할 때
발표하는 상황의 특성	• 여러 사람 앞에서 발표한다. / • ㉜ 발표 장소가 넓다.
자료 제시 방법	교실에서 발표할 때에는 ㉜ 멀리 있는 친구도 잘 볼 수 있도록 자료를 크게 확대해 제시해야 한다.

교과서
109~112쪽

교과서 108~109쪽　　　○ 발표할 내용 정리하기

- 발표 주제는 무엇인가요? ㉜ '미래에는 어떤 인재가 필요할까'입니다.
- 시작하는 말은 어떤 역할을 해야 한다고 생각하나요? ㉜ 듣는 사람의 주의를 집중시켜야 합니다.
- 끝맺는 말은 어떤 역할을 해야 한다고 생각하나요?
  - ㉜ 발표한 내용을 간단하게 정리해야 합니다. / 발표를 준비하며 느낀 점을 전하면 좋을 것 같습니다.

단원 정리 학습

핵심 1   공식적인 말하기 상황 살펴보기

1 공식적인 말하기 상황

- 공식적인 상황에서 말하는 것입니다.
- 학급 회의에서 발표하기, 국어 시간에 토론하기, 학급 임원 선거에서 소견 발표하기 등이 있습니다.

2 공식적인 말하기 상황의 특성

- 여러 사람 앞에서 발표하는 상황이기 때문에 큰 목소리로 또박또박 바르게 말해야 합니다.
- 듣는 사람은 집중해서 들어야 합니다.
- 여러 사람 앞에서 말하는 것이므로 높임 표현을 사용해야 합니다.
- 듣는 사람이 알아듣기 쉽게 자료를 활용하면 좋습니다.

핵심 2   자료의 다양한 특성 알기

1 공식적인 상황에서 활용할 수 있는 여러 가지 자료

자료 종류	자료의 특성
표	• 대상의 수량이 얼마나 되는지 쉽게 알 수 있다. • 여러 가지 자료의 수량을 비교하기 쉽다. • 많은 양의 자료를 간단하게 나타낼 수 있다.
사진	• 장면을 있는 그대로 보여 줄 수 있다. • 설명하는 대상의 정확한 모습을 알 수 있다. • 설명하는 대상을 한눈에 보여 줄 수 있다.
도표	• 대상의 수량을 견주어 볼 수 있다. • 수량의 변화 정도를 알 수 있다. • 정확한 수치를 나타낼 수 있다.
동영상	• 대상의 움직이는 모습을 잘 전달할 수 있다. • 음악이나 자막을 넣어 분위기를 잘 전달할 수 있다.

자료에는 이 외에도 그림 자료, 신문 자료, 실물 자료 등 여러 가지가 있어.

2 자료를 활용해서 말하면 좋은 점

- 듣는 사람이 흥미를 느끼게 할 수 있습니다.
- 정보를 효과적으로 전달할 수 있습니다.
- 듣는 사람이 더 잘 이해할 수 있습니다.

3 자료를 활용할 때 주의할 점

- 자료가 너무 길거나 복잡하지 않아야 합니다.
- 자료를 가져온 곳을 꼭 밝혀야 합니다.

3. 짜임새 있게 구성해요

01 다음 중 공식적인 말하기 상황이 <u>아닌</u> 것은 무엇입니까? (   )

① 부모님께 인사하기
② 국어 시간에 토의하기
③ 아나운서의 뉴스 방송
④ 회의 시간에 발표하기
⑤ 전교 학생회 후보의 연설

[04~05] 다음 글을 읽고, 물음에 답하시오.

> 선생님: 다음은 기호 2번 나성실 학생의 소견 발표를 들어 보겠습니다.
> 나성실: 안녕하세요? 저는 전교 학생회 회장단 선거에 입후보한 나성실입니다. 저는 가고 싶은 학교, 즐거운 학교를 만들고 싶어서 이 자리에 섰습니다. 우리 학교에서는 지난해에 학생들이 학교에 바라는 점을 설문 조사했습니다. 학생들이 학교에 바라는 점 가운데에서 가장 많이 나온 의견은 바로 "깨끗한 화장실을 만들어 주세요."라는 의견으로 47퍼센트가 나왔습니다.
> 학생들: 맞아요. 좋아요.

 02 공식적인 말하기 상황에서 발표할 때 주의할 점으로 알맞은 것에 ○표를 하시오.

> 여러 사람 앞에서 말할 때에는 (높임 , 어려운) 표현을 사용해야 합니다.

04 학생들이 학교에 바라는 점은 무엇입니까? (   )

① 음악회를 열어 주세요.
② 체육관을 만들어 주세요.
③ 놀이 시간을 늘려 주세요.
④ 맛있는 급식을 만들어 주세요.
⑤ 깨끗한 화장실을 만들어 주세요.

 03 공식적인 말하기 상황에서 자료를 활용해 발표하면 어떤 점이 좋은지 쓰시오.

_____

_____

도움말 자료를 활용한 발표를 하거나 들었던 경험을 떠올려 봅니다.

05 나성실 학생이 제시한 자료는 무엇인지 쓰시오.

(   )

[06~07] 다음을 보고, 물음에 답하시오.

| 가 | | | |

우리 반 친구들이 좋아하는 운동

종목	축구	배드민턴	줄넘기	합계
인원(명)	10	5	8	23

나

다

2022년 서울 강수량 분석
(밀리미터)
■ 출처: 기상청, 2023.

라

06 **나**와 같은 자료를 활용해 설명하기 좋은 내용은 무엇입니까? (　　)

① 여행 일정
② 여행 경비
③ 여행지의 자연환경
④ 여행을 하며 이동한 길
⑤ 여행한 날의 날씨와 기온

07 **가~라** 중에서 다음과 같은 특성을 가진 자료는 무엇인지 찾아 기호를 쓰시오.

- 정확한 수치를 나타낼 수 있다.
- 수량의 변화 정도를 알 수 있다.
- 대상의 수량을 견주어 볼 수 있다.

(　　　　)

[08~10] 다음 글을 읽고, 물음에 답하시오.

(가)

| 자료 1 | 100대 기업의 인재상 변화 |

	2008년	2013년	2018년
1순위	창의성	도전 정신	소통과 협력
2순위	전문성	주인 의식	전문성
3순위	도전 정신	전문성	원칙과 신뢰
4순위	원칙과 신뢰	창의성	도전 정신
5순위	소통과 협력	원칙과 신뢰	주인 의식

■ 출처: 대한상공회의소, 2018.

　미래에는 어떤 인재가 필요할까요? 대한상공회의소에서 조사한 '100대 기업의 인재상 변화'에 따르면 2008년에는 창의성이 1순위였는데 2013년에는 도전 정신이, 2018년에는 소통과 협력이 1순위입니다.

(나) 2020년까지 사라지는 일자리는 510만 개로 미래에는 한 사람이 평균 4~5개의 직업을 가져야 한다고 합니다. 우리가 이러한 미래 사회에서 성공하려면 여러 분야에서 다양한 능력을 갖춰야 합니다. 경제협력개발기구[OECD]가 정리한 미래 핵심 역량은 도구 활용 능력, 사회적 상호 작용 능력, 자기 삶에 대한 자주적 관리 능력입니다.

08 (가)의 내용을 발표할 때 제시한 자료를 쓰시오.

(　　　　　　)

09 '100대 기업의 인재상'은 시대에 따라 어떻게 달라졌습니까? (　　)

① 창의성 → 도전 정신 → 소통과 협력
② 창의성 → 소통과 협력 → 도전 정신
③ 소통과 협력 → 창의성 → 도전 정신
④ 소통과 협력 → 도전 정신 → 창의성
⑤ 도전 정신 → 소통과 협력 → 창의성

서술형
10 (나)의 내용을 효과적으로 발표하기 위해 활용할 자료와 그 자료를 활용하는 까닭은 무엇인지 쓰시오.

(1) 활용할 자료	
(2) 그 자료를 활용하는 까닭	

도움말 발표 내용에 어울리는 자료와 그 자료의 특성을 생각해 봅니다.

꼭꼭 숨어라, 숨은 그림 찾기

학교에서 직업 체험학습으로 소방서에 다녀왔어요. 소화기 사용법도 배우고 가상 진화 체험도 했어요. 어떤 그림이 꼭꼭 숨어 있는지 찾아보세요.

정답: 자, 칼, 국자, 양말, 숟가락, 양초, 국어

여자아이가 친구의 의견이 적절한지 판단하며 듣고 있어요. 이렇게 다른 사람의 주장을 듣거나 읽을 때에는 주장과 근거가 무엇인지, 근거는 타당한지 생각해야 해요.

이제, 4단원에서는 다양한 주장과 그에 대한 근거를 살펴보고, 근거의 적절성과 타당성을 판단해 볼 거예요.

4 주장과 근거를 판단해요

단원 학습 목표

65쪽 단원 정리 학습에서 더 자세히 공부해 보세요.

1. 논설문의 특성을 생각하며 글을 읽을 수 있습니다.
   - 논설문은 주장과 이를 뒷받침하는 근거로 이루어져 있습니다.
   - 논설문은 서론, 본론, 결론으로 짜여 있습니다.

2. 내용의 타당성과 표현의 적절성을 판단할 수 있습니다.
   - 주장이 가치 있고 근거가 주장과 관련되어 있는지 살펴봅니다.
   - 근거가 주장을 뒷받침하는지 살펴봅니다.
   - 주관적인 표현, 모호한 표현, 단정하는 표현을 쓰지 않았는지 살펴봅니다.

단원 진도 체크

회차		학습 내용	진도 체크
1차	단원 열기	단원 학습 내용 미리 보고 목표 확인하기	✓
	교과서 내용 학습	「동물원은 필요한가」	✓
2차	교과서 내용 학습	「전통 음식의 우수성」	✓
3차	교과서 내용 학습	「자연 보호는 우리가 꼭 해야 할 일」	✓
4차	서술형 수행 평가 돋보기	서술형 수행 평가 대비 학습하기	✓
	교과서 문제 확인	교과서 문제 학습하며 학교 숙제 해결하기	✓
5차	단원 정리 학습	단원 학습 내용 정리하기	✓
	단원 확인 평가	확인 평가를 통한 단원 학습 상황 파악하기	✓

해당 부분을 공부하고 나서 ✓표를 하세요.

교과서 내용 학습

| 동물원은 필요한가 | 학습 목표 ▶ 다양한 주장 살펴보기 | 교과서 120~123쪽 |

• 글의 특징: '동물원은 필요한가'에 대한 친구들의 주장과 근거가 나타난 글입니다.

중심 내용 시은이네 모둠은 시은이가 제시한 문제 상황에 대하여 '동물원은 필요한가'를 주제로 이야기를 나누었습니다.

1 시은이네 모둠은 '동물원은 필요한가'라는 주제로 서로 이야기해 보기로 했다. 먼저 시은이가 문제 상황을 설명했다.

시은 동물원은 살아 있는 동물들을 모아서 기르는 곳입니다. 자연 상태에서 보기 힘든 다양한 동물을 가까이에서 볼 수 있어 동물의 생태와 습성, 자연환경의 소중함을 배울 수 있는 교육 장소입니다. 하지만 좁은 <u>동물원의 좋은 점</u>
우리에 갇혀 살아가는 동물들은 스트레스를 많이 받습니다. '동물원은 필요한가'에 대해 우리 모둠 친구들은 어떻게 생각하나요?
<u>논의 주제</u>

중심 내용 지훈이는 사람들에게 즐거움을 주고, 동물을 보호해 주는 동물원이 필요하다고 주장했습니다.

2 지훈이가 손을 들고 자기 생각을 말했다.

지훈 저는 동물원이 있어야 한다고 생각합니다. 그

까닭은 첫째, 동물원은 우리에게 큰 즐거움을 줍니다.
<u>주장에 대한 근거 ①</u>
3000년 전에 이미 동물원을 만들었을 만큼 사람은 동물을 좋아하고 가까이해 왔습니다. 동물원에서는 쉽게 만날 수 없는 동물을 가까이에서 볼 수 있는데, 열대 지역에 사는 사자나 극지방에 사는 북극곰도 쉽게
<u>쉽게 만날 수 없는 동물들의 예</u>
만날 수 있습니다. 서울 동물원에만 한 해 평균 350만 명이 방문한다고 합니다. 이렇게 많은 사람이 동물원을 좋아하고 동물원에서 즐거움을 느낍니다. 둘째, 동물원은 동물을 보호해 줍니다. 야생에서는 약한 동물
<u>주장에 대한 근거 ②</u>
이 더 강한 동물에게 공격당하거나 먹이가 없어 굶어 죽기도 합니다. 동물원은 자유를 제한하더라도 먹이와 안전을 보장하기 때문에 동물에게 훨씬 이롭습니다. 최근에는 친환경 동물원으로 탈바꿈하는 곳도 많습니다. 동물들이 지내는 환경을 개선하면 동물원은 사람에게도, 동물에게도 이로운 곳이 될 것입니다.

중요
01 시은이가 제시한 문제 상황은 무엇입니까? (　　　)

① 동물원에 있는 동물의 종류가 너무 적다.
② 좁은 우리는 동물들에게 스트레스가 된다.
③ 동물원을 교육적인 장소로 사용할 수 없다.
④ 동물원이 너무 넓은 지역을 차지하고 있다.
⑤ 동물원에서는 동물들의 습성을 볼 수 없다.

02 지훈이의 주장은 무엇인지 쓰시오.

(　　　　　　　　　　　　　　　　　)

03 지훈이가 주장에 대한 근거로 제시한 것은 무엇인지 두 가지 고르시오. (　　,　　)

① 동물원은 동물을 보호해 준다.
② 동물원은 학생 교육의 장소이다.
③ 동물원에서 놀이 기구를 탈 수 있다.
④ 동물원은 우리에게 큰 즐거움을 준다.
⑤ 동물원은 사람들에게 일자리를 제공해 준다.

04 지훈이는 동물원이 사람과 동물 모두에게 이로운 곳이 되려면 어떤 점을 개선해야 한다고 했는지 쓰시오.

(　　　　　　　　　　　　　　　　　)

중심 내용 미진이는 동물원이 동물의 자유를 구속하고, 인공적인 환경은 자연을 대신할 수 없기 때문에 동물원은 필요하지 않다고 주장했습니다.

3 지훈이가 말을 마치자 미진이가 자기 생각을 말했다.

미진 동물원은 없애야 합니다. 첫째, 동물원은 동물의 자유를 구속하고, 동물에게 사람의 구경거리가 되는 고통을 줍니다. 주장에 대한 근거 ① 동물원에서 동물은 제한된 공간에 갇혀 수많은 관람객과 마주해야 합니다. 이러한 상황에서 동물은 극심한 스트레스를 받습니다. 동물은 사람의 **눈요깃거리**가 아니라 그 자체로 존중받아야 하는 소중한 생명체입니다. 둘째, 동물원은 **인공**적인 환경이기 때문에 자연을 대신할 수 없습니다. 동물원의 우리는 동물의 행동반경에 비해 **턱없이** 좁습니다. 주장에 대한 근거 ② 친환경 동물원이 생기고 있지만 동물이 원래 살던 환경을 그대로 동물원으로 옮기는 것은 불가능합니다. 동물

은 인위적으로 만든 동물원보다 생태계가 어우러진 광활한 자연에서 살아야 합니다. 동물에게 이로움보다 해로움이 훨씬 더 많은 동물원은 없애야 한다고 생각합니다.

　모둠 친구들은 지훈이와 미진이의 주장을 듣고 곰곰이★ 생각했다.

> 내 생각과 다른 주장이라도 무시하지 말고, 구체적인 근거와 내용을 보고 판단해야 해.

★ 바르게 쓰기

곰곰이	곰곰히
(○)	(×)

낱말 사전

눈요깃거리 눈으로 보기만 하면서 어느 정도 만족을 느끼는 대상.
인공 사람의 힘으로 자연에 대하여 가공하거나 작용을 하는 일.

턱없이 수준이나 분수에 맞지 아니하게.
㉠ 나는 용돈이 턱없이 적습니다.

중요

05 미진이의 주장은 무엇입니까? (　　　)

① 동물원은 없애야 한다.
② 동물원을 만들어야 한다.
③ 동물원에 자주 가야 한다.
④ 동물원에서 배울 점이 많다.
⑤ 동물원의 동물을 관찰해야 한다.

06 미진이가 말한 주장에 대한 근거가 아닌 것을 두 가지 고르시오. (　　,　　)

① 동물원은 동물의 자유를 구속한다.
② 동물원의 동물이 탈출을 하면 위험하다.
③ 동물원을 유지하는 데 많은 비용이 든다.
④ 동물에게 사람의 구경거리가 되게 하는 고통을 준다.
⑤ 동물원은 인공적인 환경이라서 자연을 대신할 수 없다.

서술형

07 '동물원은 필요한가'라는 주제에 대한 자신의 주장을 정하여 ○표를 하고, 그렇게 생각한 근거를 쓰시오.

(1) 주장	동물원은 (있어야 한다, 없애야 한다).
(2) 근거	

도움말 자신의 주장을 정하고, 왜 그렇게 생각했는지 근거를 씁니다.

08 지훈이와 미진이처럼 같은 문제 상황에서 주장이 서로 다른 까닭을 찾아 ○표를 하시오.

(1) 사람마다 처한 상황이 다르기 때문에 (　　　)
(2) 같은 문제 상황에서는 생각도 같기 때문에
　　　　　　　　　　　　　　　　　(　　　)
(3) 주장에 대해 말하는 장소가 다르기 때문에
　　　　　　　　　　　　　　　　　(　　　)

전통 음식의 우수성

학습 목표 ▶ 논설문의 특성을 생각하며 글 읽기

- 글의 종류: 논설문
- 글의 특징: 우리 전통 음식에 관심을 갖고 우리 전통 음식을 사랑하자는 글쓴이의 주장이 나타난 글입니다.

- 논설문의 특성
- 주장과 이를 뒷받침하는 근거로 이루어져 있습니다.
- 서론, 본론, 결론으로 짜여 있습니다.

중심 내용 우리 전통 음식을 사랑합시다.

1 요즘에 우리 전통 음식보다 외국에서 유래한 햄버거나 피자와 같은 음식을 더 좋아하는 어린이를 쉽게 볼 수 있습니다. 이러한 음식은 지나치게 많이 먹으면 건강이 나빠지기도 합니다. 그에 비해 우리 전통 음식은 오랜 세월에 걸쳐 전해 오면서 우리 입맛과 체질에 맞게 발전해 왔기 때문에 여러 가지 면에서 우수합니다. 우리 전통 음식을 사랑합시다. 왜 전통 음식을 사랑해야 할까요? <u>글쓴이의 주장</u> ***1**: [서론] 문제 상황과 글쓴이의 주장을 제시

중심 내용 우리 전통 음식은 건강에 이롭습니다.

2 첫째, <u>우리 전통 음식은 건강에 이롭습니다.</u> 우리 <u>주장에 대한 근거 ①</u> 가 날마다 먹는 밥은 **담백해** 쉽게 싫증이 나지 않으며 어떤 반찬과도 잘 어우러져 균형 잡힌 영양분을 섭취하기 좋습니다. 또 된장, 간장, 고추장과 같은 ㉠**발효**

식품에는 무기질과 비타민이 풍부하게 들어 있어 몸을 건강하게 해 줍니다. 특히 청국장은 **항암** 효과는 물론 **해독** 작용까지 뛰어나다고 합니다. 된장도 건강에 이로운 식품으로 알려져 있습니다. (반)해로운

중심 내용 우리 전통 음식을 가까이하면 계절과 지역에 따라 다양한 맛을 즐길 수 있습니다.

3 둘째, <u>우리 전통 음식을 가까이하면 계절과 지역에 따라 다양한 맛을 즐길 수 있습니다.</u> <u>주장에 대한 근거 ②</u> 우리 조상은 생활 주변에서 나는 여러 가지 재료를 이용해 계절에 맞는 다양한 음식을 만들어 왔습니다. 주변 바다와 산천에서 나는 풍부하고 다양한 해산물과 갖은 나물이나 채소와 같은 재료에는 각각 고유한 맛이 있습니다. 이러한 재료를 이용해 만든 여러 가지 음식은 지역 특색을 살린 독특한 맛을 냅니다. 『비빔밥의 경우, 콩나물을 비롯한 여러 가지 나물에 육회를 얹은 전주비빔밥, 기름

낱말 사전

담백해 음식이 느끼하지 않고 산뜻해.	**항암** 암세포의 증식을 억제하거나 암세포를 죽임.
발효 효모나 세균 따위의 미생물이 유기물을 분해시키는 작용.	**해독** 몸 안에 들어간 독성 물질의 작용을 없앰.

중요 09 이 글에서 제시한 문제 상황은 무엇입니까? ( )

① 편식을 하는 어린이를 쉽게 볼 수 있다.
② 전통 음식만 먹는 어린이를 쉽게 볼 수 있다.
③ 운동을 하지 않는 어린이를 쉽게 볼 수 있다.
④ 햄버거나 피자를 못 먹는 어린이를 쉽게 볼 수 있다.
⑤ 우리 전통 음식보다 햄버거나 피자를 더 좋아하는 어린이를 쉽게 볼 수 있다.

10 ㉠의 예가 아닌 것은 무엇입니까? ( )

① 밥   ② 된장   ③ 간장
④ 고추장   ⑤ 청국장

11 청국장이 우리 몸에 이로운 점을 쓰시오.

( )

12 이 글의 내용을 확인하는 질문을 찾아 ○표를 하시오.

(1) 자신이 좋아하는 우리 전통 음식은 무엇인가?
( )

(2) 발효 식품이 몸을 건강하게 해 주는 까닭은 무엇인가?
( )

(3) 우리 전통 음식의 우수성을 널리 알리려면 어떻게 해야 할까?
( )

에 볶은 밥에 고사리와 가늘게 찢은 닭고기, 각종 나물과 황해도 특산물인 김을 얹은 해주비빔밥, 멍게를 넣은 통영비빔밥과 같이 그 지역 특산물에 따라 다양하게 만들었습니다. 김치 또한 시원하고 톡 쏘는 맛이 강하거나 맵고 진한 **감칠맛**이 나는 등 지역에 따라 다양한 맛으로 만든 것을 볼 수 있습니다.

『 』: 지역의 특색을 살린 비빔밥의 예

[중심내용] 우리 전통 음식에서 우리 조상의 슬기와 문화를 경험할 수 있습니다.

4 셋째, 우리 전통 음식에서 우리 조상의 슬기와 문화를 경험할 수 있습니다. 우리 조상은 겨울을 나려고 김장을 하고, 저장 온도와 저장 기간을 조절해 겨울철에도 신선하게 채소를 먹을 수 있도록 했습니다. 삼국 시대부터 발달한 **염장** 기술로 고기류와 어패류를 오랫동안 보관해 맛있게 먹을 수 있도록 했습니다. 또 농경 생활을 하면서 설이나 추석과 같은 명절에 가족이

주장에 대한 근거 ③

어류와 조개류를 아울러 이르는 말.

나 이웃과 함께 세시 음식을 만들어 먹으며 정답게 어울려 지냈습니다. * 2, 3, 4: [본론] 주장에 대한 근거와 그 근거를 뒷받침하는 예나 자료 제시

[중심내용] 우리 전통 음식의 과학성과 우수성을 알고 우리 전통 음식에 관심을 가지고 우리 전통 음식을 사랑해야겠습니다.

5 우리나라 전통 음식은 세계 여러 나라 사람에게 주목받고 있습니다. 우리 조상의 넉넉한 마음과 삶에서 배어 나온 지혜가 담긴 우리 전통 음식은 그 맛과 멋과 영양의 삼박자를 모두 갖추고 있습니다. 우리는 우리 전통 음식의 과학성과 우수성을 알고 우리 전통 음식에 관심을 가지고 우리 전통 음식을 사랑해야겠습니다.

글의 내용 요약

글쓴이의 주장 강조

* 5: [결론] 글의 내용을 요약하고 글쓴이의 주장을 다시 한번 강조

논설문은 어떤 문제를 놓고 글쓴이가 내세우는 생각인 주장과 주장을 뒷받침하는 근거로 이루어져 있어.

 낱말 사전

감칠맛 음식물이 입에 당기는 맛.

염장 소금에 절여 저장함.

---

13 다음과 같은 우리 전통 음식의 특징에서 알 수 있는 것은 무엇입니까? ( )

| 김장 | 염장 기술 | 채소 저장 기술 |

① 조상들의 슬기
② 조상들의 예절
③ 조상들이 입는 옷
④ 조상들이 좋아하는 동물
⑤ 조상들이 즐겨 하는 운동

14 글 2, 3, 4와 같은 논설문의 본론에 들어갈 내용으로 알맞은 것을 두 가지 찾아 ○표를 하시오.

(1) 문제 상황 ( )
(2) 글 내용 요약 ( )
(3) 주장에 대한 근거 ( )
(4) 근거를 뒷받침하는 예나 자료 ( )

15 논설문의 서론, 본론, 결론 중 다음의 설명에 알맞은 부분은 무엇인지 쓰시오.

글의 내용을 요약하기도 하고 글쓴이의 주장을 다시 한번 강조할 수도 있다.

( )

서술형

16 이 글에서 글쓴이의 주장과 근거를 다음 표에 알맞게 정리하여 쓰시오.

주장	(1)
근거	• 우리 전통 음식은 건강에 이롭다. • 우리 전통 음식을 가까이하면 계절과 지역에 따라 다양한 맛을 즐길 수 있다. (2) _____

도움말 글쓴이의 주장은 서론과 결론에 제시되고, 본론에는 주장에 대한 근거가 제시됩니다.

• 글의 종류: 논설문
• 글의 특징: 자연 보호를 실천하자는 글쓴이의 주장과 자연은 한 번 파괴되면 복원되기가 어렵고, 무리한 자연 개발은 생태계를 파괴하고, 자연은 우리 후손이 살아갈 삶의 터전이라는 근거가 나타난 글입니다.

■ 근거의 타당성과 표현의 적절성을 판단하는 방법
• 근거가 주장과 관련 있는지 살펴봅니다.
• 근거가 주장을 뒷받침하는지 살펴봅니다.
• 주관적인 표현, 모호한 표현, 단정하는 표현을 쓰지 않았는지 살펴봅니다.

중심 내용　우리는 자연의 목소리에 귀를 기울이고 자연을 보호해야 합니다.

1 「우리나라뿐만 아니라 세계 곳곳에서 벌어지는 자연 개발은 우리 삶을 위협한다. 이러한 무분별한 개발로 우리 삶의 터전인 자연은 몸살을 앓고, 이제 인류의 생존까지 위협하는 상황에 이르렀다.」 우리는 자연의 목소리에 귀를 기울이고 자연을 보호해야 한다. 왜 자연을 보호해야 할까?

　　　　『 』: 문제 상황
　　　　글쓴이의 주장
　　　　* **1**: [서론] 문제 상황과 글쓴이의 주장을 제시

중심 내용　자연은 한번 파괴되면 복원되기가 어렵습니다.

2 첫째, 자연은 한번 파괴되면 복원되기가 어렵다.
　　　　　주장에 대한 근거 ①
어린나무 한 그루가 아름드리나무로 성장하는 데 약
　　　　둘레가 한 아름이 넘는 큰 나무.
30년에서 50년이 걸린다고 한다. 우유 한 컵(150밀리리터)으로 오염된 물을 물고기가 살 수 있는 깨끗한 물로 만들려면 우유 한 컵의 약 2만 배의 물이 필요하

다. 이처럼 환경을 오염시키는 것은 순식간이지만 오염된 환경을 되살리는 데는 수십, 수백 배의 시간과 노력이 든다. 자연의 힘이 아무리 위대해도 **자정** 능력을 넘어서는 오염을 감당하기는 어렵다.

중심 내용　무리한 자연 개발은 생태계를 파괴합니다.

3 둘째, 무리한 자연 개발은 생태계를 파괴한다. 생
　　　　　　　　　　　주장에 대한 근거 ②
물은 서로 **유기적인** 생태계로 얽혀 있으며 주변 환경과 영향을 주고받으면서 살아간다. 자연 개발로 생태계를 파괴하면 결국 사람의 생활 환경을 악화시키는 결과를 초래한다. 예를 들어 사람의 편의를 돕는 시설
　　　　　　　　　어떤 결과를 가져오게 한다.
을 만들면서 무분별하게 산을 파헤치면 동식물은 삶의 터전을 잃는다. 무리한 자연 개발의 결과로 기후 변화 현상까지 나타나 동물이 멸종 위기에 처하고, 지

낱말 사전

자정 오염된 물이나 땅 따위가 물리학적·화학적·생물학적 작용으로 저절로 깨끗해짐.

유기적인 생물체처럼 전체를 구성하고 있는 각 부분이 서로 밀접하게 관련을 가지고 있어서 떼어 낼 수 없는.

---

17 이 글에 대한 친구들의 생각을 알고 싶은 질문을 찾아 ○표를 하시오.

(1) 다른 나라의 자연 보호 사례를 알고 있는가?
　　　　　　　　　　　　　　　(　　)

(2) 무리한 자연 개발은 어떤 결과를 불러오는가?
　　　　　　　　　　　　　　　(　　)

18 글 **1**에 나타난 내용을 두 가지 고르시오.
　　　　　　　　　　　　　(　　 , 　　)

① 문제 상황　　　　② 글쓴이의 주장
③ 글을 쓸 때의 느낌　④ 주장에 대한 근거
⑤ 문제 상황에 대한 사람들의 평가

19 글 **2**에서 자연이 한번 파괴되면 복원되기가 어려운 까닭을 찾아 쓰시오.

(　　　　　　　　　　　　　　　　　)

20 글 **2**, **3**에 나타난 내용은 무엇입니까? (　　)

① 우리나라가 중요한 까닭
② 자연을 개발해야 하는 까닭
③ 자연을 보호해야 하는 까닭
④ 자연을 보호하는 사람들의 모습
⑤ 생활 속에서 자연을 보호하는 방법

구 환경이 위협을 받기도 한다. 동식물이 살 수 없는 곳은 사람도 살 수 없는 곳이 된다. 사람도 자연의 일부분이므로 자연과 조화를 이루어야 우리 삶이 풍요로워진다.

중심내용 자연은 우리 후손이 살아갈 삶의 터전입니다.

4 셋째, <u>자연은 우리 후손이 살아갈 삶의 터전이다.</u>
주장에 대한 근거 ③
당장의 편리와 이익만을 추구하다 보면 우리 후손에게 ㉠<u>훼손된</u> 자연을 물려주게 된다. 환경을 <u>고려하지 않은</u> 개발로 물, 공기, 토양, 해양과 같은 자연환경이
생각하지 않은
돌이키기 힘들 정도로 훼손되면 우리 후손은 그 훼손된 자연 속에서 살아가야 한다. 조상으로부터 금수강산을 물려받은 우리는 후손에게 아름다운 자연을 물려주어야 할 의무가 있다. 자연은 조상이 남긴 소중한 환경 유산이자 후손이 앞으로 살아갈 삶의 터전임을 기억해야 한다.

* 2, 3, 4: [본론] 주장에 대한 근거와 그 근거를 뒷받침하는 예나 자료 제시

낱말 사전

안식처 편히 쉬는 곳.
예 집은 포근한 안식처입니다.

중심내용 이제 우리 모두 자연 보호를 실천해야 합니다.

5 자연은 어머니의 따뜻한 품이자 우리의 영원한 **안식처**이다. 더 이상 무분별한 개발로 **금수강산**을 훼손해서는 안 된다. 자연 개발로 사라져 가는 동식물을 다시 이 땅으로 돌아오게 하여 더불어 살아야 한다. 지나친 개발 때문에 나타나는 지구 온난화와 이상 기후 현상이 더 이상 심해지지 않도록 노력하는 일도 우리 모두에게 남겨진 과제이다. 이제 우리 모두 자연 보호를 실천해야 한다.

* 5: [결론] 글의 전체 내용을 요약하고 글쓴이의 주장을 다시 한번 강조

★ 바르게 쓰기

훼손된	해손된
(○)	(×)

논설문을 읽을 때에는 주장과 근거가 타당한지, 표현이 적절한지 생각해야 해.

금수강산 '비단에 수를 놓은 듯이 아름다운 산천'이라는 뜻으로, 우리나라의 강과 산을 이르는 말.

중요
21 ㉠의 내용으로 알맞은 것을 두 가지 고르시오.
(,   )

① 바다가 깨끗해진다.
② 지구 온난화가 심해진다.
③ 생태계가 그대로 보존된다.
④ 미세 먼지가 점차 사라진다.
⑤ 이상 기후 현상이 일어난다.

22 글쓴이의 주장에 대한 근거가 <u>아닌</u> 것을 두 가지 고르시오. (,   )

① 자연을 개발하는 데 비용이 많이 든다.
② 무리한 자연 개발은 생태계를 파괴한다.
③ 자연은 한번 파괴되면 복원되기가 어렵다.
④ 자연은 우리 후손이 살아갈 삶의 터전이다.
⑤ 자연을 개발하는 것이 자연을 보호하는 것보다 효율적이다.

23 글 5에서 글쓴이의 주장은 무엇인지 찾아 쓰시오.
(   )

서술형
24 이 글에서 글쓴이의 주장이 가치 있고 중요한지 판단하여 ○표를 하고, 그렇게 생각한 까닭을 쓰시오.

(1) 주장이 가치 있고 중요한가?
(매우 그렇다, 그렇다, 보통임)

(2) 그렇게 생각한 까닭: _____

_____

 도움말 이 글에서 글쓴이의 주장이 무엇인지 찾아보고, 그것에 대한 타당성을 판단해 봅니다.

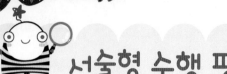

서술형 수행 평가 돋보기

학교에서 출제되는 서술형 수행 평가를 미리 준비하세요.

1 논설문에서 다음과 같은 표현을 쓰면 무엇이 문제인지 찾아 기호를 쓰시오.

(1) 건강하려면 반드시 밖으로 나가 걸어야 한다. (   )

(2) 운동회는 우리 학교 전통이니까 하면 좋겠지만, 재미는 없을 것이다. (   )

(3) 나는 자전거 타기보다 걷기를 더 좋아한다. 그래서 걷기는 좋은 운동이다. (   )

> ㉮ 어떤 사실을 딱 잘라 판단하거나 결정해 단정하는 표현은 논설문에서 조심해서 써야 한다.
> ㉯ 모호한 표현을 사용하면 자신이 말하려는 내용을 다른 사람에게 명확하게 전달할 수 없다.
> ㉰ '나는 ~을/를 좋아한다.'와 같은 주관적인 표현으로는 다른 사람을 논리적으로 설득하기 어렵다.

🔍 **문제 파악**
논설문에 알맞은 표현 방법을 알고 주장과 근거를 쓰는 문제입니다.

🔍 **해결 전략**

1 단계	논설문에 알맞은 표현 알기

↓

2 단계	논설문에 알맞지 않은 표현 고쳐 쓰기

↓

3 단계	논설문에 알맞은 표현을 생각하여 문제 상황에 알맞은 주장과 근거 쓰기

2 논설문에서 다음과 같은 표현을 쓰면 무엇이 문제인지 생각해 보고, 논설문에 알맞은 표현으로 바꾸어 쓰시오.

(1) 국립 공원에 절대로 케이블카를 설치해서는 안 된다.

→ _____

(2) 내 생각에 급식 시간에 음식을 남기는 것은 괜찮은 것 같다.

→ _____

3 다음과 같은 문제 상황에 대한 주장과 근거를 논설문에 알맞은 표현에 유의하여 쓰시오.

문제 상황		
도서관	(1) 주장	
	(2) 근거	

학교 선생님께서 알려 주시는 모범 답안과 채점 기준도 book ❸ 해설책에서 꼭 확인하세요!

교과서 문제 확인

「동물원은 필요한가」

O '동물원은 필요한가'에 대한 친구들의 주장과 근거가 나타난 글

• 시은이는 어떤 문제 상황을 제시했나요?

예 동물원은 동물의 생태와 습성, 자연환경의 소중함을 배울 수 있는 교육 장소이지만 좁은 우리에 갇혀 살아가는 동물들은 스트레스를 받는다는 것입니다.

• 지훈이와 미진이가 한 주장과 그 근거는 무엇인가요?

지훈	주장	예 동물원이 있어야 한다.
	근거	• 예 동물원은 우리에게 큰 즐거움을 준다. • 예 동물원은 동물을 보호해 준다.

미진	주장	예 동물원은 없애야 한다.
	근거	• 예 동물원은 동물의 자유를 구속하고, 동물에게 사람의 구경거리가 되는 고통을 준다. • 예 동물원은 인공적인 환경이기 때문에 자연을 대신할 수 없다.

• 지훈이와 미진이가 왜 서로 다른 주장을 했나요?

예 사람마다 겪은 일이 서로 다르기 때문입니다.

　사람마다 처한 상황이 서로 다르기 때문입니다.

• 지훈이와 미진이처럼 '동물원은 필요한가'라는 주제에 찬성하거나 반대하는 주장을 정하고 그 근거를 써 보세요.

주장	동물원은 있어야 한다. / 동물원은 없애야 한다.
근거	예 동물원에서 신기한 동물들을 보고 동물과 교감하는 시간을 가질 수 있기 때문이다.

• 자신의 생각과 다른 주장에 어떤 마음을 가져야 할지 친구들과 이야기해 봅시다.

예 내 생각과 다른 주장이라도 무시하지 말고, 구체적인 근거와 내용을 보고 판단해야 해.

「전통 음식의 우수성」

O 우리 전통 음식을 사랑하자는 글쓴이의 주장이 나타난 논설문

• 「전통 음식의 우수성」을 읽고 질문을 만들어 친구들과 묻고 답해 봅시다.

글 내용을 확인하는 질문	• 이 글을 쓴 목적은 무엇인가요? • 예 발효 식품이 몸을 건강하게 해 주는 까닭은 무엇인가요?
친구들 생각을 알고 싶은 질문	• 어떤 전통 음식을 좋아하나요? • 예 우리 전통 음식의 우수성을 널리 알리려면 어떻게 해야 할까요?

• 글의 짜임을 생각하며 각 문단의 중심 문장을 찾아 써 보세요.

❶　우리 전통 음식을 사랑합시다. ···························· 서론

❷　⑩ 우리 전통 음식은 건강에 이롭습니다.

❸　우리 전통 음식을 가까이하면 계절과 지역에 따라 다양한 맛을 즐길 수 있습니다. ·········· 본론

❹　⑩ 우리 전통 음식에서 우리 조상의 슬기와 문화를 경험할 수 있습니다.

❺　⑩ 우리 전통 음식의 과학성과 우수성을 알고 우리 전통 음식에 관심을 가지고 우리 전통 음식 을 사랑해야겠습니다. ·········· 결론

• 이 글의 주장을 써 보세요.
⑩ 우리 전통 음식을 사랑합시다.

• 이 글의 서론에서는 어떤 문제 상황을 제시했나요?
⑩ 우리 전통 음식보다는 외국에서 유래한 햄버거나 피자와 같은 음식을 더 좋아하는 어린이를 쉽게 볼 수 있는 상황을 제시했 습니다.

• 글쓴이는 서론에서 어떤 주장을 내세웠나요?
⑩ 우리 전통 음식을 사랑하자는 주장을 했습니다.

• 논설문에서 서론은 어떤 역할을 한다고 생각하나요?
⑩ 글을 쓴 문제 상황을 밝히고, 글쓴이가 글 전체에서 내세우는 주장을 분명하게 나타납니다.

• 논설문에서 본론은 어떤 역할을 한다고 생각하나요?
⑩ 서론에서 글쓴이가 제시한 주장의 근거와 그 근거를 뒷받침하는 내용을 제시합니다.

• 논설문에서 결론은 어떤 역할을 한다고 생각하나요?
⑩ 글 내용을 요약하기도 하고 글쓴이의 주장을 다시 한번 강조할 수도 있습니다.

• 결론의 역할을 생각하며 이 글의 결론을 다시 써 보세요.
⑩ 우리 전통 음식은 건강에 이롭고, 우리 전통 음식을 가까이하면 계절과 지역에 따라 다양한 맛을 즐길 수 있으며, 우리 전통 음식에서 우리 조상의 슬기와 문화를 경험할 수 있습니다. 우리 모두 우리 전통 음식에 관심과 애정을 가지도록 노력합시다.

• 논설문의 특성을 정리해 봅시다.

> – 논설문은 주장과 이를 뒷받침하는 ⓔ 근거(으)로 이루어져 있다.
> – 논설문은 서론, 본론, 결론으로 짜여 있다.
> – 서론에서는 글을 쓴 ⓔ 문제 상황과/와 글쓴이의 주장을 밝힌다.
> – 본론에서는 글쓴이의 주장에 적절한 근거를 제시한다.
> – 결론에서는 글 내용을 요약하기도 하고 글쓴이의 주장을 다시 한번 ⓔ 강조할 수도 있다.

교과서
133~137쪽

「자연 보호는 우리가 꼭 해야 할 일」 ○ 자연 보호를 실천하자는 글쓴이의 주장이 나타난 논설문

• 「자연 보호는 우리가 꼭 해야 할 일」을 읽고 질문을 만들어 친구들과 묻고 답해 봅시다.

논설문 내용에 관련한 질문	• 자연이 한번 파괴되면 왜 복원되기 어려운가요? • ⓔ 무리한 자연 개발은 어떤 결과를 불러오나요?
친구들 생각을 알고 싶은 질문	• 자연을 보호하려고 우리가 할 수 있는 일에는 무엇이 있을까요? • ⓔ 다른 나라의 자연 보호 사례를 알고 있나요?

• 각 문단에서 중심 문장을 찾아 논설문의 짜임에 맞게 써 보세요.

ⓔ 우리는 자연의 목소리에 귀를 기울이고 자연을 보호해야 한다. ········· 서론

자연은 한번 파괴되면 복원되기가 어렵다.

ⓔ 무리한 자연 개발은 생태계를 파괴한다. ········· 본론

ⓔ 자연은 우리 후손이 살아갈 삶의 터전이다.

이제 우리 모두 자연 보호를 실천해야 한다. ········· 결론

• 이 글의 주장을 써 보세요.
ⓔ 자연을 보호해야 한다.

자연 보호를 실천해야 한다.

• 논설문에서 보기 와 같은 표현을 쓰면 무엇이 문제인지 써 보세요.

보기

• 나는 자전거 타기보다 걷기를 더 좋아한다. 그래서 걷기는 좋은 운동이다.
• 내 생각에 급식 시간에 음식을 남기는 것은 괜찮은 것 같다.

문제점	예 '나는 ～을/를 좋아한다.'와 같은 주관적인 표현으로는 다른 사람을 논리적으로 설득하기 어렵다.

논설문에서는 사실을 있는 그대로 드러내는 객관적인 표현을 써야 해.

• 논설문에서 보기 와 같은 표현을 쓰면 무엇이 문제인지 써 보세요.

보기

• 적당히 먹어야 건강에 좋다.
• 운동회는 우리 학교 전통이니까 하면 좋겠지만, 재미는 없을 것이다.

문제점	예 모호한 표현을 사용하면 자신이 말하려는 내용을 다른 사람에게 명확하게 전달할 수 없다.

모호한 표현은 낱말이나 문장이 나타내는 의미가 분명하지 않아 정확하게 해석할 수 없으므로 논설문에서는 쓰지 않아야 해.

• 논설문에서 다음과 같은 표현을 쓰면 무엇이 문제인지 생각해 보고 논설문에 알맞은 표현으로 바꾸어 보세요.

• 건강하려면 반드시 밖으로 나가 걸어야 한다.
　→ 예 건강하려면 밖으로 나가 걸읍시다.

• 국립 공원에 절대로 케이블카를 설치해서는 안 된다.
　→ 예 국립 공원에 케이블카를 설치해서는 안 된다.

논설문에서는 '반드시', '절대로', '결코'와 같이 어떤 사실을 딱 잘라 판단하거나 결정해 단정하는 표현은 조심해서 써야 해.

• 이 글에서 다음과 같은 표현을 썼는지 판단해 보세요.

판단 기준	판단 결과
주관적인 표현을 썼나요?	예, (아니요)
모호한 표현을 썼나요?	예, (아니요)
단정하는 표현을 썼나요?	예, (아니요)

• 근거의 타당성과 표현의 적절성을 판단하는 방법을 말해 봅시다.

– 근거가 예 주장과/와 관련 있는지 살펴본다.
– 근거가 주장을 예 뒷받침하는지 살펴본다.
– 예 주관적인 표현, 예 모호한 표현, 예 단정하는 표현을 쓰지 않았는지 살펴본다.

단원 정리 학습

핵심 1 **논설문의 특성 알기**

1 논설문의 특성

- 논설문은 읽는 사람을 설득하는 것을 목적으로 자신의 주장을 논리적으로 쓴 글입니다.
- 논설문은 어떤 문제를 놓고 글쓴이가 내세우는 주장과 주장을 뒷받침하는 근거로 이루어져 있습니다.

2 논설문의 짜임

서론	글을 쓴 문제 상황과 글쓴이의 주장을 밝힌다.
본론	글쓴이의 주장에 적절한 근거를 제시한다.
결론	글 내용을 요약하기도 하고 글쓴이의 주장을 다시 한번 강조할 수도 있다.

본론에서는 주장에 대한 근거를 뒷받침하는 내용으로 구체적인 예나 다양한 자료를 들어.

핵심 2 **내용의 타당성과 표현의 적절성 판단하기**

1 내용의 타당성 판단하기

- 주장이 가치 있고 중요한지 살펴봅니다.
- 근거가 주장과 관련 있는지 살펴봅니다.
- 근거가 주장을 뒷받침하는지 살펴봅니다.

2 표현의 적절성 판단하기

- 주관적인 표현을 쓰지 않았는지 살펴봅니다.

  → 논설문에서는 자신만의 생각이나 감정에 치우치는 주관적인 표현보다는 객관적인 표현을 써야 함.

  예 나는 자전거 타기보다 걷기를 더 좋아한다. 그래서 걷기는 좋은 운동이다. (×)

- 모호한 표현을 쓰지 않았는지 살펴봅니다.
  └ 낱말이나 문장이 나타내는 의미가 분명하지 않아 정확하게 해석할 수 없는 표현을 말함.
  → 논설문은 자신의 견해나 관점을 정확하게 표현하는 글이므로 모호한 표현을 쓰지 않아야 함.

  예 적당히 먹어야 건강에 좋다. (×)

- 단정하는 표현을 쓰지 않았는지 살펴봅니다.

  → 논설문에서는 '반드시', '절대로', '결코'와 같이 어떤 사실을 딱 잘라 판단하거나 결정해 단정하는 표현은 조심해서 써야 함.

  예 건강하려면 반드시 밖으로 나가 걸어야 한다. (×)

단원 확인 평가

4. 주장과 근거를 판단해요

[01~04] 다음 글을 읽고, 물음에 답하시오.

(가) ㉠3000년 전에 이미 동물원을 만들었을 만큼 사람은 동물을 좋아하고 가까이해 왔습니다. 동물원에서는 쉽게 만날 수 없는 동물을 가까이에서 볼 수 있는데, 열대 지역에 사는 사자나 극지방에 사는 북극곰도 쉽게 만날 수 있습니다. ㉡서울 동물원에만 한 해 평균 350만 명이 방문한다고 합니다. 이렇게 많은 사람이 동물원을 좋아하고 동물원에서 즐거움을 느낍니다.

(나) 동물원은 동물의 자유를 구속하고, 동물에게 사람의 구경거리가 되는 고통을 줍니다. 동물원에서 동물은 제한된 공간에 갇혀 수많은 관람객과 마주해야 합니다. 이러한 상황에서 동물은 극심한 스트레스를 받습니다. 동물은 사람의 눈요깃거리가 아니라 그 자체로 존중받아야 하는 소중한 생명체입니다.

(다) 동물원은 인공적인 환경이기 때문에 자연을 대신할 수 없습니다. 동물원의 우리는 동물의 행동반경에 비해 턱없이 좁습니다. 친환경 동물원이 생기고 있지만 동물이 원래 살던 환경을 그대로 동물원으로 옮기는 것은 불가능합니다. 동물은 인위적으로 만든 동물원보다 생태가 어우러진 광활한 자연에서 살아야 합니다. ㉢동물에게 이로움보다 해로움이 훨씬 더 많은 동물원은 없애야 한다고 생각합니다.

(라) 동물원은 동물을 보호해 줍니다. 야생에서는 약한 동물이 더 강한 동물에게 공격당하거나 먹이가 없어 굶어 죽기도 합니다. 동물원은 자유를 제한하더라도 먹이와 안전을 보장하기 때문에 동물에게 훨씬 이롭습니다. ㉣최근에는 친환경 동물원으로 탈바꿈하는 곳도 많습니다. 동물들이 지내는 환경을 개선하면 동물원은 사람에게도, 동물에게도 이로운 곳입니다.

(마) 동물원은 살아 있는 동물들을 모아서 기르는 곳입니다. 자연 상태에서 보기 힘든 다양한 동물을 가까이에서 볼 수 있어 동물의 생태와 습성, 자연환경의 소중함을 배울 수 있는 교육 장소입니다.

01 글 (가)~(마) 중에서 동물원이 주는 즐거움에 대한 내용을 찾아 기호를 쓰시오.

( )

02 글 (가)~(마) 중에서 '동물원은 없애야 한다.'라는 주장에 대한 근거로 제시할 수 있는 글의 기호를 찾아 두 가지 쓰시오.

(,)

03 글 (라)에서 다음의 주장에 대한 근거로 제시한 내용은 무엇입니까? ( )

> 동물원은 있어야 한다.

① 동물원은 동물을 보호해 준다.
② 동물원은 점점 사라지고 있다.
③ 동물원은 동물에게 고통을 준다.
④ 동물원은 동물에게 즐거움을 준다.
⑤ 동물원에서는 동물에 대해 연구할 수 있다.

04 ㉠~㉣ 중에서 주장이 나타난 부분의 기호를 쓰시오.

( )

05 다른 사람의 생각이 자기 생각과 다를 때 어떻게 하는 것이 좋은지 두 가지를 골라 ○표를 하시오.

(1) 주장에 대한 구체적 근거와 내용을 보고 판단한다. ( )
(2) 사람마다 겪은 일이 달라 주장도 다를 수 있으므로 무시하지 않는다. ( )
(3) 사람들은 다른 사람의 주장과 상관없이 자신의 주장만 하므로 존중하지 않는다. ( )

[06~09] 다음 글을 읽고, 물음에 답하시오.

(가) 요즘에 우리 전통 음식보다 외국에서 유래한 햄버거나 피자와 같은 음식을 더 좋아하는 어린이를 쉽게 볼 수 있습니다. 이러한 음식은 지나치게 많이 먹으면 건강이 나빠지기도 합니다. 그에 비해 우리 전통 음식은 오랜 세월에 걸쳐 전해 오면서 우리 입맛과 체질에 맞게 발전해 왔기 때문에 여러 가지 면에서 우수합니다. 우리 전통 음식을 사랑합시다. 왜 전통 음식을 사랑해야 할까요?

(나) 첫째, _____㉠_____
우리가 날마다 먹는 밥은 담백해 쉽게 싫증이 나지 않으며 어떤 반찬과도 잘 어우러져 균형 잡힌 영양분을 섭취하기 좋습니다. 또 된장, 간장, 고추장과 같은 발효 식품에는 무기질과 비타민이 풍부하게 들어 있어 몸을 건강하게 해 줍니다. 특히 청국장은 항암 효과는 물론 해독 작용까지 뛰어나다고 합니다. 된장도 건강에 이로운 식품으로 알려져 있습니다.

(다) 둘째, 우리 전통 음식을 가까이하면 계절과 지역에 따라 다양한 맛을 즐길 수 있습니다. 우리 조상은 생활 주변에서 나는 여러 가지 재료를 이용해 계절에 맞는 다양한 음식을 만들어 왔습니다. 주변 바다와 산천에서 나는 풍부하고 다양한 해산물과 갖은 나물이나 채소와 같은 재료는 각각 고유한 맛이 있습니다. 이러한 재료를 이용해 만든 여러 가지 음식은 지역 특색을 살린 독특한 맛을 냅니다.

(라) 셋째, 우리 전통 음식에서 우리 조상의 슬기와 문화를 경험할 수 있습니다. 우리 조상은 겨울을 나려고 김장을 하고, 저장 온도와 저장 기간을 조절해 겨울철에도 신선하게 채소를 먹을 수 있도록 했습니다. 삼국 시대부터 발달한 염장 기술로 고기류와 어패류를 오랫동안 보관해 맛있게 먹을 수 있도록 했습니다.

(마) 우리나라 전통 음식은 세계 여러 나라 사람에게 주목받고 있습니다. 우리 조상의 넉넉한 마음과 삶에서 배어 나온 지혜가 담긴 우리 전통 음식은 그 맛과 멋과 영양의 삼박자를 모두 갖추고 있습니다. 우리는 우리 전통 음식의 과학성과 우수성을 알고 우리 전통 음식에 관심을 가지고 우리 전통 음식을 사랑해야겠습니다.

06 글 (가)~(마) 중에서 문제 상황이 나타난 부분의 기호를 쓰시오.

( )

07 ㉠에 들어갈 알맞은 근거는 무엇입니까? ( )

① 우리 전통 음식은 건강에 이롭습니다.
② 우리 전통 음식은 만들기가 쉽습니다.
③ 우리 전통 음식은 색이 아름답습니다.
④ 우리 전통 음식은 쉽게 구할 수 있습니다.
⑤ 우리 전통 음식은 어린이들이 좋아합니다.

08 글 (가)~(마)를 서론, 본론, 결론으로 나누어 기호를 쓰시오.

(1) 서론	
(2) 본론	
(3) 결론	

09 이 글에 나타난 글쓴이의 주장은 무엇인지 쓰시오.

_____

도움말 글쓴이의 주장은 논설문의 서론과 결론에 주로 제시됩니다.

10 다음과 같은 근거에 알맞은 주장은 무엇입니까?

( )

- 자연은 한번 파괴되면 복원되기 어렵다.
- 무리한 자연 개발은 생태계를 파괴한다.
- 자연은 우리 후손이 살아갈 삶의 터전이다.

① 자연을 보호해야 한다.
② 기술을 개발해야 한다.
③ 생태계를 파괴해야 한다.
④ 삶의 터전을 개발해야 한다.
⑤ 자연을 개발해야 발전할 수 있다.

　불록을 멋지게 세우고 싶은데 자꾸 무너져 속상해하는 동생에게 누나는 '천 리 길도 한 걸음부터'라는 속담을 활용해서 자신의 생각을 전할 수 있겠지요?
　이제, 5단원에서는 다양한 상황에서 쓰이는 속담을 알아보고 속담을 활용해 생각을 표현해 볼 거예요.

5 속담을 활용해요

단원 학습 목표

82쪽 단원 정리 학습에서 더 자세히 공부해 보세요.

1. 속담을 사용하는 까닭을 생각할 수 있습니다.
   - 자신의 생각을 효과적으로 드러낼 수 있습니다.
   - 듣는 사람이 흥미를 느낄 수 있습니다.
   - 주장의 논리를 뒷받침해 상대를 쉽게 설득할 수 있습니다.

2. 주제를 생각하며 글을 읽을 수 있습니다.
   - 인물의 마음과 인물이 처한 상황을 살펴봅니다.
   - 이야기에 사용된 속담의 뜻을 살펴보면 이야기의 주제를 찾을 수 있습니다.

회차		학습 내용	진도 체크
1차	단원 열기	단원 학습 내용 미리 보고 목표 확인하기	✓
	교과서 내용 학습	속담을 사용하는 까닭 생각하기	✓
2차	교과서 내용 학습	다양한 상황에서 쓰이는 속담의 뜻 알기	✓
3차	교과서 내용 학습	「속담 하나 이야기 하나」	✓
4차	교과서 내용 학습	속담 사전 만들기	✓
	서술형 수행 평가 돋보기	서술형 수행 평가 대비 학습하기	✓
	교과서 문제 확인	교과서 문제 학습하며 학교 숙제 해결하기	✓
5차	단원 정리 학습	단원 학습 내용 정리하기	✓
	단원 확인 평가	확인 평가를 통한 단원 학습 상황 파악하기	✓

해당 부분을 공부하고 나서 ✓표를 하세요.

교과서 146~149쪽 내용

학습 목표 ▶ 속담을 사용하는 까닭 생각하기

교과서 147~149쪽

■속담의 뜻

속담	속담의 뜻
백지장도 맞들면 낫다	쉬운 일이라도 협력해 하면 훨씬 쉽다.
손이 많으면 일도 쉽다	무슨 일이나 여러 사람이 같이 힘을 합하면 더 쉽다.

★ 바르게 쓰기

백지장	백짓장
(○)	(×)

■속담

예로부터 전해 오는 쉬운 말로 옛사람의 생각과 지혜, 생활 모습과 교훈 따위가 담겨 있습니다.

1 와, 교실이 깨끗하게 정리 정돈 되었네요.

3 그러면 협동을 말한 속담에는 또 무엇이 있을까요?

2 선생님, 우리나라 속담에 ㉠"백지장도 맞들면 낫다."라는 말이 있는데, 친구들과 함께 청소하니 쉬웠어요.

그랬군요! 여러분이 협동의 힘을 알았군요.

4 ㉡"손이 많으면 일도 쉽다."라는 속담이 있어요.

---

01 중요
㉠과 ㉡을 사용할 수 있는 상황으로 알맞은 것은 무엇입니까? ( )

① 아픈 친구를 위로하는 상황
② 거짓말을 한 동생에게 충고하는 상황
③ 시험을 못 봐서 실망한 친구를 위로하는 상황
④ 힘든 일을 함께하자고 친구들을 설득하는 상황
⑤ 바르고 고운 말을 쓰자고 친구들을 설득하는 상황

02 ㉠과 바꾸어 쓸 수 있는 속담으로 알맞은 것은 무엇입니까? ( )

① 달걀로 바위치기
② 천 리 길도 한 걸음부터
③ 고래 싸움에 새우등 터진다
④ 세 살 적 버릇이 여든까지 간다
⑤ 두 손뼉이 맞아야 소리가 난다

03 서술형
㉡의 뜻은 무엇인지 쓰시오.

_____

_____

도움말 '손이 많다'에서 '손'이 어떤 의미로 쓰였는지 생각해 보면 속담의 뜻을 알 수 있습니다.

04 속담에 대한 설명으로 알맞은 것에 모두 ○표를 하시오.

(1) 옛사람의 생각과 지혜가 담겨 있다. ( )
(2) 예로부터 전해 오는 어려운 고사성어이다. ( )
(3) 조상들의 생활 모습과 교훈이 담겨 있다. ( )

가 글을 쓸 때

영주네 가족은 이삿짐 싸는 차례를 서로 다르게 생각했어요.

할머니와 이모께서는 깨지기 쉬운 항아리나 유리그릇부터 싸라고 하셨고, 삼촌께서는 텔레비전이나 컴퓨터부터 옮기라고 하셨어요. "◯◯◯◯◯◯◯." 라는 속담처럼 서로 의견을 굽히지 않아 시간만 흘러갔어요.

나 서로 말을 주고받을 때	다 자신의 의견을 제시할 때

윤경아, 내가 청소 도와줄게.

우진아, 괜찮아. 혼자서도 할 수 있어.

"바늘 가는 데 실 간다."라고 했어. 우리는 짝이니까 함께하자.

재미있는 말이네. 고마워!

친구들이 바른 몸가짐으로 항상 웃으며 인사하면 좋겠어. ◯"하나를 보면 열을 안다."라는 말이 있듯이 작은 행동 하나에 그 사람의 많은 것이 드러나게 돼.

친구의 의견이 옳은 것 같아.

■ 속담의 뜻

속담	속담의 뜻
사공이 많으면 배가 산으로 간다	주관하는 사람이 없이 여러 사람이 자기주장만 내세우면 일이 제대로 되기 어렵다.
바늘 가는 데 실 간다	사람의 긴밀한 관계를 비유적으로 이르는 말

■ 속담을 사용한 까닭

가	자신의 생각을 효과적으로 드러낼 수 있음.
나	듣는 사람이 흥미를 느낄 수 있음.
다	주장의 논리를 뒷받침해 상대를 쉽게 설득할 수 있음.

■ 속담을 사용하면 좋은 점

- 듣는 사람이 흥미를 느낄 수 있습니다.
- 조상의 지혜와 슬기를 알 수 있습니다.
- 자신의 의견을 쉽고 효과적으로 전달할 수 있습니다.

---

05 ◯에 들어갈 수 있는 속담으로 알맞은 것은 무엇입니까? ( )

① 소 잃고 외양간 고친다
② 돌다리도 두들겨 보고 건너라
③ 사공이 많으면 배가 산으로 간다
④ 가는 말이 고와야 오는 말이 곱다
⑤ 낮말은 새가 듣고 밤말은 쥐가 듣는다

중요
06 가에서처럼 글을 쓸 때 속담을 사용하면 좋은 점으로 알맞은 것의 기호를 쓰시오.

⑦ 글의 내용을 짧게 간추리기 쉽다.
⑪ 듣는 사람이 흥미를 느낄 수 있다.
⑬ 자신의 의견을 효과적으로 전달할 수 있다.

( )

07 나에 대한 설명으로 알맞은 것에 모두 ◯표를 하시오.

(1) 우진이의 말에 윤경이는 흥미를 느꼈다.
( )
(2) 우진이는 속담을 통해 도와주고 싶은 마음을 윤경이에게 전했다. ( )
(3) 우진이가 사용한 속담은 작은 물건이라도 소중하게 여겨야 한다는 뜻이다. ( )

08 ◯의 뜻을 바르게 말한 친구는 누구인지 이름을 쓰시오.

서연: 종이 한 장이라도 아껴 써야 한다는 뜻이야.
이루: 일부만 보면 전체를 미루어 알 수 있다는 뜻이야.
준서: 다른 사람의 이야기를 함부로 해서는 안 된다는 뜻이야.

( )

[09~11] 다음 그림을 보고, 물음에 답하시오.

[12~14] 다음 그림을 보고, 물음에 답하시오.

09 ㉠과 ㉡은 각각 어떤 뜻인지 알맞게 선으로 이으시오.

(1) ㉠ ・

・① 아무리 작은 것이라도 모이면 큰 덩어리가 된다.

(2) ㉡ ・

・② 일이 이미 잘못된 뒤에는 손을 써도 소용이 없다.

10 ㉠을 사용할 수 있는 다른 상황으로 알맞은 것의 기호를 쓰시오.

> ㉮ 질서를 잘 지키자고 설득하는 상황
> ㉯ 약속을 잘 지키지 않는 친구에게 충고하는 상황
> ㉰ 안전에 주의하지 않고 친구들과 놀다가 다친 뒤에 후회했던 상황

(　　　　　　　　)

11 서술형 ㉡을 사용할 수 있는 다른 상황을 생각하여 쓰시오.

＿＿＿＿＿＿＿＿＿＿＿＿＿＿＿＿＿

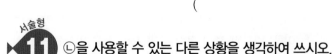

도움말 작은 것을 모아서 어떤 일을 이루어 냈던 상황을 떠올려 봅니다.

12 ㉠의 뜻으로 알맞은 것에 ○표를 하시오.

(1) 철없이 함부로 덤빈다. (　　　)

(2) 작은 일부터 천천히 시작해라. (　　　)

(3) 어떤 일이든 한 가지 일을 끝까지 해야 성공할 수 있다. (　　　)

(4) 작은 일이라도 함께하면 더 쉽게 이루어 낼 수 있다. (　　　)

13 중요 ㉠을 사용할 수 있는 다른 상황으로 알맞은 것은 무엇입니까? (　　　)

① 새로운 일에 도전하는 상황

② 해야 할 일을 자꾸 미루며 게으름 피우는 상황

③ 여러 가지 일을 하다 보니 아무것도 이룬 것이 없는 상황

④ 여러 사람이 자신의 주장이 맞다고 우겨서 일이 진행되지 않는 상황

⑤ 함께 사용하는 물건을 함부로 다뤄서 다른 사람들이 피해를 보는 상황

14 ㉡의 뜻으로 알맞은 것은 무엇입니까? (   )

① 철없이 함부로 덤빈다.
② 강아지도 범을 이길 수 있다.
③ 쓸데없이 겁먹을 필요는 없다.
④ 모든 일에 최선을 다해야 한다.
⑤ 하룻강아지는 범을 무서워한다.

15 다음과 관련 있는 속담을 두 가지 고르시오.
(,   )

> 상황이 이치에 맞지 않는다는 뜻으로, 중심이 되는 것보다 부분적인 것이 더 크거나 많은 등 마땅히 작아야 할 것이 크고 커야 할 것이 작다는 말입니다.

① 엎친 데 덮친 격이다
② 배보다 배꼽이 더 크다
③ 얼굴보다 코가 더 크다
④ 도둑맞고 사립문 고친다
⑤ 호랑이도 제 말 하면 온다

16 다음 상황에서 쓸 수 있는 속담으로 알맞은 것을 보기 에서 두 가지 골라 기호를 쓰시오.

> 우리 반 지우는 야구를 좋아하고 야구 선수가 되고 싶어 합니다. 그래서 지우가 가는 곳에는 언제나 야구공과 야구 장갑이 있습니다.

> 보기
> ㉮ 바늘보다 실이 굵다
> ㉯ 바늘 가는 데 실 간다
> ㉰ 구름 갈 제 비가 간다

(,   )

[17~18] 다음 글을 읽고, 물음에 답하시오.

> 가 사랑하는 영주야!
> 처음에는 어렵다고 느껴지는 책도 두세 번씩 읽다 보면 어느덧 담긴 뜻을 생각하며 쉽게 읽을 수 있단다. 그러니 힘든 일이 있더라도 꿋꿋하게 견디며 희망을 가졌으면 좋겠다.

> 나 지난주에 내 자랑 발표 대회가 있었습니다. 그런데 친구들과 놀고 싶은 마음에 말할 내용을 준비하지 않아서 더듬거리며 발표했습니다. 좀 더 노력하지 않은 제 모습이 후회가 됩니다.

17 글 가 와 관련된 속담입니다. 빈칸에 알맞은 말을 보기 에서 찾아 각각 쓰시오.

> 보기
> 비 햇빛 어둠 마당 우박 쥐구멍

(1) (   )에도 볕 들 날 있다
(2) 응달에도 (   ) 드는 날이 있다

18 글 나 의 상황과 관련된 속담을 두 가지 고르시오.
(,   )

① 가시나무에 가시가 난다
② 까마귀 날자 배 떨어진다
③ 낫 놓고 기역 자도 모른다
④ 콩 심은 데 콩 나고 팥 심은 데 팥 난다
⑤ 호랑이 굴에 가야 호랑이 새끼를 잡는다

19 다음 속담의 뜻을 보기 에서 골라 기호를 쓰시오.

> 보기
> ㉮ 무슨 일이나 그 일의 시작이 중요하다.
> ㉯ 말은 비록 발이 없지만 천 리 밖까지도 순식간에 퍼진다.

(1) 천 리 길도 한 걸음부터   (   )
(2) 발 없는 말이 천 리 간다   (   )

- 글쓴이: 임덕연
- 글의 종류: 이야기

- 글의 특징: '독장수구구는 독만 깨뜨린다'와 '까마귀 고기를 먹었나'라는 속담의 유래를 알 수 있는 이야기입니다.

독장수구구

중심 내용 옛날에는 쓰임새가 많았던 독을 잘 팔면 큰 부자가 될 수 있었습니다.

1 옛날 어느 마을에 독을 만들어 파는 독장수가 있었습니다. 옛날에는 <u>간장이나 된장을 담거나 곡식을 보관할</u> <u>독을 만들고 파는 일을 하는 사람</u>
<u>독의 쓰임새 ①</u>
때 또는 <u>술을 담글 때</u> 독을 사서 썼습니다. 어느 마을에
<u>독의 쓰임새 ②</u>
서는 <u>독을 무덤으로 쓰기도 했습니다.</u>

독은 잘만 팔면 큰 부자가 될 수 있었지만 워낙 크고
<u>독을 팔기 힘들었던 이유</u>
무거워서 많이 가지고 다니지 못했습니다.

중심 내용 큰독을 지고 다니던 독장수는 지쳐서 고갯길 위 나무 그늘에서 쉬었다 가기로 했습니다.

2 하루는 독장수가 지게에 큰독 세 개를 지고 독을 팔러 나섰습니다.

그러나 하루 종일 지고 다녀도 독은 팔리지 않고 어깨만 빠지도록 아팠습니다. 땀이 **목덜미**를 타고 내려 등줄
<u>지게에 독을 세 개나 지고 다녀서</u>
기를 적셨습니다.

"아이고, 어깨야. 어째 오늘은 독을 사는 사람이 하나도 없네."

독장수는 ★고갯길을 힘겹게 올랐습니다. 숨을 헐떡거리
<u>힘에 부쳐 어렵게.</u>

며 높은 고개턱을 겨우 올라왔습니다. 혹시라도 몸을 잘못 가누면 독이 굴러떨어져 산산조각이 나고 맙니다. 독장수는 너무 힘들어 눈앞이 핑핑 돌 **지경**이었습니다.

"아이고, 저 나무 밑에서 좀 쉬었다 가야겠다."

독장수는 고개를 다 오르고는 나무 그늘 밑에다 지겟
작대기로 지게를 받쳐 세워 놓았습니다. 독장수는 **허리**
<u>지게가 쓰러지지 않게 하려고</u>
춤에 찼던 수건을 꺼내 이마와 얼굴의 땀을 닦았습니다.

"아, 이제 살 것 같다. 아이고, 그놈의 고개 **오지기도**
해라."

중심 내용 독장수는 독을 팔아 부자가 될 생각에 기뻤습니다.

3 독장수는 지게 옆에 벌렁 누웠습니다.

"야, 정말 시원하구나. 저 독 둘을 팔아 빚을 갚는 데 쓰고, 나머지 독을 팔면 다른 독 두 개는 살 수 있겠
지? ㉠그 독 둘을 다시 팔면 독 네 개를 살 수 있고,
<u>독 하나를 팔아서 독 두 개를 살 수 있다고 생각함.</u>
넷을 팔면 가만있자, 이 이는 사, 이 사 팔. 그래 여덟
개를 살 수 있구나. 그다음에 여덟 개를 팔면, 가만있
자……."

★ 바르게 쓰기

고갯길	고개길
(○)	(×)

낱말 사전

목덜미 목의 뒤쪽 부분과 그 아래 근처.
㉠ 동생은 목덜미에 큰 점이 있습니다.
지경 '경우'나 '형편', '정도'의 뜻.

허리춤 바지나 치마처럼 허리가 있는 옷의 허리 안쪽. 곧 그 옷과 속옷 또는 그 옷과 살의 사이.
오지기도 허술한 데가 없이 알차기도.

서술형
20 옛날에는 독을 어떤 용도로 사용했는지 쓰시오.

_____

_____

도움말 글의 처음 부분에서 옛날에 독을 사용하던 방법을 설명하고 있는 부분을 찾아봅니다.

21 독장수는 가지고 있던 독 두 개를 팔아서 어디에 쓴다고 하였는지 쓰시오.

(　　　　　　　　　　　　　)

22 ㉠에 나타난 독장수의 마음으로 알맞은 것은 무엇입니까? (　　)

① 지친 마음
② 궁금한 마음
③ 기대되는 마음
④ 긴장되는 마음
⑤ 걱정되는 마음

이렇게 계산해 나가니 열여섯 개가 서른두 개가 되고,
<u>독의 개수를 두 배씩 늘리니</u>
서른두 개면 예순네 개가 되고, 예순네 개는 백스물여덟

개가 되었습니다.

"야, 이렇게 계산해 보니 며칠 안 가 독이 천만 개나

되겠는걸. 그럼 그 돈으로 <u>논과 밭을 사는 거야. 그러
독을 판 돈</u>
고 남는 돈으로는 고래 등 같은 기와집을 짓는 거야."
<u>독을 팔아서 번 돈으로 하고 싶은 일</u>

중심 내용 독장수가 실수로 지겟작대기를 밀어 지게 위에 있던 독이 모두 깨지고 말았습니다.

4 독장수는 너무 기쁜 나머지 팔을 번쩍 들었습니다. 그
러다가 팔로, 지게를 받치던 지겟작대기를 밀어 버렸습
니다. 지게는 기우뚱하더니 옆으로 팍 쓰러졌습니다. 지
게에 있던 독들도 와장창 깨지고 말았습니다.

"아이고, 망했다. 이걸 어쩐다?" / 독장수는 <u>눈물을 뚝</u>
<u>희망이 모두 사라져서</u>
뚝 흘리며 박살 난 독 조각들을 쓰다듬었습니다. / 이와

같이 **허황된** 것을 궁리하고 미리 셈하는 것을 '독장수구
구'라고 하고, [　　㉠　　]는 뜻으로 "독장수구구
는 독만 깨뜨린다."라는 속담이 쓰입니다.

까마귀 고기를 먹었나

중심 내용 염라대왕은 까마귀에게 인간 세상에 내려가 강 도령에게 중요한 편지를 전해 주라고 했습니다.

1 "여봐라, 게 아무도 없느냐?"

저승의 염라대왕이 소리치자 까마귀가 **냉큼** 달려왔습
<u>사람이 죽은 뒤에 그 혼이 가서 산다고 하는 세상.</u>
니다. / "네, 까마귀 여기 **대령했습니다**."

"급히 인간 세상에 다녀오너라."

"네, 인간 세상에 무슨 일이라도 났습니까?"

까마귀가 놀란 얼굴로 물었습니다.

"아무 말 말고 어서 이 편지를 강 **도령**에게 전해 줘
라." / 염라대왕이 말했습니다.

"강 도령요?"

"그래, 이 녀석아, <u>인간 세상의 모든 일을 맡아보는 강
강 도령이 하는 일</u>
도령을 모른단 말이냐!"

"아, 그 강 도령요. 알고말고요. 어서 편지나 주세요.

횡하니 다녀오겠습니다."

까마귀가 머리를 긁적이며 말했습니다.

낱말 사전

허황된 헛되고 황당하여 미덥지 못한.
냉큼 머뭇거리지 않고 가볍게 빨리.

대령했습니다 미리 준비하고 기다렸습니다.
도령 총각을 대접하여 이르는 말.

---

23 독장수는 독을 팔아서 번 돈으로 무엇을 하고 싶다고
하였는지 쓰시오.

_____

_____

도움말 독장수가 독을 여러 개 파는 상상을 하면서 무엇을 하
고 싶다고 말했는지 찾아봅니다.

24 이야기에서 있었던 일을 생각하며 질문을 만든 것으로
알맞지 <u>않은</u> 것은 무엇입니까? (　　　)

① 독장수는 무슨 일을 하나요?

② 독장수는 독을 몇 개 지고 갔나요?

③ 독장수는 어떻게 하다가 독을 깨뜨렸나요?

④ 실속 없이 허황된 것을 궁리한 적이 있나요?

⑤ 독장수가 독을 팔아서 하고 싶어 한 일은 무엇
인가요?

---

25 ㉠에 들어갈 뜻으로 알맞은 것의 기호를 쓰시오.

> ㉮ 실현성이 없는 허황된 계산은 도리어 손해만
> 가져온다
> ㉯ 다른 사람의 의견을 존중해야 한다
> ㉰ 욕심이 많아야 꿈이 이루어진다

(　　　　　　　)

26 염라대왕이 까마귀에게 인간 세상에 다녀오라고 한 까
닭은 무엇입니까? (　　　)

① 고기를 구해 오게 하려고

② 강 도령을 하늘로 부르려고

③ 강 도령에게 편지를 전해 주려고

④ 강 도령에게 궁금한 것을 물어보려고

⑤ 염라대왕의 병을 고칠 약을 구해 오라고

"가다가 딴전 부리지 말고 곧장 강 도령에게 전해야
어떤 일을 하는 데 그 일과는 전혀 관계없는 일이나 행동.
한다. 아주 중요한 편지야."

염라대왕이 몇 번씩 다짐을 받았습니다.

"네, 네. 심부름 한두 번 해 보나요. 전 심부름 하나는
틀림없다니까요."

★ 바르게 읽기

[넉쌀]	[너글]
(○)	(×)

중심 내용 인간 세상에 내려온 까마귀는 고기 냄새를 맡고 편지가 바람에 날려 사라진 것도 모른 채 말고기를 먹었습니다.

② 까마귀는 염라대왕이 준 편지를 물고 인간 세상에 내려왔습니다. 한참 **맴**을 돌며 내려오는데 어디선가 아주 고소한 냄새가 났습니다.

㉠"이야, 참 고소하다. 어디서 고기 냄새가 날까?"

까마귀는 그만 고기 냄새에 **넋**을 잃었습니다.

"앗, 저기다. 아니, 말이 쓰러져 있잖아. 어디 가까이 가 볼까."

까마귀는 메밀밭가에 죽어 쓰러져 있는 말에게 날아갔습니다. / "꼴깍!"

까마귀는 침을 삼키며 강 도령에게 빨리 편지를 전하고 와서 배불리 먹어야겠다고 생각했습니다.

'아냐, 그새 누가 와서 다 먹어 버리면 어떡하지? 조금
고기를 먼저 먹어야겠다고 생각한 까닭

낱말 사전

맴 제자리에서 서서 뱅뱅 도는 장난.
넋 정신이나 마음. ㉔ 진호는 멋진 자연경관을 보고 넋을 잃었습니다.

만 먹고 빨리 갔다 와야지.'

까마귀는 생각을 바꿔 말고기를 먹고 가기로 했습니다. 까마귀가 말고기를 먹으려고 입을 벌리는 순간, 입에 문 편지가 바람에 날려 어디론가 사라졌습니다. 그래도 까마귀는 정신없이 말고기를 먹었습니다.

"후유, 정말 잘 먹었다. 인간 세상은 참 좋아. 나도 여기서 살았으면 좋겠다. 배불리 먹고 나니 부러울 게 하나도 없구나."

중심 내용 까마귀는 강 도령에게 염라대왕이 편지는 안 주시고 아무나 빨리 끌어 올리라고 하였다고 말했습니다.

③ 까마귀는 좀 쉬고 난 뒤 편지를 찾았습니다. 그러나 편지는 **온데간데없었습니다**.

㉡"아니, 편지가 없어졌네. 이거 큰일 났다."

까마귀는 높이 날아올라 이리저리 편지를 찾았습니다. 지나가는 새들을 붙잡고 물어보았지만 편지를 본 새가 아무도 없었습니다.

㉢"하는 수 없다. 아무렇게나 꾸며 댈 수밖에!"

까마귀는 편지 찾는 걸 포기하고 강 도령에게 갔습니다.

㉣"강 도령님, 염라대왕께서 보내서 왔습니다."

온데간데없었습니다 감쪽같이 자취를 감추어 찾을 수가 없었습니다.
㉔ 가방을 아무리 찾아도 온데간데없었습니다.

---

27 까마귀는 어떻게 하다가 편지를 잃어버렸는지 쓰시오.

(   )

28 편지를 잃어버린 까마귀는 어떻게 하기로 했습니까?
(   )

① 말고기를 더 먹지 않았다.
② 다시 염라대왕에게 돌아갔다.
③ 강 도령에게 솔직하게 말했다.
④ 새들이 알려 준 곳에서 편지를 찾았다.
⑤ 강 도령에게 아무렇게나 둘러대기로 했다.

29 ㉠~㉣ 중에서 중요한 편지를 잃어버리고 걱정하는 까마귀의 마음이 나타난 부분의 기호를 쓰시오.

(   )

중요 30 「까마귀 고기를 먹었나」 이야기에서 일이 일어난 차례대로 기호를 쓰시오.

㉮ 까마귀가 말고기를 먹다가 편지를 잃어버림.
㉯ 까마귀가 편지를 못 찾고 강 도령에게 감.
㉰ 까마귀가 인간 세상에 내려감.
㉱ 염라대왕이 까마귀에게 심부름을 시킴.

(   ) → (   ) → (   ) → (   )

"그런데 왜 이리 늦었느냐?"

"네, 염라대왕께서 다른 곳에도 심부름을 시켜 거기 먼저 다녀오느라 늦었습니다."
늦은 이유를 거짓말함.

까마귀가 **시치미를 떼고** 말했습니다.

"그건 그렇고, 어디 편지를 보자꾸나."

강 도령이 손을 내밀며 말했습니다.

"편지는 안 주시고 그냥 아무나 빨리 끌어 올리라고 하셨습니다."
까마귀가 아무렇게나 둘러댄 내용

"뭐, 아무나 끌어 올리라고? 그럴 리가 없을 텐데."
저승으로 보내라고?

강 도령은 고개를 갸우뚱했습니다.

"저는 염라대왕께서 말씀하신 대로 전하는 것입니다."

"그래, 알았다. 어서 가 봐라."

강 도령이 말했습니다.

> **중심 내용** 염라대왕께 혼날 것을 걱정한 까마귀는 하늘로 올라가는 것을 포기했습니다.

4 까마귀는 강 도령과 헤어지고 한숨을 내쉬었습니다.

"어휴, 간이 콩알만 해졌네. 이럴 줄 알았으면 편지 내용을 한번 보는 건데. 그러나저러나 큰일이네. 하늘에 올라가면 분명 염라대왕께서 이 사실을 알고 **호통**을 치실 텐데. 할 수 없지, 인간 세상에 눌러앉는 수밖에. 여기서는 누가 뭐라는 사람도 없겠지."
까마귀가 하늘에 올라가지 않은 까닭

까마귀는 하늘로 올라가는 것을 포기하고 말고기가 있는 자리로 갔습니다.

> **중심 내용** 까마귀가 염라대왕의 뜻을 잘못 전한 뒤부터는 나이에 상관없이 사람들이 죽게 되었습니다.

5 강 도령은 갑자기 바빠졌습니다. 아무나 되는대로 저승으로 보내야 했기 때문입니다.

그전까지는 나이 많은 순서대로 저승에 보내졌습니다.
까마귀가 염라대왕의 말을 잘못 전하기 전까지는
그래서 사람들은 죽음을 슬픔이 아닌 당연한 일로 받아들였습니다. **본디** 왔던 곳으로 돌아간다고 생각했기 때문입니다.

그러나 까마귀가 염라대왕의 뜻을 잘못 전한 뒤부터는 어른, 아이 할 것 없이 아무나 먼저 죽게 되었답니다. 이때부터 나이에 상관없이 사람들이 죽게 되었지요.

"까마귀 고기를 먹었나."라는 속담은 이런 경우와 같이 [㉠   ] 사람을 가리켜 사용됩니다.

낱말 사전

시치미를 떼고 자신이 하고도 하지 않은 체, 알고도 모르는 체하고.
호통 몹시 화가 나서 크게 소리 지르거나 꾸짖음. 또는 그 소리.

본디 사물이 전하여 내려온 그 처음.
예 그 사람은 본디부터 타고난 성품이 좋습니다.

---

31 까마귀는 강 도령에게 염라대왕의 말씀을 어떻게 전하였습니까? (   )

① 아무나 저승으로 보내라.
② 강 도령이 마음에 드는 사람으로 보내라.
③ 나이가 제일 많은 사람을 먼저 저승으로 보내라.
④ 강 도령과 친하지 않은 사람부터 저승으로 보내라.
⑤ 평소 약속을 잘 지키지 않은 사람을 저승으로 보내라.

32 까마귀가 염라대왕의 뜻을 잘못 전한 뒤에 어떤 일이 일어났는지 쓰시오.
(   )

중요 33 ㉠에 알맞은 내용은 무엇입니까? (   )

① 먹을 것만 찾는
② 거짓말을 잘하는
③ 어디론가 잘 떠나는
④ 고기를 잘 먹지 않는
⑤ 무엇인가를 잘 잊어버리는

34 이야기의 주제를 보기 에서 골라 기호를 쓰시오.

> **보기**
> ㉮ 헛된 욕심은 손해를 가져온다.
> ㉯ 중요한 일은 잊어버리지 않도록 노력하자.

(1) 「독장수구구」   (   )
(2) 「까마귀 고기를 먹었나」   (   )

35 다음은 동물과 관련된 속담입니다. 속담과 속담이 쓰이는 상황을 알맞게 선으로 이으시오.

(1) 호랑이도 제 말 하면 온다 •

• ① 잡혀서 옴짝달싹 못하는 상황

(2) 그물에 걸린 토끼 신세 •

• ② 다른 사람에 대한 이야기를 하는데 공교롭게도 그 사람이 나타나는 상황

36 다음 중 동물과 관련된 속담이 <u>아닌</u> 것은 무엇입니까?
( )

① 소 잃고 외양간 고친다
② 발 없는 말이 천 리 간다
③ 까마귀 날자 배 떨어진다
④ 원숭이도 나무에서 떨어진다
⑤ 낮말은 새가 듣고 밤말은 쥐가 듣는다

[37~38] 다음을 읽고, 물음에 답하시오.

⑦ ☐ 한마디에 천 냥 빚도 갚는다
⑭ 입은 비뚤어져도 ☐은/는 바로 해라
⑮ 살은 쏘고 주워도 ☐은/는 하고 못 줍는다
⑯ 가루는 칠수록 고와지고 ☐은/는 할수록 거칠어진다

37 빈칸에 공통으로 들어갈 말을 한 글자로 쓰시오.
( )

38 ⑦~⑯와 같은 속담을 사용할 수 있는 상황으로 알맞은 것은 무엇입니까? ( )

① 친구와 싸우면서 말을 함부로 내뱉는 상황
② 약속을 쉽게 어기는 친구에게 충고하는 상황
③ 해야 할 일을 자꾸 미루며 게으름 피우는 상황
④ 여러 사람이 자신의 주장이 맞다고 우겨서 일이 진행되지 않는 상황
⑤ 함께 사용하는 물건을 함부로 다뤄서 다른 사람들이 피해를 보는 상황

39 속담 사전 만들기를 할 때 가장 먼저 해야 할 일은 무엇입니까? ( )

① 속담 조사하기
② 속담과 그 뜻 적기
③ 탐구할 대상 정하기
④ 속담 사전 모양 정하기
⑤ 속담이 사용되는 상황 생각하기

■ 속담 사전 만들기
• 탐구하고 싶은 대상과 까닭을 이야기해 봅니다.
• 탐구 대상과 관련된 다양한 속담을 찾아봅니다.
• 속담 사전에 들어갈 내용과 속담 사전 모양을 생각해 봅니다.
• 정한 내용과 모양으로 간단한 속담 사전을 만들어 봅니다.

서술형 수행 평가 돋보기

◑ 옛이야기가 주는 교훈을 통해 자기 생각을 나타내는 글을 쓰려고 합니다. 다음 글을 읽고, 물음에 답하시오.

> **「소금 나오는 맷돌」 줄거리**
>
> 옛날 옛적에 마음씨 착한 임금님이 살았습니다. 백성을 아끼고 사랑하는 임금님은 가난한 사람들에게 쌀과 옷을 나누어 주었습니다. 그런데 임금님에게는 외치기만 하면 무엇이든지 원하는 만큼 물건을 만들어 내는 신기한 맷돌이 있었습니다. 그 사실을 알게 된 도둑은 나쁜 마음을 먹고 궁궐로 몰래 들어갔습니다. 도둑은 모두 잠든 사이 궁궐에서 맷돌을 훔쳐 도망쳤습니다. 서둘러 배를 타고 바다를 건너 도망가던 도둑은 "나와라, 소금!" 하고 외쳤고 맷돌에서는 소금이 쏟아져 나와 배에 가득 쌓였습니다. 소금으로 가득찬 배는 무거워서 가라앉기 시작했고, 너무 놀란 도둑은 맷돌을 멈추게 하는 방법을 잊어버렸습니다. 결국 도둑은 맷돌과 함께 바닷속에 가라앉고 말았습니다.

1 이 이야기를 읽고 얻을 수 있는 교훈을 한 문장으로 쓰시오.

_____

2 이 이야기와 관련된 속담을 생각해 보고, 그 뜻을 쓰시오.

(1) 속담	(2) 속담의 뜻

3 **1**과 **2**를 활용하여 이 이야기가 주는 교훈을 통해 자기 생각을 나타내는 글을 쓰시오.

_____

_____

_____

_____

_____

🔍 **문제 파악**

속담을 활용하여 옛이야기가 주는 교훈을 통해 자기 생각을 나타내는 글을 쓰는 문제입니다.

🔍 **해결 전략**

1 단계	줄거리를 읽고, 이야기의 내용 생각하기
2 단계	이야기를 통해 얻을 수 있는 교훈 정리하기
3 단계	이야기를 통해 얻을 수 있는 교훈과 관련된 속담 찾아보기
4 단계	속담을 활용하여 이야기가 주는 교훈을 통해 자기 생각을 나타내는 글 쓰기

학교 선생님께서 알려 주시는 모범 답안과 채점 기준도 book ❸ 해설책에서 꼭 확인하세요!

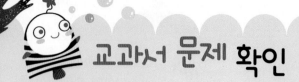

교과서 147~149쪽
 속담을 사용하는 까닭 생각하기

- "백지장도 맞들면 낫다."라는 속담은 무슨 뜻일까요?
  - 예 쉬운 일이라도 협력해 하면 훨씬 쉽다는 뜻입니다.

- "백지장도 맞들면 낫다."라는 속담과 바꾸어 쓸 수 있는 속담을 찾아보세요.
  - 예 "두 손뼉이 맞아야 소리가 난다.", "손이 많으면 일도 쉽다."와 같은 속담이 있습니다.

- 뜻이 같은 여러 속담을 친구들과 이야기해 보세요.
  - 예 일이 아주 쉽다는 뜻으로 "누워서 떡 먹기"와 "땅 짚고 헤엄치기"라는 속담이 있습니다.

- 친구들이 말하는 경험을 듣고, 속담을 사용하면 어떤 점이 좋은지 정리해 보세요.
  - 예 듣는 사람이 흥미를 느낄 수 있습니다. / 조상의 지혜와 슬기를 알 수 있습니다. / 자기 의견을 쉽고 효과적으로 전달할 수 있습니다.

교과서 150~154쪽
 다양한 상황에서 쓰이는 속담의 뜻 알기

- 속담의 뜻과 속담을 사용할 수 있는 다른 상황을 생각해 봅시다.

속담	속담의 뜻
소 잃고 외양간 고친다	일이 이미 잘못된 뒤에는 손을 써도 소용이 없다.
사용할 수 있는 다른 상황	예 안전에 주의하지 않고 친구들과 놀다가 다친 뒤에 후회했던 상황

속담	속담의 뜻
티끌 모아 태산	예 아무리 작은 것이라도 모이고 모이면 나중에 큰 덩어리가 된다.
사용할 수 있는 다른 상황	예 용돈을 저축해 부모님께 선물을 사 드려서 자랑스러웠던 상황

속담	속담의 뜻
예 우물을 파도 한 우물을 파라	예 어떤 일이든 한 가지 일을 끝까지 해야 성공할 수 있다.
사용할 수 있는 다른 상황	예 여러 가지 일을 하다 보니 아무것도 이룬 것이 없는 상황

속담	속담의 뜻
예 하룻강아지 범 무서운 줄 모른다	예 철없이 함부로 덤빈다.
사용할 수 있는 다른 상황	예 어린아이들이 농구 선수에게 농구 시합을 하자고 하는 상황

- 글 ㉠~㉣의 상황에서 사용할 수 있는 다양한 속담과 그의 뜻을 알아봅시다.

	관련 속담	비슷한 속담
㉠	배보다 배꼽이 더 크다	예 얼굴 보다 코가 더 크다 바늘보다 예 실 이/가 굵다
	속담의 뜻	예 상황이 이치에 맞지 않는다는 뜻으로, 중심이 되는 것보다 부분적인 것이 더 크거나 많은 등 마땅히 작아야 할 것이 크고 커야 할 것이 작다는 말입니다.

	관련 속담	비슷한 속담
㉯	바늘 가는 데 실 간다	구름 갈 제 <u>예 비</u> 이/가 간다 <u>예 용</u> 가는 데 구름 간다
	속담의 뜻	예 사람의 긴밀한 관계를 비유적으로 이르는 말입니다.

	관련 속담	비슷한 속담
㉰	예 <u>쥐구멍</u> 에도 볕 들 날 있다	응달에도 햇빛 드는 날이 있다 마룻구멍에도 <u>예 볕</u> 들 날이 있다
	속담의 뜻	예 아무리 어려운 일이 계속되어 고생이 심해도 언젠가는 좋은 날이 올 수 있다는 뜻으로, 희망을 가지라는 말입니다.

	관련 속담	비슷한 속담
㉱	예 <u>콩</u> 심은 데 콩 나고 팥 심은 데 예 <u>팥</u> 난다	오이 덩굴에 예 <u>오이</u> 열리고 가지 나무에 가지 열린다 가시나무에 가시가 난다
	속담의 뜻	예 모든 일은 근본에 따라 거기에 걸맞은 결과가 나타난다는 뜻으로, 자기가 뿌리고 노력한 만큼 거두게 된다는 말입니다.

교과서
161~163쪽

「속담 하나 이야기 하나」

◯ 속담 '독장수구구는 독만 깨뜨린다'와 '까마귀 고기를 먹었나'의 유래를 알 수 있는 이야기

• 이야기에서 있었던 일을 생각하며 질문을 만들어 보세요.

이야기	질문
독장수구구	예 독장수가 독을 팔아서 하고 싶어 한 일은 무엇인가요?
까마귀 고기를 먹었나	예 까마귀는 어떻게 하다가 편지를 잃어버렸나요?

• 이야기를 읽고 추론하거나 평가할 수 있는 질문을 만들어 보세요.

이야기	질문
독장수구구	예 실속 없이 허황된 것을 궁리한 적이 있나요?
까마귀 고기를 먹었나	예 까마귀가 강 도령에게 편지를 잘 전했다면 어떻게 되었을까요?

• 이야기를 읽고 알게 된 속담의 뜻과 속담을 사용할 수 있는 다른 상황을 생각해 보세요.

속담	속담의 뜻
독장수구구는 독만 깨뜨린다	예 실속 없이 허황된 것을 궁리하고 미리 셈하는 것을 비유하는 말
사용할 수 있는 다른 상황	예 친구가 노력은 하지 않고 욕심만으로 헛된 장래 희망을 꿈꾸는 상황

속담	속담의 뜻
까마귀 고기를 먹었나	예 무엇인가를 잘 잊어버리는 사람을 가리키는 말
사용할 수 있는 다른 상황	예 친구가 알림장을 쓰지 않고 자주 준비물을 챙겨 오지 않는 상황

단원 정리 학습

핵심 1   속담을 사용하는 까닭과 다양한 상황에서 쓰이는 속담의 뜻 알기

1 속담을 사용하는 까닭

도서관에 있는 속담 사전이나 국립국어원 누리집에 있는 표준국어대사전을 활용하면 더 많은 속담을 쉽게 찾을 수 있어.

● 자신의 생각을 효과적으로 드러낼 수 있습니다.

● 듣는 사람이 흥미를 느낄 수 있습니다.

● 주장의 논리를 뒷받침해 상대를 쉽게 설득할 수 있습니다.

2 다양한 상황에서 쓰이는 속담의 뜻 알기 예

상황	속담	속담의 뜻
퓨마가 탈출했던 동물원에서 안전 관리 실태를 점검하는 상황	소 잃고 외양간 고친다	일이 이미 잘못된 뒤에는 손을 써도 소용이 없다.
일 년 동안 동전을 모아서 20만 원을 만든 상황	티끌 모아 태산	아무리 작은 것이라도 모이고 모이면 나중에 큰 덩어리가 된다.
한 번에 여러 가지 운동을 배우는 친구에게 한 가지라도 열심히 하라고 말하는 상황	우물을 파도 한 우물을 파라	어떤 일이든 한 가지 일을 끝까지 해야 성공할 수 있다.
태권도를 한 달 배운 실력으로 태권도 대표 선수에게 겨루기를 하자고 한 상황	하룻강아지 범 무서운 줄 모른다	철없이 함부로 덤빈다.

핵심 2   주제를 생각하며 글 읽기

1 글에 나타난 속담의 뜻 익히기

● 말하는 상황과 말한 내용을 확인합니다.

● 속담이 사용된 상황을 찾아보고 그 뜻을 짐작합니다.

2 주제를 생각하며 글 읽기

● 인물의 마음과 인물이 처한 상황을 살펴봅니다.

● 이야기에 사용된 속담의 뜻을 살펴보면 이야기의 주제를 찾을 수 있습니다.

핵심 3   속담 사전 만들기

● 탐구하고 싶은 대상과 까닭을 이야기해 봅니다.

● 탐구 대상과 관련된 다양한 속담을 찾아봅니다.

   예 • 동물과 관련된 속담 – 호랑이도 제 말 하면 온다, 그물에 걸린 토끼 신세, 닭 쫓던 개 지붕 쳐다보듯

   • 음식과 관련된 속담 – 누워서 떡 먹기, 식은 죽 먹기

● 속담 사전에 들어갈 내용과 속담 사전 모양을 생각해 만듭니다.

5. 속담을 활용해요

[01~03] 다음을 읽고, 물음에 답하시오.

가 와, 교실이 깨끗하게 정리 정돈 되었네요.

나 선생님, 우리나라 속담에 "   ㉠   "라는 말이 있는데, 친구들과 함께 청소하니 쉬웠어요.

그랬군요! 여러분이 협동의 힘을 알았군요.

다 영주네 가족은 이삿짐 싸는 차례를 서로 다르게 생각했어요. / 할머니와 이모께서는 깨지기 쉬운 항아리나 유리그릇부터 싸라고 하셨고, 삼촌께서는 텔레비전이나 컴퓨터부터 옮기라고 하셨어요. ㉡ "사공이 많으면 배가 산으로 간다."라는 속담처럼 서로 의견을 굽히지 않아 시간만 흘러갔어요.

01 **가**, **나**와 같은 상황에서 ㉠에 들어갈 수 있는 속담으로 알맞은 것을 두 가지 고르시오. (,   )

① 백지장도 맞들면 낫다.
② 소 잃고 외양간 고친다.
③ 손이 많으면 일도 쉽다.
④ 비 온 뒤에 땅이 굳어진다.
⑤ 호랑이는 죽어서 가죽을 남기고 사람은 죽어서 이름을 남긴다.

 02 **다**에 나타난 ㉡의 뜻은 무엇인지 쓰시오.

_____

도움말 글에 나타난 상황을 통해 어울리는 속담을 떠올려 봅니다.

 03 이와 같이 속담을 활용하면 좋은 점은 무엇입니까? (   )

① 인물의 성격을 파악하기 쉽다.
② 여러 사람의 의견을 알 수 있다.
③ 일어난 일을 순서대로 정리하기 쉽다.
④ 자신의 생각을 효과적으로 드러낼 수 있다.
⑤ 사건의 원인과 결과가 무엇인지 알 수 있다.

04 다음 상황에서 빈칸에 사용할 수 있는 속담에 ○표를 하시오.

피아노를 배우다 그만두고, 태권도도 힘들어 그만두고, 이제 수영을 배우려고 해.

는 말이 있듯이 이번에는 수영을 끝까지 배우면 좋겠어.

(1) 우물을 파도 한 우물을 파라   (   )
(2) 세 살 적 버릇이 여든까지 간다   (   )

05 다음 속담과 같은 뜻의 속담은 무엇입니까? (   )

> 배보다 배꼽이 더 크다

① 바늘보다 실이 굵다
② 소 잃고 외양간 고친다
③ 호랑이도 제 말 하면 온다
④ 두 손뼉이 맞아 소리가 난다
⑤ 가는 말이 고와야 오는 말이 곱다

5. 속담을 활용해요 **83**

정답과 해설 17쪽

06 다음에서 ⊙과 바꾸어 쓸 수 있는 속담은 무엇입니까? ( )

일 년 동안 모은 동전이 20만 원이나 돼.

그래? ⊙티끌 모아 태산이라더니 그 말이 맞네.

① 꿈보다 해몽이 좋다
② 천 리 길도 한 걸음부터
③ 달면 삼키고 쓰면 뱉는다
④ 먼지도 쌓이면 큰 산이 된다
⑤ 가는 토끼 잡으려다 잡은 토끼 놓친다

07 다음 상황에서 사용할 수 있는 속담은 무엇입니까?
( )

사랑하는 영주야!
처음에는 어렵다고 느껴지는 책도 두세 번씩 읽다 보면 어느덧 담긴 뜻을 생각하며 쉽게 읽을 수 있단다. 그러니 힘든 일이 있더라도 꿋꿋하게 견디며 희망을 가졌으면 좋겠다.

① 산 넘어 산이다
② 엎친 데 덮친 격이다
③ 쥐구멍에도 볕 들 날 있다
④ 한 번 한 말은 어디든지 날아간다
⑤ 호랑이 굴에 가야 호랑이 새끼를 잡는다

08 다음과 관련 있는 속담을 두 가지 고르시오.
(,)

모든 일은 근본에 따라 거기에 걸맞은 결과가 나타난다는 뜻으로, 자기가 뿌리고 노력한 만큼 거두게 된다는 말입니다.

① 까마귀 날자 배 떨어진다
② 돌다리도 두들겨 보고 건너라
③ 하룻강아지 범 무서운 줄 모른다
④ 콩 심은 데 콩 나고 팥 심은 데 팥 난다
⑤ 오이 덩굴에 오이 열리고 가지 나무에 가지 열린다

09 다음 상황에서 사용할 수 있는 속담은 무엇입니까?
( )

실현성 없이 허황된 것을 궁리하고 미리 셈하는 친구에게 충고하는 상황

① 바늘 가는 데 실 간다
② 까마귀 고기를 먹었나
③ 독장수구구는 독만 깨뜨린다
④ 가랑잎으로 눈 가리고 아옹 한다
⑤ 호미로 막을 것을 가래로 막는다

10 '음식'이라는 탐구 대상을 정해 속담 사전을 만들려고 합니다. 다음 중 속담 사전에 함께 들어갈 수 없는 것은 무엇입니까? ( )

① 누워서 떡 먹기
② 부뚜막의 소금도 집어넣어야 짜다
③ 가지 많은 나무에 바람 잘 날 없다
④ 콩 심은 데 콩 나고 팥 심은 데 팥 난다
⑤ 떡 줄 사람은 꿈도 안 꾸는데 김칫국부터 마신다

쉬어가기

꼭꼭 숨어라, 숨은 그림 찾기

조선 시대 왕들이 살았던 궁궐에 역사 체험학습을 다녀왔어요. 아름다운 호수와 누각이 있는
궁궐의 아름다운 경치에 다들 기분이 좋았어요. 어떤 그림이 꼭꼭 숨어 있는지 찾아보세요.

정답 조개, 물병, 도넛, 바지, 붐, 우산

은지가 벽에 붙어 있는 포스터를 보고 자신의 생각을 말하고 있어요. 은지처럼 자신이 알고 있는 사실과 경험을 바탕으로 하여 내용을 추론하면 내용이나 상황을 좀 더 깊고 넓게 이해할 수 있어요.

이제, 6단원에서는 추론하는 방법을 배우고 내용을 추론하며 글을 읽어 볼 거예요.

6 내용을 추론해요

95쪽 단원 정리 학습에서 더 자세히 공부해 보세요.

단원 학습 목표

1. 이야기를 듣고 추론하는 방법을 알 수 있습니다.
   - 인물의 말, 행동, 표현을 보고 알 수 있는 사실을 자세히 살펴봅니다.
   - 자신이 평소에 아는 사실과 경험한 것을 떠올려 보고 무엇을 더 알 수 있는지 생각해 봅니다.
   - 글에 쓰인 다의어나 동형어가 어떤 뜻인지 정확히 이해하려면 국어사전을 찾아봅니다.

2. 내용을 추론하며 글을 읽을 수 있습니다.
   - 글 내용과 관련해 내가 이미 아는 사실을 떠올립니다.
   - 글 내용과 관련된 자신의 경험을 떠올립니다.
   - 뜻을 알지 못하는 낱말이나 문장의 뜻을 추론해 봅니다.

단원 진도 체크

회차		학습 내용	진도 체크
1차	단원 열기	단원 학습 내용 미리 보고 목표 확인하기	✓
	교과서 내용 학습	「수원 화성을 어떻게 만들었을까」	✓
2차	교과서 내용 학습	「서울의 궁궐」	✓
3차	교과서 문제 확인	교과서 문제 학습하며 학교 숙제 해결하기	✓
4차	단원 정리 학습	단원 학습 내용 정리하기	✓
5차	단원 확인 평가	확인 평가를 통한 단원 학습 상황 파악하기	✓

해당 부분을 공부하고 나서 ✓표를 하세요.

수원 화성을 어떻게 만들었을까

학습 목표 ▶ 이야기를 듣고 추론하는 방법 알기

교과서 214~221쪽

• 글의 종류: 설명하는 글
• 글쓴이: 유지현
• 글의 특징: 수원 화성에 성을 쌓는 과정을 기록한 의궤인 『화성성역의궤』에 대해 설명하는 글입니다.

■ 추론
이미 아는 정보를 근거로 삼아 다른 판단을 이끌어 내는 것입니다.

낱말 사전

의궤 예전에, 나라에서 큰일을 치를 때 후세에 참고하기 위하여 그 일의 처음부터 끝까지의 경과를 자세하게 적은 책.

[중심내용] 수원 화성에 성을 쌓는 과정을 자세히 기록한 책인 『화성성역의궤』를 바탕으로 화성을 다시 만들 수 있었습니다.

1 『화성성역의궤』는 수원 화성에 성을 쌓는 과정을 기록한 책인 **의궤**야. 수원 화성은 일제 강점기를 거치면서 성곽 일대가 훼손되기 시작하고 6.25 전쟁 때 크게
　　　　　　　　화성이 훼손되기 시작한 이유
파괴되었는데, 『화성성역의궤』를 보고 원래의 모습대로 다시 만들어졌단다. 덕분
　　　　　　　　　　　　　　　　　　　『화성성역의궤』로 화성을 복원한 덕분에
에 수원 화성이 1997년에 유네스코 세계 문화유산으로 등록될 수 있었어.

[중심내용] 『화성성역의궤』는 건축과 관련된 의궤 가운데에서도 가장 많은 내용을 세세하게 담고 있습니다.

2 『화성성역의궤』는 정조 임금이 갑자기 세상을 떠나는 바람에 다음 임금인 순조 때 만들어졌는데, 건축과 관련된 의궤 가운데에서도 가장 내용이 많아. ㉠수원 화
　　　　　　　　　　　　　　　　『화성성역의궤』의 우수함
성 공사와 관련된 공식 문서는 물론, 참여 인원, 사용된 물품, 설계 등의 기록이 그림과 함께 실려 있는 일종의 보고서인 셈이야. 내용이 아주 세세하고 치밀해서
　　　　　　　　　　　　　　　　　　　　매우 자세하고 자세하고 꼼꼼해서
공사에 참여한 기술자 1800여 명의 이름과 주소, 일한 날수와 받은 임금까지 적혀 있어. 공사에 사용된 모든 물건의 크기와 값은 또 얼마나 상세히 적었는지 입이 떡 벌어질 정도라니까. 당시에 이렇게 자세한 공사 보고서를 남긴 나라는 우리
　　　　　　　　　　　　　　　『화성성역의궤』를 만든 조상들의 우수함을 알고 있음.
나라밖에 없다고 해.

---

01 『화성성역의궤』는 언제 만들어졌는지 찾아 쓰시오.

(　　　　　　　　　　　)

서술형
02 다음은 ㉠에서 알 수 있는 내용과 추론한 사실을 정리한 것입니다. 빈 곳에 알맞은 내용을 쓰시오.

• 알 수 있는 내용: 『화성성역의궤』에는 수원 화성 공사에 사용된 물품, 설계 등의 기록이 실려 있다.
• 추론한 사실: 『화성성역의궤』가 자세하게 기록되었기 때문에 수원 화성을 ＿＿＿＿＿＿＿＿＿

＿＿＿＿＿＿＿＿＿＿＿＿＿＿＿＿＿＿

[도움말] 『화성성역의궤』에 실린 기록을 보고 추론할 수 있는 내용은 무엇인지 생각해 봅니다.

03 『화성성역의궤』에 기록되어 있지 않은 내용은 무엇입니까? (　　)

① 수원 화성의 설계
② 공사에 사용된 물품
③ 공사에 참여한 인원
④ 수원 화성이 훼손된 시기
⑤ 공사에 참여한 기술자의 이름

04 이 글을 읽고 추론한 사실을 바르게 말한 친구의 이름을 쓰시오. (　　　　　　)

연재: 『화성성역의궤』의 우수함을 알리고 싶어서 글을 쓴 것 같아.
규연: 세계 문화유산에 등록될 수 있는 기준이 무엇인지 알려 주고 싶어서 글을 쓴 거야.

중심내용 정조 임금의 꿈이 담긴 수원 화성은 규모가 크고 볼거리가 많습니다.

3 수원 화성은 정조 임금의 원대한 꿈이 담긴 곳으로 볼거리가 많아. 건물 하나만 보는 것보다는 주변 경치를 함께 감상하는 것이 더 좋아. 정조 임금이 엄격
<u>좋은 자리에 지어져 있어서 주변 경치와 잘 어우러짐.</u>
하게 고른 ㉠<u>좋은</u> 자리에 지었으니까. 수원 화성은 규모가 커서 다 돌아보려면 꽤★
<u>수원 화성의 규모가 커서</u>
시간이 걸려. 다리가 아프면 화성 열차를 타는 것도 좋겠지. 화성 열차는 수원 화성 구경을 하러 온 사람들을 위해 마련한 열차야.

중심내용 수원 화성 근처에는 융건릉과 용주사도 있어 함께 둘러보기 좋습니다.

4 ㉡<u>더 둘러보고 싶은 친구가 있다면 근처에 있는 융건릉과 용주사에 가 볼 것</u>
<u>근처를 둘러보고 싶은 친구들에게 도움이 될 수 있는 내용</u>
<u>을 추천할게.</u> 융건릉은 사도 세자의 무덤인 융릉과 정조 임금의 무덤인 건릉을 합쳐서 부르는 이름이고, 용주사는 사도 세자의 명복을 빌려고 지은 절이야.

★ 바르게 쓰기

꽤	꾀
(○)	(×)

- **다의어**
  여러 가지 뜻이 있는 낱말입니다.
- **동형어**
  형태가 같지만 뜻이 다른 낱말입니다.
- **글 내용을 추론하는 방법**
  - 인물의 말, 행동, 표정을 보고 알 수 있는 사실을 자세히 살펴봅니다.
  - 자신이 평소에 아는 사실과 경험한 것을 떠올려 보고 무엇을 더 알 수 있는지 생각해 봅니다.
  - 글에 쓰인 다의어나 동형어가 어떤 뜻인지 정확히 이해하려면 국어사전을 찾아봅니다.
  - 이야기의 특정 부분을 바탕으로 하여 알 수 있는 내용과 더 추론할 수 있는 사실을 살펴봅니다.
  - 글 내용을 바탕으로 하여 친구들과 함께 질문을 만들고 서로 묻거나 답해 봅니다.

05 수원 화성에 대한 설명으로 알맞지 <u>않은</u> 것은 무엇입니까? ( )

① 규모가 작지만 볼거리는 많다.
② 건물과 주변 경치가 잘 어우러져 있다.
③ 정조 임금의 원대한 꿈이 담긴 곳이다.
④ 관광객을 위해서 화성 열차를 운행한다.
⑤ 수원 화성의 위치를 정한 것은 정조 임금이다.

중요
06 ㉠의 뜻으로 알맞은 것을 찾아 기호를 쓰시오.

> ㉮ 성품이나 인격 따위가 원만하거나 선하다.
> ㉯ 대상의 성질이나 내용 따위가 보통 이상의 수준이어서 만족할 만하다.

( )

07 수원 화성 근처에 있는 문화유산을 두 가지 고르시오.
(,)

① 용주사 ② 융건릉
③ 경복궁 ④ 불국사
⑤ 석굴암

서술형
08 ㉡에서 추론할 수 있는 내용을 쓰시오.

_____

_____

도움말 다른 사람에게 더 가 볼 곳을 추천을 할 때에는 어떤 장소를 추천할지 생각해 봅니다.

09 용주사를 지은 까닭을 찾아 쓰시오.

( )

10 이 글에서 더 많은 내용을 추론할 수 있는 질문으로 알맞은 것에 ○표를 하시오.

(1) 융건릉은 누구의 무덤일까? ( )
(2) 규모가 큰 수원 화성을 다 돌아보기 위해 이용할 수 있는 시설은 무엇인가? ( )
(3) 수원 화성 이외에도 유네스코 세계 문화유산으로 등록된 문화재에는 무엇이 있을까? ( )

• 글의 종류: 설명하는 글
• 글의 특징: 현재 서울에 남아 있는 조선 시대의 궁궐에 대해 설명하는 글입니다.

중심내용 현재 서울에 남아 있는 조선 시대의 궁궐은 다섯 곳이고, 궁궐의 명칭은 그 주인의 신분에 따라 달라졌습니다.

1 현재 서울에 남아 있는 조선 시대의 궁궐은 모두 다섯 곳으로 경복궁, 창덕궁, 창경궁, 경희궁, 경운궁이다.
　　　　　　서울에 남아 있는 조선 시대의 궁궐

궁궐의 건물

『궁궐에는 왕과 왕비뿐만 아니라 왕실의 가족과 관리,
　　　　　　　　　　　궁궐에 살던 사람들
군인, 내시, 나인 등 많은 사람이 살았다. 이 사람들은 각자 자신의 신분에 알맞은 건물에서 생활했고, 건물의 명칭 또한 주인의 신분에 따라 달랐다. 예컨대 궁궐에는 강녕전이나 교태전과 같이 '전' 자가 붙는 건물이 있는데, 이러한 건물에는 궁궐에서 가장 신분이 높은 왕과
　　　　　　　　　'전' 자가 붙는 건물에서 살 수 있는 사람
왕비만 살 수 있었다. 왕실 가족이나 후궁들은 주로 '전'보다 한 단계 격이 낮은 '당' 자가 붙는 건물을 사용했다.
주위 환경이나 형편에 자연스럽게 어울리는 분수나 품위.
그 밖의 궁궐 사람들은 주로 '각', '재', '헌'이 붙는 건물에서 생활했다. 그러나 경우에 따라서는 왕도 '전'이 아닌 다른 건물을 사용했다.』

* 『 』에서 추론할 수 있는 질문: 궁궐에서는 왜 각자 신분에 따라 다른 건물에서 생활했을까요?

★ 바르게 쓰기

궁궐	궁궐
(○)	(×)

중심내용 경복궁은 조선 시대 궁궐 중 가장 대표적이며 규모가 아주 큽니다.

2 　**경복궁**

'큰 복을 누리며 번성하라'는 뜻을 가진 경복궁은 조선
　　　　　　　　　경복궁의 뜻
시대 최초의 궁궐이면서 여러 궁궐 가운데 가장 대표적인 것이다. 경복궁은 태조 이성계가 조선을 세운 뒤에 한양, 즉 지금의 서울에 세운 조선의 법궁이다.
　　　　　　　　　나라의 공식적인 궁궐.
경복궁의 건물은 7600여 칸으로 규모가 어마어마하
　　　　　　　　　　　　　　　　경복궁의 규모
다. 경복궁에서 가장 웅장한 건물은 '부지런히 나라를 다스리라'는 뜻을 지닌 근정전이다. 근정전은 왕의 ㉠즉위
　　　　　　　　　　근정전의 의미
식, 왕실의 혼례식, 외국 사신과의 만남과 같은 나라의 중요한 행사를 치르던 곳이다.

경복궁에서 안쪽에 자리 잡은 교태전은 왕비가 생활하
　　　　　　　　　　　　　　　　　교태전
던 곳이다. 교태전은 중앙에 대청마루를 두고 왼쪽과 오
　　　　　　　　　　　　교태전의 구조
른쪽에 온돌방을 놓은 구조로 되어 있다. 교태전 뒤쪽으로는 아미산이라는 작고 아름다운 후원이 있다.

'경사스러운 연회'라는 뜻의 경회루는 커다란 연못 중앙에 섬을 만들고 그 위에 지은, 우리나라에서 가장 큰
　　　　　　　　　　　　　　　　　　　경회루
누각이다. 이곳은 왕이 외국 사신을 접대하거나 신하들
　　　　　　　　　　　　경회루의 용도
에게 연회를 베풀던 장소이다.

11 현재 서울에 남아 있는 조선 시대 궁궐의 이름을 모두 찾아 쓰시오.

(　　　　　　　　　　　　　)

12 궁궐 건물의 명칭은 무엇에 따라 달라졌습니까?
(　)

① 궁궐의 역사
② 궁궐이 지어진 때
③ 궁궐이 위치한 곳
④ 궁궐 건물의 건축적인 특징
⑤ 궁궐 건물을 사용하는 사람의 신분

13 경복궁 안에 있는 우리나라에서 가장 큰 누각의 이름은 무엇인지 쓰시오. (　　　　　)

중요 14 ㉠의 뜻을 바르게 추론한 친구의 이름을 쓰시오.

재현: 앞 부분에서 말한 근정전의 뜻으로 보아 훌륭한 관리를 뽑는 행사라는 뜻일 거야.
우리: 앞에 나온 '왕의'와 뒷부분의 내용으로 보아 왕이 주인공인 행사를 말하는 것 같아.

(　　　　　)

중심내용 경복궁 동쪽에 있는 창덕궁은 유네스코 세계 문화유산으로 기록된 아름다운 궁궐입니다.

3 창덕궁 *『』에서 추론할 수 있는 질문: 창덕궁이 세계 문화유산으로 기록된 까닭은 무엇일까요?

『창덕궁은 경복궁 동쪽에 있다고 하여 창경궁과 함께 '동궐'로도 불렸다. 건물과 **후원**이 잘 어우러져 아름다우며 유네스코 세계 문화유산으로 기록되었다. 산이 많은 우리나라답게 산자락에 자연스럽게 배치한 건물이 인상적이다. 넓은 후원의 정자와 연못들은 우리나라 전통 정원의 모습을 잘 보여 주고 있다.

특히 부용지는 '하늘은 둥글고 땅은 네모나다'는 전통적 사상을 반영하여, 땅을 나타내는 네모난 연못 가운데 하늘을 뜻하는 둥근 섬을 띄워 놓은 형태이다. 연못 가장자리에 있는 부용정은 십자(+) 모양의 정자로, **단청**이 화려하고 처마 끝 곡선이 무척 아름답다.

★ 바르게 쓰기

띄워	띠워
(○)	(×)

낱말 사전

후원 대궐 안에 있는 동산.
단청 궁궐이나 절의 벽, 기둥, 천장 따위에 여러 가지 빛깔과 무늬로 그린 그림.

중심내용 창경궁은 여러 번의 화재와 사도 세자의 죽음, 일제 강점기에 건물이 헐어지는 등의 수난을 겪은 궁궐입니다.

4 창경궁

『창경궁은 성종이 할머니들을 모시려고 지은 궁궐로, 효자로 유명한 정조가 태어난 곳이기도 하여 효와 인연이 깊다. 창경궁은 임진왜란 때 불탔다가 광해군 때 제 모습을 찾았으나, 그 뒤로도 큰 화재를 겪는 **수난**을 당했다. 문정전 앞뜰은 사도 세자가 목숨을 잃은 비극이 일어난 곳으로 유명하다. 왕비가 생활하던 통명전 서쪽에는 아름다운 연못이 있고, 뒤쪽에는 '열천'이라는 우물이 남아 있다.

한편 일제 강점기에는 일본 사람들이 창경궁에 동물원과 식물원을 만들면서 많은 건물을 **헐고**, 이름도 '창경원'으로 바꾸었다. 1983년에 동물원과 식물원 일부를 옮기고 창경궁이라는 이름을 되찾았다.』
*『』에서 추론할 수 있는 질문: 창경궁의 역사적 의미는 무엇인가요?

수난 견디기 힘든 어려운 일을 당함.
헐고 집 따위의 축조물이나 쌓아 놓은 물건을 무너뜨리고.
㉠ 낡은 건물들을 헐고 새 아파트를 지었습니다.

15 창덕궁에 대한 설명으로 알맞지 않은 것은 무엇입니까? ( )

① '동궐'이라고도 불렸다.
② 경복궁 동쪽에 위치한다.
③ 건물과 후원이 잘 어우러져 있다.
④ 일제 강점기에 동물원이 만들어졌다.
⑤ 유네스코 세계 문화유산으로 기록되었다.

16 다음은 창덕궁에 대한 내용입니다. 빈칸에 들어갈 알맞은 말을 차례대로 쓰시오.

창덕궁에는 네모난 연못 가운데 하늘을 뜻하는 둥근 섬을 띄워 놓은 형태의 □□□와/과 연못 가장자리에 있는 십자 모양의 정자인 □□□이/가 있다.

(,)

17 다음의 역사적인 사건들이 일어난 궁궐의 이름을 쓰시오.

- 정조가 태어난 곳이다.
- 성종이 할머니들을 모시려고 지은 곳이다.
- 사도 세자가 목숨을 잃은 비극이 일어난 곳이다.

( )

18 창경궁에 대한 설명을 읽고 추론할 수 있는 내용을 한 가지만 쓰시오.

도움말 창경궁에 대한 설명을 읽고 자신이 이미 알고 있던 사실을 바탕으로 추론해 봅니다.

중심 내용 영조가 가장 오래 머물렀던 경희궁에는 숭정전과 태령전이 있습니다.

5 경희궁

경희궁의 처음 이름은 경덕궁이었으나, 영조 때 경희궁으로 고쳐 불렀다. 인조 이후 철종에 이르기까지
<u>경희궁의 처음 명칭</u>
10대에 걸쳐 왕들이 머물렀다. 특히 영조는 25년 동안이나 이곳에 머물렀다고 한다. 경희궁은 경복궁 서쪽에 있다고 하여 '서궐'로도 불렸다. 『궁궐의 원래 규
<u>경희궁이 '서궐'로 불린 까닭</u>
모는 1500칸에 이르렀으나, 일제 강점기에 강제로 헐
<u>완전한 옛 모습을 되찾은 것이 아님.</u>
려 터만 남아 있다가 최근에 옛 모습의 일부를 되찾았
다.』 * 『』에서 추론할 수 있는 질문: 경희궁 규모가 1500칸에 이르렀다는
　 것으로 알 수 있는 것은 무엇인가요?

이 궁궐 안에는 왕이 신하들과 나랏일을 논의하거
나 사신을 접대하는 등의 행사를 치르던 숭정전과 영
<u>숭정전의 용도</u>
조의 **어진**을 모신 태령전이 있다.

★ 바르게 쓰기

나랏일	나라일
(○)	(×)

낱말 사전

어진 임금의 얼굴 그림이나 사진.

중심 내용 덕수궁으로 불리고 있는 경운궁은 전통적 건물과 서양식 건물이 함께 들어서 있습니다.

6 경운궁

지금의 덕수궁은 원래 경운궁이라고 불렸는데, 성
<u>경운궁의 현재 이름</u>
종의 형인 월산 대군의 집이었다. 선조가 임진왜란이
끝난 뒤에 서울로 돌아오니 궁궐이 모두 불타 버려서
<u>임진왜란 때문에</u>
이곳을 넓혀 행궁으로 만들었다고 한다. 선조가 죽고
광해군이 왕위에 오른 뒤에 이 **행궁**을 경운궁이라고
했다. 그러다가 조선 왕조 말기에 고종이 강한 나라들
의 정치적 소용돌이에 휘말리면서 거처를 경운궁으로
옮긴 뒤, 비로소 궁궐다운 모습을 갖추었다.

『경운궁 안에는 중화전과 같은 전통적 건물, 석조전
<u>경운궁이 다른 궁궐과 다른 점</u>
이나 정관헌과 같은 서양식 건물이 함께 들어서 있다.』
중화전은 국가적 의식을 치르던 곳이고, 석조전은 왕
이 일상생활을 하던 곳이다. 정관헌은 고종 황제가 커
피를 마시며 여가를 즐기거나 손님을 맞이하던 곳이
다. * 『』에서 추론할 수 있는 질문: 경운궁에 전통적 건물과 서양식
　 건물이 함께 들어서 있는 까닭은 무엇일까요?

행궁 임금이 나들이 때에 머물던 궁궐.

---

19 경희궁에 대한 설명을 읽고 바르게 추론한 친구의 이름을 쓰시오.

> 현정: 지금 남아 있는 경희궁은 옛 모습 그대로
> 　　　일 거야.
> 리아: 일제 강점기에는 우리나라 문화재가 훼
> 　　　손되는 일이 많았던 것 같아.

(　　　　　　　)

20 경희궁에서 다음과 같은 역할을 하는 장소의 이름을 찾아 쓰시오.

(1) 왕이 신하들과 나랏일을 논의하거나 사신을 접
대하는 등의 행사를 치르던 곳: (　　　)

(2) 영조의 어진을 모신 곳: (　　　)

21 경운궁에 대한 설명으로 알맞지 <u>않은</u> 것은 무엇입니까? (　　　)

① 선조가 행궁으로 만들었다.
② 원래 월산 대군의 집이었다.
③ 서양식으로 지어진 궁궐만 있다.
④ 지금은 덕수궁이라는 이름으로 불린다.
⑤ 고종이 살면서 궁궐다운 모습을 갖췄다.

22 정관헌은 어떤 용도로 사용되던 곳입니까? (　　　)

① 왕이 일상생활을 하던 곳
② 신하들이 연구를 하던 곳
③ 황제가 여가를 즐기던 곳
④ 국가적인 의식을 치르던 곳
⑤ 신하와 왕이 나랏일을 논의하던 곳

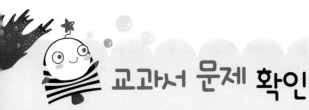

교과서 문제 확인

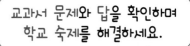

「수원 화성을 어떻게 만들었을까」 ○ 수원 화성과 『화성성역의궤』에 대해 설명하는 글

• 『화성성역의궤』에는 어떤 기록을 담았나요?

㉮ 수원 화성 공사와 관련된 공식 문서는 물론 참여 인원, 사용된 물품, 설계 등의 기록이 그림과 함께 실려 있습니다.

• 수원 화성 근처에는 어떤 문화유산이 더 있나요?

㉮ 융건릉과 용주사가 있습니다.

• 내용을 추론하는 방법을 생각하며 알맞은 말을 찾아 써 보세요.

| 일제 강점기를 거치면서 성곽 일대가 훼손되기 시작했다. | ⟹ | 추론한 내용 수원 화성은 여러 위기를 거치며 원래의 모습을 잃었다. | ㉮ 이야기에서 찾을 수 있는 단서 확인하기 |
| 6.25 전쟁 때 수원 화성이 크게 파괴되었다. | ⟹ | | |

수원 화성은 볼거리가 많다.	⟹		
수원 화성은 규모가 커서 다 돌아보려면 꽤 시간이 걸린다.	⟹	추론한 내용 수원 화성을 직접 가 보려면 운동화를 신는 것이 좋겠다.	㉮ 자신의 경험 떠올리기
경주 여행을 갔을 때 편한 신발을 신지 않아서 힘들었던 적이 있다.	⟹		

• 「수원 화성을 어떻게 만들었을까」를 다시 들어 봅시다. 들은 내용에서 알 수 있는 내용과 그 내용을 바탕으로 하여 추론할 수 있는 사실을 써 봅시다.

알 수 있는 내용	추론한 사실
『화성성역의궤』에는 수원 화성 공사에 사용된 물품, 설계 등의 기록이 실려 있다.	『화성성역의궤』가 자세하게 기록되었기 때문에 수원 화성을 ㉮ 원래의 모습대로 만들 수 있었다.
수원 화성은 정조 임금이 엄격하게 고른 ㉮ 좋은 자리에 지었다.	정조 임금은 수원 화성을 ㉮ 건축하는 데 많은 관심을 가졌다.
더 둘러보고 싶은 친구는 근처의 융건릉과 용주사에 가 볼 수 있다.	㉮ 융건릉과 용주사에도 볼거리가 많다.

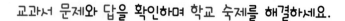

• 글쓴이의 생각을 추론할 수 있는 질문에는 어떤 것이 있을까요?

　　예 왜 더 둘러볼 곳으로 융건릉과 용주사를 추천했을까요?

• 내용을 추론할 수 있는 질문을 더 만들고, 짝과 함께 묻고 답하며 생각을 나누어 보세요.

　　예 정조가 수원 화성을 쌓은 까닭은 무엇일까요?

　　　수원 화성 이외에도 유네스코 세계 문화유산으로 등록된 문화재에는 무엇이 있을까요?

「서울의 궁궐」　　　　○　서울에 남아 있는 조선 시대의 궁궐에 대하여 설명하는 글

• 현재 서울에 남아 있는 조선 시대의 궁궐은 무엇무엇인가요?

　　예 경복궁, 창덕궁, 창경궁, 경희궁, 경운궁입니다.

• '전' 자가 붙은 건물에는 누가 살 수 있었나요?

　　예 궁궐에서 가장 신분이 높은 왕과 왕비입니다.

• 건물과 후원이 잘 어우러져 유네스코에 세계 문화유산으로 기록된 궁궐은 어느 것인가요?

　　예 창덕궁입니다.

• 「서울의 궁궐」을 다시 읽고 그 내용을 추론하며 정리해 봅시다.

들어가는 말	서울에 남아 있는 조선 시대 궁궐은 모두 예 5 곳이다.
궁궐의 건물	궁궐에는 사람이 많이 살았는데, 각자 예 신분에 알맞은 건물에서 생활했다.
경복궁	조선 시대 최초의 궁궐로 태조가 한양에 만든 예 법궁(이)다. 건물이 7600여 칸으로 예 근정전, 교태전, 경회루 등이 있다.
창덕궁	건물과 후원이 잘 어우러져 있으며 연못에 섬을 띄운 예 부용지이/가 있다.
창경궁	화재가 여러 번 일어나고 예 사도 세자이/가 목숨을 잃은 곳이다.
경희궁	경덕궁에서 경희궁으로 고쳐 부른 곳이며 예 승정전과/와 태령전이 있다.
경운궁	선조 때 행궁으로 만들었으며, 예 전통적 건물과 서양식 건물이 함께 들어서 있다.

• 글쓴이가 「서울의 궁궐」을 쓴 까닭은 무엇일까요?

　　예 서울에 남아 있는 조선 시대의 궁궐이 몇 개인지 알려 주고 싶어서입니다.

　　　서울의 궁궐에는 각각의 의미와 아름다움이 있음을 우리 모두가 알고 있어야 한다고 생각했기 때문입니다.

단원 정리 학습

핵심 1 이야기를 듣고 추론하는 방법 알기

● 인물의 말, 행동, 표정을 보고 알 수 있는 사실을 자세히 살펴봅니다.

● 자신이 평소에 아는 사실과 경험한 것을 떠올려 보고 무엇을 더 알 수 있는지 생각해 봅니다.

● 글에 쓰인 다의어나 동형어가 어떤 뜻인지 정확히 이해하려면 국어사전을 찾아봅니다.

다의어	뜻	여러 가지 뜻이 있는 낱말
	예	『화성성역의궤』는 수원 화성에 성을 쌓는 과정을 기록한 책인 의궤야. ➡ '2'의 뜻으로 사용됨. **쌓다** 　1. 여러 개의 물건을 겹겹이 포개어 얹어 놓다. 　②물건을 차곡차곡 포개어 얹어서 구조물을 이루다.
동형어	뜻	형태가 같지만 뜻이 다른 낱말
	예	건물 하나만 보는 것보다는 주변 경치를 함께 감상하는 것이 더 좋아. ➡ '감상⁵'의 뜻으로 사용됨. **감상¹** 　하찮은 일에도 쓸쓸하고 슬퍼져서 마음이 상함. 또는 그런 마음. **감상⁵** 　주로 예술 작품을 이해하여 즐기고 평가함.

● 이야기의 특정 부분을 바탕으로 하여 알 수 있는 내용과 더 추론할 수 있는 사실을 살펴봅니다.

● 글 내용을 바탕으로 하여 친구들과 함께 질문을 만들고 서로 묻거나 답해 봅니다.

핵심 2 내용을 추론하며 글 읽기

● 글 내용과 관련해 내가 이미 아는 사실을 떠올립니다.

● 글 내용과 관련된 자신의 경험을 떠올립니다.

● 글에서 뜻을 알지 못하는 낱말이나 문장의 뜻을 추론해 봅니다.

예

'즉위식' 앞에는 '왕의'라는 낱말이 있고, 그 뒷부분에는 "왕실의 혼례식, 외국 사신과의 만남 등과 같은 나라의 중요한 행사를 치르던 곳이다."라는 문장이 있다.

➡

'즉위식'은 왕이 주인공인 행사 즉 왕위에 오르는 식을 뜻할 것이다.

정답과 해설 19쪽

6. 내용을 추론해요

[01~05] 다음 글을 읽고, 물음에 답하시오.

(가) '큰 복을 누리며 번성하라'는 뜻을 가진 경복궁은 조선 시대 최초의 궁궐이면서 여러 궁궐 가운데 가장 대표적인 것이다. 경복궁은 태조 이성계가 조선을 세운 뒤에 한양, 즉 지금의 서울에 세운 조선의 법궁이다.

경복궁의 건물은 7600여 칸으로 규모가 어마어마하다. 경복궁에서 가장 웅장한 건물은 '부지런히 나라를 다스리라'는 뜻을 지닌 근정전이다. 근정전은 왕의 즉위식, 왕실의 혼례식, 외국 사신과의 만남과 같은 나라의 중요한 행사를 치르던 곳이다.

경복궁에서 안쪽에 자리 잡은 교태전은 왕비가 생활하던 곳이다. 교태전은 중앙에 대청마루를 두고 왼쪽과 오른쪽에 온돌방을 놓은 구조로 되어 있다. 교태전 뒤쪽으로는 아미산이라는 작고 아름다운 후원이 있다.

'경사스러운 연회'라는 뜻의 경회루는 커다란 연못 중앙에 섬을 만들고 그 위에 지은, 우리나라에서 가장 큰 누각이다. 이곳은 왕이 외국 사신을 접대하거나 신하들에게 연회를 베풀던 장소이다.

(나) 창덕궁은 경복궁 동쪽에 있다고 하여 창경궁과 함께 '동궐'로도 불렸다. 건물과 후원이 잘 어우러져 아름다우며 유네스코 세계 문화유산으로 기록되었다. 산이 많은 우리나라답게 산자락에 자연스럽게 배치한 건물이 인상적이다. 넓은 후원의 정자와 연못들은 우리나라 전통 정원의 모습을 잘 보여 주고 있다.

특히 부용지는 '하늘은 둥글고 땅은 네모나다'는 전통적 사상을 반영하여, 땅을 나타내는 네모난 연못 가운데 하늘을 뜻하는 둥근 섬을 띄워 놓은 형태이다. 연못 가장자리에 있는 부용정은 십자(+) 모양의 정자로, 단청이 화려하고 처마 끝 곡선이 무척 아름답다.

01 조선 시대 최초의 궁궐이며 대표적인 궁궐은 무엇입니까? ( )

① 경복궁
② 경희궁
③ 창덕궁
④ 창경궁
⑤ 경운궁

02 경복궁에서 왕의 즉위식 등 나라의 중요한 행사를 치르던 곳의 이름을 찾아 쓰시오.

( )

03 다음에서 경복궁 건물에 알맞은 역할을 찾아 기호를 쓰시오.

> ㉮ 왕비가 생활하던 곳.
> ㉯ 왕이 외국 사신을 접대하거나 연회를 베풀던 장소.

(1) 교태전: ( )
(2) 경회루: ( )

서술형
04 글 (가)를 읽고 추론할 수 있는 내용을 한 가지만 쓰시오.

_____

도움말 글의 내용을 추론할 때에는 이미 알고 있는 내용을 바탕으로 추론해 봅니다.

중요
05 이 글을 읽고 내용을 추론하는 방법으로 알맞지 않은 것은 무엇입니까? ( )

① 자신이 평소에 아는 사실과 경험한 것을 떠올려 본다.
② 글쓴이의 주장과 주장을 뒷받침하는 근거를 찾아본다.
③ 글 내용을 바탕으로 하여 질문을 만들어 답해 보며 추론한다.
④ 글에 쓰인 다의어의 뜻을 정확히 이해할 수 있도록 국어사전을 찾아본다.
⑤ 글의 특정 부분을 바탕으로 하여 알 수 있는 내용과 더 추론할 수 있는 사실을 살펴본다.

[06~10] 다음 글을 읽고, 물음에 답하시오.

(가) 창경궁은 성종이 할머니들을 모시려고 지은 궁궐로, 효자로 유명한 정조가 태어난 곳이기도 하여 효와 인연이 깊다. 창경궁은 임진왜란 때 불탔다가 광해군 때 제 모습을 찾았으나, 그 뒤로도 큰 화재를 겪는 수난을 당했다. 문정전 앞뜰은 사도 세자가 목숨을 잃은 비극이 일어난 곳으로 유명하다. 왕비가 생활하던 통명전 서쪽에는 아름다운 연못이 있고, 뒤쪽에는 '열천'이라는 우물이 남아 있다.

　한편 일제 강점기에는 일본 사람들이 창경궁에 동물원과 식물원을 만들면서 많은 건물을 헐고, 이름도 '창경원'으로 바꾸었다. 1983년에 동물원과 식물원 일부를 옮기고 창경궁이라는 이름을 되찾았다.

(나) 지금의 덕수궁은 원래 경운궁이라고 불렸는데, 성종의 형인 월산 대군의 집이었다. 선조가 임진왜란이 끝난 뒤에 서울로 돌아오니 궁궐이 모두 불타 버려서 이곳을 넓혀 행궁으로 만들었다고 한다. 선조가 죽고 광해군이 왕위에 오른 뒤에 이 행궁을 경운궁이라고 했다. 그러다가 조선 왕조 말기에 고종이 강한 나라들의 정치적 ㉠소용돌이에 휘말리면서 거처를 경운궁으로 옮긴 뒤, 비로소 궁궐다운 모습을 갖추었다.

　경운궁 안에는 중화전과 같은 전통적 건물, 석조전이나 정관헌과 같은 서양식 건물이 함께 들어서 있다. 중화전은 국가적 의식을 치르던 곳이고, 석조전은 왕이 일상생활을 하던 곳이다. 정관헌은 고종 황제가 커피를 마시며 여가를 즐기거나 손님을 맞이하던 곳이다.

06 창경궁에 대한 설명으로 알맞지 <u>않은</u> 것은 무엇입니까? (　　　)

① 정조가 태어난 곳이다.
② '열천'이라는 우물이 남아 있다.
③ 사도 세자가 목숨을 잃은 장소이다.
④ 왕비가 생활하던 곳은 '통명전'이다.
⑤ 1983년에 동물원과 식물원이 생겼다.

07 경운궁의 현재 이름은 무엇입니까? (　　　)

① 경복궁　　　　② 창덕궁
③ 경희궁　　　　④ 덕수궁
⑤ 정관헌

08 글 (나)에서 알 수 있는 사실이 <u>아닌</u> 것은 무엇입니까?
(　　　)

① 경운궁은 선조가 행궁으로 만들었다.
② 경운궁은 일제 강점기에 불에 탔다.
③ 중화전은 국가적 의식을 치르던 곳이다.
④ 조선 왕조 말기에 나라가 위기에 처했다.
⑤ 경운궁은 고종 때 궁궐다운 모습을 갖추었다.

09 앞뒤 내용으로 보아 ㉠의 뜻을 알맞게 추론하여 말한 친구의 이름을 쓰시오.

> 시환: 낱말의 뒷부분에 '휘말리면서'라는 말로 보아 바닥이 팬 자리에서 물이 빙빙 돌면서 흐르는 현상을 뜻한다는 것을 추론할 수 있어.
>
> 보민: 낱말의 뒷부분에 '휘말리면서'라는 말과 고종이 거처를 옮긴다는 내용으로 보아 힘이나 사상, 감정 따위가 서로 뒤엉켜 요란스러운 상태를 뜻한다는 것을 알 수 있어.

(　　　　　　　　　)

10 이 글을 읽고 추론할 수 있는 내용을 두 가지 찾아 기호를 쓰시오.

> ㉮ 글쓴이는 조선의 궁궐에는 각각 어떤 특징이 있는지 알려 주려고 한다.
> ㉯ 조선 왕조 말기부터 시작하여 일제 강점기가 되면서 차차 왕실이 힘을 잃었다.
> ㉰ 경운궁은 원래 성종의 형인 월산 대군의 집이었으나 선조가 살면서 행궁으로 만들었다.

(　　　　,　　　　)

　엄마와 지호가 뉴스를 보며 대화를 나누고 있어요. 뉴스에서는 청소년들이 사용하는 신조어 문제를 이야기하고 있네요. 여러분은 우리말을 바르게 잘 사용하고 있나요?
　이제, 7단원에서는 올바른 우리말 사용에 대해 생각해 보고 실태 조사를 바탕으로 올바른 우리말 사용에 대해 글을 써 볼 거예요.

7 우리말을 가꾸어요

108쪽 단원 정리 학습에서 더 자세히 공부해 보세요.

단원 학습 목표

1. **우리말 사용 실태를 조사할 수 있습니다.**
   - 우리말 사용 실태 조사 계획을 세웁니다.
   - 우리말을 바르게 또는 잘못 사용하는 사례나 언어생활에 대한 사례를 조사합니다.
   - 조사 주제, 조사 과정, 조사 내용, 조사 결과 및 출처, 조사한 뒤의 생각이나 느낌 등을 정리합니다.

2. **올바른 우리말 사용에 대해 글을 쓸 수 있습니다.**
   - 올바른 우리말 사용에 관한 주장을 정하고, 주장과 관련 있는 근거를 떠올립니다.
   - 글쓰기 할 내용을 정리합니다.
   - 글의 개요표를 작성하고 이를 바탕으로 제목을 정한 뒤에 주장하는 글을 씁니다.

단원 진도 체크

회차		학습 내용	진도 체크
1차	단원 열기	단원 학습 내용 미리 보고 목표 확인하기	✓
	교과서 내용 학습	자신의 언어생활 점검하기 / 우리말 사용 실태 알아보기	✓
2차	교과서 내용 학습	우리말 사용 실태 조사하기	✓
3차	교과서 내용 학습	실태 조사를 바탕으로 하여 올바른 우리말 사용을 주제로 글 쓰기	✓
4차	서술형 수행 평가 돋보기	서술형 수행 평가 대비 학습하기	✓
	교과서 문제 확인	교과서 문제 학습하며 학교 숙제 해결하기	✓
5차	단원 정리 학습	단원 학습 내용 정리하기	✓
	단원 확인 평가	확인 평가를 통한 단원 학습 상황 파악하기	✓

해당 부분을 공부하고 나서 ✓표를 하세요.

교과서 내용 학습

교과서 238~241쪽 내용　학습 목표 ▶ 자신의 언어생활 점검하기

■ 그림 상황

아빠와 여자아이가 대화하고 있습니다. 여자아이가 줄임 말, 신조어, 비속어를 사용했기 때문에 아빠는 여자아이의 말을 이해하지 못하셨습니다.

■ 여자아이가 사용한 줄임 말, 신조어, 비속어

• 생선: '생일 선물'의 줄임 말
• 핵노잼: '매우 재미없다'는 뜻의 신조어
• 헐: 놀랍거나 어이없는 상황에서 쓰는 비속어

■ 자신의 언어생활을 점검해 볼 수 있는 질문 만들기 예

• 언어 예절을 지키며 대화한 경험이 있나요?
• 언어 예절에 어긋나게 대화한 경험이 있나요?
• 최근의 언어생활 가운데에서 가장 잘했다고 생각하는 것을 이야기해 볼까요?

---

01 아빠는 여자아이가 한 말 중에서 어떤 말이 이해가 되지 않았는지 세 가지를 찾아 쓰시오.

(　　　　　　　　　　　　　)

중요
02 아빠와 여자아이는 왜 말이 통하지 않았습니까?

(　　　)

① 여자아이의 말이 너무 빨라서
② 여자아이가 외국어를 사용해서
③ 여자아이의 발음이 부정확해서
④ 아빠가 외국에서 오랫동안 살다 오셔서
⑤ 여자아이가 줄임 말과 신조어, 비속어를 사용해서

서술형
03 대화를 보고 자신의 언어생활 중에서 바람직한 점이나 고칠 점을 한 가지씩 쓰시오.

(1) 바람직한 점	
(2) 고칠 점	

도움말 자신의 언어생활을 되돌아보고 잘하고 있는 점과 고칠 점을 생각해 봅니다.

나의 언어생활 중에서 바람직한 면이나 고칠 점 등을 스스로 살펴보면 한층 더 나은 언어생활 습관을 가질 수 있어.

교과서 242~245쪽 내용 | 학습 목표 ▶ 우리말 사용 실태 알아보기 |

〈사례 1〉 텔레비전 프로그램 내용

평범한 중고등학생 네 명을 대상으로 욕 사용 **실태**를 관찰했더니 네 시간 동안 평균 500여 번의 욕설이 쏟아졌습니다.

충격적인 것은 이 학생들이 문제나 불량 청소년이 아니라는 것입니다. 이제 욕은 많은 학생들의 입에서 거침없이 터져 나오는 일상어가 되어 버렸습니다.

_{날마다 반복적으로 사용하는 말.}

그렇다면 아이들이 최초로 욕을 대하는 때는 언제일까요?

대중 매체 환경이 빠르게 바뀌면서 욕설이나 비속어를 대하는 나이가 더욱 어려

_{욕설을 접하는 나이가 어려지는 까닭}

지는 지금, 초등학교 교실을 찾아 그들이 아는 욕설을 적어 보도록 했습니다.

그 결과, 절반 가까운 학생이 욕을 열 개 이상 버릇처럼 사용하고, 서른 개 이상 사용하는 아이도 있었습니다.

■출처: 한국교육방송공사, 2011.

〈사례 2〉 교실에서 일어난 일

며칠 전 우리 반 교실에서 일어난 일입니다. 준형이와 수진이가 교실 뒤쪽을 걷다가 뜻하지 않게 서로 부딪쳤습니다. 준형이와 수진이는 서로 **노려보면서** 눈살을 찌푸렸습니다.

야, 넌 눈도 없냐? 똑바로 보고 다녀야지!

뭐라고? 재수 없어. 네가 날 쳤잖아.

■〈사례 1〉과 〈사례 2〉를 통해 알 수 있는 점

사례 1	학생들의 욕설 사용이 점점 심각해지고 있다.
사례 2	친구들끼리 배려하는 말을 사용하지 않고 있다.

■〈사례 2〉의 대화를 올바르게 고치기 예

준형	부딪쳐서 미안해. 다치지 않았니?
수진	괜찮아. 나도 부딪쳤는데 뭘. 괜찮니?

★ 바르게 쓰기

눈살	눈쌀
(○)	(×)

낱말 사전

실태(實 열매 실, 態 모양 태) 있는 그대로의 상태.

노려보면서 미운 감정으로 어떠한 대상을 매섭게 계속 바라보면서.

---

04 〈사례 1〉을 통해 알 수 있는 문제점은 무엇입니까?

( )

① 신조어들이 많이 생겨나고 있다.
② 학생들이 욕을 너무 많이 사용한다.
③ 학생들 사이의 따돌림 문제가 심각하다.
④ 초등학생이 중학생보다 욕을 많이 사용한다.
⑤ 바른 말을 쓰려고 노력하는 학생들이 늘고 있다.

05 〈사례 2〉에 나타난 문제점을 찾아 기호를 쓰시오.

⑦ 준형이가 수진이에게 심한 장난을 쳤다.
⑭ 준형이와 수진이는 비속어를 사용하며 비난했다.
⑮ 준형이가 일부러 수진이를 넘어뜨렸다.

( )

서술형

06 〈사례 1〉과 〈사례 2〉와 같은 언어 생활이 지속된다면 어떤 일이 벌어질지 내 생각을 쓰시오.

도움말 잘못된 언어생활이 지속된다면 우리말은 어떻게 될지 생각해 봅니다.

중요

07 바람직한 언어생활과 관련 있는 질문을 알맞게 만든 친구의 이름을 쓰시오.

서율: 말줄임표를 사용하면 기분이 어떤가요?
병호: 배려하는 말, 긍정하는 말로 대화하면 좋은 점은 무엇인가요?

( )

- 글의 특징: 지원이와 중화가 우리
말 사용 실태에 대해 조사한 내용
을 이야기하고 있습니다.

■ 지원이와 중화가 조사한 내용

지원이가 조사한 내용	잘못된 우리말 사용 실태
중화가 조사한 내용	서로 존칭과 높임말 을 사용하는 좋은 언어 생활 문화

■ 우리말 사용 실태 조사 계획에 들
어갈 내용

조사 날짜, 조사 장소, 준비물, 조
사 방법, 조사 자료, 주의할 점 등

나는 텔레비전 뉴스 기사를 인터넷에서 찾았어. 「초등학생 줄임
_{지원이가 조사한 방법}
말, 신조어 '심각'」이라는 뉴스야.

지원아, 조사를 참 잘했구나. 나는 선생님과 학생, 학생과 학생끼
리도 서로 높임말을 사용하는 언어문화를 조사했어.
_{중화가 조사한 사례}

그랬구나. 중화야, 그 사례를 좀 더 자세히 이야기해 주겠니?

○○초등학교에서는 선생님과 학생, 학생과 학생끼리 공부 시간은 물
론이고 학교에서 지내는 동안 높임말을 사용한대. 학생들이 서로 "진수
님, 창문 좀 닫아 줄 수 있을까요?"라고 존칭과 높임말을 쓰고, 선생님
_{사람을 높이는 뜻으로 이르는 말.}
께서도 "연화 님, 연화 님은 배려심이 참 많아 칭찬해 주고 싶어요."처럼 존칭과 높임
말을 사용하는 문화가 자리 잡았다고 해. 그래서 존중하고 배려하는 생활 공동체를
만들어 나가고 있대.
_{높임말을 사용한 결과}

와, 그런 학교도 있구나. 우리 반에서도 하루 정도 날을 정해 선생님
과 아이들, 친구들 사이에 높임말을 쓰거나 올바른 우리말을 사용해
보면 어떨까? 그러고 난 뒤에 어떤 마음이 들었는지 이야기도 나눠 보
고 말이야.

08 지원이가 찾은 뉴스 기사의 제목은 무엇인지 쓰시오.

(　　　　　　　　　)

09 중화는 어떤 사례를 조사했습니까? (　　　)

① 높임말 사용의 잘못된 예
② 잘못된 언어문화의 문제점
③ 높임말을 사용하는 언어문화
④ 학생들이 잘못 사용하고 있는 우리말
⑤ 높임말 사용이 학교 폭력 감소에 미친 영향

10 _{중요} 지원이와 중화처럼 모둠별로 우리말 사용 실태 조사 계
획을 세울 때 고려해야 할 점이 **아닌** 것은 무엇입니까?

(　　　)

① 조사 날짜는 언제인가?
② 조사할 장소는 어디인가?
③ 자료의 출처를 밝힐 것인가?
④ 조사 방법은 어떻게 할 것인가?
⑤ 역할 분담을 어떻게 할 것인가?

11 우리말 사용 실태로 내가 조사하고 싶은 주제는 무엇
인지 생각하여 쓰시오.

(　　　　　　　　　)

교과서 250~253쪽 내용　　**학습 목표 ▶** 실태 조사를 바탕으로 하여 올바른 우리말 사용을 주제로 글 쓰기　　교과서 250~253쪽

중심 내용 부정하는 말이나 비속어를 사용하면 서로 기분이 상해 다툼이 일어납니다.

1 요즘 우리 반 친구들이 대화할 때 짜증 난다는 말이나 비속어, 욕설 따위를 사용합 <u>니다.</u>
문제 상황
그런 말을 들으면 기분이 나빠지고 화가 나서 다툼도 일어납니다.

중심 내용 긍정하는 말이 부정하는 말보다 듣기가 좋습니다.

2 우리 반에는 공놀이할 때마다 실수해서 같은 편이 되기를 **꺼려 하는** 친구가 있습니 다. 대부분 그 친구와 같은 편이 되면 "짜증 나."라는 말이나 비속어, 욕설을 합니다. 그러던 어느 날, 그 친구가 안쓰러워서 "괜찮아, 넌 잘할 수 있어."라고 말했습니다.
긍정하는 말의 효과
그랬더니 신기하게도 그 친구가 **승점**을 냈습니다.

이 일이 있은 뒤에 우리 반 친구들을 대상으로 조사해 보니 긍정하는 말이 부정하 는 말보다 듣기가 좋다는 결과가 나왔습니다. 「긍정하는 말을 하면 말하는 사람은 물 론 듣는 사람도 마음이 편안해집니다. 예를 들면 "안 돼."보다는 "할 수 있어.", "짜증 나."보다는 "괜찮아.", "이상해 보여."보다는 "멋있어 보여.", "힘들어."보다는 "힘내 자."와 같이 부정하는 말을 긍정하는 말로 고쳐 사용하면, 말하는 사람과 듣는 사람 모두 기분도 좋아지고 자신감도 생긴다는 것입니다.

또 비속어나 욕설 같은 거친 말보다는 고운 우리말 사용이 자신과 상대의 마음을 아 름답게 해 준다는 결과도 있습니다. 상대의 실수에는 너그러운 말을 하고, 내 잘못에는 미안하다는 말을 하며, 상대의 배려에는 고마운 말을 하는 것입니다. 비속어나 욕설을 사용하면 추한 마음이 생길 것인데 고운 우리말을 사용하면 너그러운 마음이 생기고, 미안한 마음이 생기며, 고마운 마음이 생기므로 아름다운 사람이 된다는 것입니다.」
「 」: 고운 우리말 사용의 결과

중심 내용 모든 사람에게 긍정하는 힘을 주는 긍정하는 말과 고운 우리말을 사용합시다.

3 긍정하는 표현은 자신은 물론 주변 사람들 마음에 긍정하는 힘을 줍니다. 그리고 <u>고운 우리말 사용이 아름다운 소통을 이루고, 진정한 말맛을 느끼게 합니다.</u> 그러므
요약, 강조한 부분
로 긍정하는 말과 고운 우리말을 사용해야 합니다.
글쓴이의 주장

- **글의 종류:** 주장하는 글
- **글의 특징:** 자신이 직접 경험한 일을 예로 들어 긍정하는 말과 고운 우리말을 사용하자고 주장하는 글입니다.

■ **글 속의 문제 상황과 실태 조사**

문제 상황	부정하는 말과 비속어, 욕설 따위의 거친 말을 자주 사용하는 것
실태 조사	긍정하는 말이 부정하는 말보다 좋다는 반 친구들의 실태

★ **바르게 쓰기**

안쓰러워서	안스러워서
(○)	(×)

낱말 사전

꺼려 하는 사물이나 일 따위가 자신에게 해가 될까 하여 피하거나 싫어하는.
승점 경기에서 승패를 계산한 점수.

중요
12 글쓴이는 왜 이 글을 썼을지 쓰시오.

　(　　　　　　　　　　　　　)

13 우리 반 친구들의 언어생활 문제점에 ○표를 하시오.

(1) 높임 표현을 사용하지 않는다. 　(　　)

(2) 뜻을 모르고 사용하는 말이 많다. 　(　　)

(3) 부정하는 말, 욕설 따위의 거친 말을 사용한다.
　　　　　　　　　　　　　　　 (　　)

14 고운 우리말 사용으로 얻을 수 있는 결과는 무엇입니 까? (　　)

① 아름다운 실수를 한다.
② 내 잘못을 감출 수 있다.
③ 진정한 입맛을 느끼게 한다.
④ 자신과 상대의 마음을 아름답게 한다.
⑤ 상대를 부정하는 추한 마음이 생기게 한다.

서술형 수행 평가 돋보기

학교에서 출제되는 서술형 수행 평가를 미리 준비하세요.

◑ 다음 글을 읽고, 물음에 답하시오.

요즘 우리 반 친구들이 대화할 때 짜증 난다는 말이나 비속어, 욕설 따위를 사용합니다. 그런 말을 들으면 기분이 나빠지고 화가 나서 다툼도 일어납니다.

우리 반에는 공놀이할 때마다 실수해서 같은 편이 되기를 꺼려 하는 친구가 있습니다. 대부분 그 친구와 같은 편이 되면 "짜증 나."라는 말이나 비속어, 욕설을 합니다. 그러던 어느 날, 그 친구가 안쓰러워서 "괜찮아, 넌 잘할 수 있어."라고 말했습니다. 그랬더니 신기하게도 그 친구가 승점을 냈습니다.

이 일이 있은 뒤에 우리 반 친구들을 대상으로 조사해 보니 긍정하는 말이 부정하는 말보다 듣기가 좋다는 결과가 나왔습니다. 긍정하는 말을 하면 말하는 사람은 물론 듣는 사람도 마음이 편안해집니다. 예를 들면 "안 돼."보다는 "할 수 있어.", "짜증 나."보다는 "괜찮아.", "이상해 보여."보다는 "멋있어 보여.", "힘들어."보다는 "힘내자."와 같이 부정하는 말을 긍정하는 말로 고쳐 사용하면, 말하는 사람과 듣는 사람 모두 기분도 좋아지고 자신감도 생긴다는 것입니다. / 또 비속어나 욕설 같은 거친 말보다는 고운 우리말 사용이 자신과 상대의 마음을 아름답게 해 준다는 결과도 있습니다. 상대의 실수에는 너그러운 말을 하고, 내 잘못에는 미안하다는 말을 하며, 상대의 배려에는 고마운 말을 하는 것입니다. 비속어나 욕설을 사용하면 추한 마음이 생길 것인데 고운 우리말을 사용하면 너그러운 마음이 생기고, 미안한 마음이 생기며, 고마운 마음이 생기므로 아름다운 사람이 된다는 것입니다.

긍정하는 표현은 자신은 물론 주변 사람들 마음에 긍정하는 힘을 줍니다. 그리고 고운 우리말 사용이 아름다운 소통을 이루고, 진정한 말맛을 느끼게 합니다. 그러므로 긍정하는 말과 고운 우리말을 사용해야 합니다.

🔍 **문제 파악**
글을 읽고 글쓴이의 주장과 근거를 파악하는 문제입니다.

🔍 **해결 전략**

1 단계	글 속의 문제 상황과 실태 파악하기

↓

2 단계	글의 내용에서 주장 찾기

↓

3 단계	글의 주장을 뒷받침하는 근거 정리하기

↓

4 단계	글의 내용에 알맞은 제목 붙이기

1 이 글은 어떤 실태 조사를 바탕으로 썼는지 쓰시오.

_____

2 이 글의 주장과 주장을 뒷받침하는 근거를 정리하여 쓰시오.

(1) 주장	
(2) 근거	· · ·

학교 선생님께서 알려 주시는 모범 답안과 채점 기준도 book ❸ 해설책에서 꼭 확인하세요!

3 빈칸에 들어갈 알맞은 제목을 생각하여 쓰시오.

_____

교과서 238~241쪽 ○ 자신의 언어생활 점검하기

- 여자아이는 왜 (1)과 같은 말을 사용했을까요?

  ㈜ 줄임 말이 재미있어서입니다. / 줄임 말을 평소에 즐겨 사용하기 때문입니다.

- 아빠는 여자아이가 한 어떤 말이 잘 이해되지 않았나요?

  ㈜ 생선 / 핵노잼 / 헐

- 아빠와 여자아이는 왜 말이 통하지 않았나요?

  ㈜ 여자아이가 줄임 말과 신조어, 비속어를 사용해서 아버지와 의사소통이 안 되고 있기 때문입니다.

- 자신의 언어생활은 어떠한지 경험을 말해 봅시다.

언어 예절을 지키며 대화한 경험	㈜ 놀이를 잘하는 친구에게 진심을 담아 존중하는 말로 칭찬했습니다.
언어 예절에 어긋나게 대화한 경험	㈜ 친구가 우유를 쏟아 우유가 내 옷에 묻었을 때 비속어를 쓰면서 비난했습니다.

- '언어생활 자기 점검표'를 보고 자신의 언어생활 상태가 어떠한지 질문을 만들어 스스로 묻고 답해 보세요.

  – ㈜ 자신의 언어생활에서 가장 바람직한 점은 무엇인가요?

    (다른 사람을 배려하며 말하고 있습니다.)

  – ㈜ 자신의 언어생활에서 고칠 점은 무엇인가요?

    (욕설이나 비속어를 올바른 우리말로 바꾸어 사용하려고 노력해야겠습니다.)

  – ㈜ 자신의 '언어생활 자기 점검표' 결과를 보고 어떤 생각이 들었나요?

    (욕설과 비속어를 자주 사용해 부끄러웠고, 올바른 우리말을 사용해야겠다는 생각을 했습니다.)

교과서
243쪽

교과서 242~245쪽 ○ 우리말 사용 실태 알아보기

- 사례 1에서 우리말 사용과 관련한 문제점은 무엇인가요?

  ㈜ 학생들이 욕을 너무 많이 사용한다는 것입니다.

- 사례 2에서 다툼이 커진 까닭은 무엇인가요?

  ㈜ 배려하는 말을 하지 않고 비속어를 사용하며 비난했기 때문입니다.

- 사례 3에서와 같은 언어생활을 지속한다면 어떤 일이 벌어질까요?

  ㈜ 올바른 우리말이 점점 사라져 갈 것입니다.

- 실제 우리 주변에서 올바르지 못한 말을 사용하고 있는 예에는 무엇이 있을까요?

  ㈜ 거리 간판이 우리말보다는 외국어로 된 것이 너무 많습니다. / 친구들이 쓰는 감탄사에 비속어가 많습니다.

- 올바른 우리말 사용과 관련 있는 질문을 만들어 봅시다.
  - ⑩ 외국어, 줄임 말, 욕설이나 비속어를 섞어서 말하는 친구와 대화하면 기분이 어떠한가요?

    (기분이 별로 좋지 않습니다. / 씁쓸한 기분입니다.)
  - ⑩ 배려하는 말, 긍정하는 말, 올바른 우리 말로 대화하면 좋은 점은 무엇인가요?

    (말하는 사람과 듣는 사람 모두 존중하고 있고 존중받고 있다는 생각에 기분이 좋습니다.)
  - ⑩ 대화할 때 어떤 마음으로 해야 하나요?

    (상대의 기분을 상하지 않게 하고, 배려하는 말과 긍정하는 말을 해야겠습니다.)

교과서
248~249쪽

교과서 246~249쪽   ○ 우리말 사용 실태 조사하기

- 우리말 사용 실태를 어떻게 조사하면 좋을지 생각해 보고 모둠별로 계획을 세워 보세요.

조사 날짜와 시간	⑩ 20○○년 ○○월 ○○일 ○○시
조사 장소	⑩ 학교 앞, 학교 도서관, 학교 컴퓨터실 등
준비물	⑩ 컴퓨터, 필기도구, 기록장
조사 방법	⑩ 직접 조사, 인터넷 검색
조사 자료	⑩ 뉴스 영상
주의할 점	⑩ 출처를 정확하게 밝힙니다. / 큰 소리로 말해 다른 사람에게 피해를 주지 않습니다. / 조사와 관련 없는 이야기나 장난을 해서 모둠 친구들에게 피해를 주지 않습니다.

- 우리말 사용 실태를 조사한 내용을 정리해 보세요.

조사 주제	⑩ 욕설 · 비속어에 중독된 청소년들
조사 내용	⑩ 우리말을 잘못 사용하는 실태
조사 결과와 출처	⑩ 조사 결과: 욕설 · 비속어에 중독된 청소년들 ⑩ 출처: 한국방송공사(2013.10.24), 『KBS 아침 뉴스 타임: 욕설 · 비속어에 중독된 청소년들』, 한국방송공사.
조사한 뒤 드는 생각이나 느낌	⑩ 우리말 사용 실태를 조사하고 나니 우리가 너무 우리말을 파괴하고 훼손하고 있다는 것을 알게 되었고, 올바른 우리말을 사용하고 바른 언어생활을 해야겠다고 느꼈습니다.

• 발표할 내용에는 어떤 자료가 어울릴까요?

부분	발표 내용	자료
처음	예 우리말 사용 실태의 하나로 욕설과 비속어에 중독된 학생들을 조사했습니다.	예 뉴스 사진
가운데	예 뉴스 기사에 따르면 초등학생의 97퍼센트가 비속어를 사용한 경험이 있는 것으로 나타났습니다. 욕설과 비속어에 중독된 청소년들의 통계를 나타낸 뉴스는 우리말이 훼손되고 있다는 것을 보여 주었습니다.	예 뉴스 동영상
끝	예 우리말을 올바르게 사용해야겠습니다.	예 사진

• 발표할 때 무엇을 주의해야 할까요?
  예 – 듣는 사람이 이해하기 쉽도록 알맞은 목소리로 발표합니다.
    – 일정한 목소리보다는 중요한 부분은 강조하며 발표합니다.
    – 발표 효과를 높이려면 사진이나 그림, 도표, 동영상 따위의
       자료를 사용합니다.

> 우리말 사용 실태를 다룬 자료는 거리의 간판, 뉴스, 책, 텔레비전 프로그램, 인터넷, 신문 등에서 찾을 수 있어.

교과서 251쪽

교과서 250~253쪽　　○ 긍정하는 말과 고운 우리말을 사용하자고 주장하는 글

• 이 글은 어떤 실태 조사를 바탕으로 하여 썼나요?
  예 – 긍정하는 말이 부정하는 말보다 듣기 좋다는 우리 반 친구들의 실태입니다.
    – 거친 말보다는 고운 우리말 사용이 자신과 상대의 마음을 아름답게 해 준다는
       결과입니다.
• 글쓴이는 왜 이 글을 썼을까요?
  예 긍정하는 말과 고운 우리말을 사용하자는 주장을 하려고 이 글을 썼습니다.
• 글쓴이의 생각을 뒷받침하는 근거는 무엇인가요?
  예 – 친구에게 긍정하는 말을 해 주니 좋은 일이 생겼습니다.
    – 긍정으로 말하면 말하는 사람은 물론 듣는 사람의 마음도 편안해집니다.
• 빈칸에 들어갈 알맞은 제목은 무엇일까요?
  예 긍정하는 말과 고운 우리말

> 주장에 대한 근거를 들 때에는 자료를 제시하거나 구체적인 사례를 들어 설명하는 방법이 있어.

단원 정리 학습

핵심 1 | 우리말 사용 실태 조사하기

- 우리말 사용 실태에 대하여 조사할 내용을 생각합니다.
- 우리말 사용 실태 조사 계획을 세웁니다.
    - 예 • 조사 날짜는 언제인가?
        - • 조사 장소는 어디인가?
        - • 준비물은 무엇인가?
        - • 조사 방법은 어떻게 할 것인가?
        - • 어떤 자료에서 조사할 것인가?
        - • 주의할 점은 무엇인가?

발표할 때에는 일정한 목소리보다는 중요한 부분은 강조해서 말해.

- 자료 조사한 것을 정리합니다.
    - 예 조사 주제, 조사 내용, 조사 결과 및 출처, 조사한 뒤 드는 생각이나 느낌 정리하기
- 자료를 활용하여 조사한 내용을 발표합니다.
    - 예 발표 효과를 높이기 위해 사용할 수 있는 자료: 뉴스 사진, 뉴스 동영상, 그래프, 그림, 설문 조사 결과 자료

핵심 2 | 실태 조사를 바탕으로 올바른 우리말 사용을 주제로 글 쓰기

- 주장은 무엇으로 정하는 것이 좋을지 생각합니다.
- 조사했던 실태 가운데에서 주장과 관련 있는 근거는 무엇인지 생각합니다.
- 글쓰기 할 내용을 정리합니다.
- 글의 개요표를 작성합니다.
- 작성한 개요에 따라 제목을 정한 뒤에 우리말 사용을 주제로 근거를 들어 주장하는 글을 씁니다.

글의 짜임	들어갈 내용
서론	글을 쓰게 된 문제 상황과 주장을 밝힘.
본론	글쓴이의 주장에 대한 근거를 제시함.
결론	글의 내용을 요약하고 주장을 다시 한번 강조함.

단원 확인 평가

7. 우리말을 가꾸어요

[01~03] 다음 그림을 보고, 물음에 답하시오.

11 아빠, 이번 ㉠생선은 뭐예요?

생선이라니?

22 우리말을 그렇게 줄여서 말하면 어떡하니?

생일 선물요.

33 친구들이 다 그렇게 말해요. 그렇게 안 하면 핵노잼이란 말이에요.

?

44 헐, 이것도 못 알아들으세요?

01 ㉠은 무엇을 줄여서 말한 것인지 쓰시오.

(   )

02 여자아이가 줄임 말을 사용하는 까닭을 두 가지 고르시오. (,   )

① 줄임 말이 재미있어서
② 친구들도 다 사용해서
③ 아빠와 대화하기 싫어서
④ 어른스러워 보이고 싶어서
⑤ 올바른 우리말을 잘 몰라서

^{서술형}
03 여자아이의 언어생활에서 잘못된 점이 무엇인지 쓰시오.

_____

도움말 여자아이가 아빠와 대화하면서 어떤 말을 사용했는지 살펴봅니다.

[04~05] 다음 글을 읽고, 물음에 답하시오.

(가) 평범한 중고등학생 네 명을 대상으로 욕 사용 실태를 관찰했더니 네 시간 동안 평균 500여 번의 욕설이 쏟아졌습니다.

충격적인 것은 이 학생들이 문제아나 불량 청소년이 아니라는 것입니다. 이제 욕은 많은 학생들의 입에서 거침없이 터져 나오는 일상어가 되어 버렸습니다.

그렇다면 아이들이 최초로 욕을 대하는 때는 언제일까요? / 대중 매체 환경이 빠르게 바뀌면서 욕설이나 비속어를 대하는 나이가 더욱 어려지는 지금, 초등학교 교실을 찾아 그들이 아는 욕설을 적어 보도록 했습니다.

(나) 며칠 전 우리 반 교실에서 일어난 일입니다. 준형이와 수진이가 교실 뒤쪽을 걷다가 뜻하지 않게 서로 부딪쳤습니다. 준형이와 수진이는 서로 노려보면서 눈살을 찌푸렸습니다.

야, 넌 눈도 없냐? 똑바로 보고 다녀야지!

뭐라고? 재수 없어. 네가 날 쳤잖아.

04 글 (가)에서 학생들이 욕설이나 비속어를 대하는 나이가 어려지는 까닭은 무엇입니까? (   )

① 학생들이 글쓰기를 싫어해서
② 학생들이 책을 많이 읽지 않아서
③ 대중 매체 환경이 빠르게 바뀌어서
④ 친근감의 표시로 비속어를 많이 사용해서
⑤ 공부 때문에 스트레스를 받는 학생들이 많아서

^{중요}
05 글 (나)의 준형이와 수진이가 고쳐야 할 점으로 알맞은 것에 ○표를 하시오.

(1) 배려하는 말을 사용해야 한다. (   )
(2) 맞춤법에 맞는 말을 사용해야 한다. (   )
(3) 외국어보다 우리말을 사용해야 한다. (   )

[06~08] 다음 글을 읽고, 물음에 답하시오.

지원: 나는 텔레비전 뉴스 기사를 인터넷에서 찾았어. 「초등학생 줄임 말, 신조어 '심각'」이라는 뉴스야.

중화: 지원아, 조사를 참 잘했구나. 나는 선생님과 학생, 학생과 학생끼리도 서로 높임말을 사용하는 언어문화를 조사했어.

지원: 그랬구나. 중화야, 그 사례를 좀 더 자세히 이야기해 주겠니?

중화: ○○초등학교에서는 선생님과 학생, 학생과 학생끼리 공부 시간은 물론이고, 학교에서 지내는 동안 높임말을 사용한대. 학생들이 서로 "진수 님, 창문 좀 닫아 줄 수 있을까요?"라고 존칭과 높임말을 쓰고, 선생님께서도 "연화 님, 연화 님은 배려심이 참 많아 칭찬해 주고 싶어요."처럼 존칭과 높임말을 사용하는 문화가 자리 잡았다고 해.

06 지원이는 어디에서 자료를 찾았습니까? (   )

① 신문
② 광고
③ 잡지
④ 인터넷
⑤ 백과사전

07 중화가 조사한 내용은 무엇인지 빈칸에 들어갈 알맞은 말을 찾아 쓰시오.

> 선생님과 학생, 학생과 학생끼리도 존칭과 □□□을/를 사용하는 언어문화

(   )

08 중화와 지원이처럼 우리말 사용 실태를 조사하려고 할 때 조사 주제로 알맞지 <u>않은</u> 것은 무엇입니까?

(   )

① 신조어를 사용하는 학생들
② 우리 반 친구들의 욕 사용 실태
③ 지금은 사용하지 않는 옛 우리말
④ 욕설과 비속어에 중독된 청소년들
⑤ 친구들이 잘못 사용하고 있는 우리말

[09~10] 다음 글을 읽고, 물음에 답하시오.

㈎ 우리 반에는 공놀이할 때마다 실수해서 같은 편이 되기를 꺼려 하는 친구가 있습니다. 대부분 그 친구와 같은 편이 되면 "짜증 나."라는 말이나 비속어, 욕설을 합니다. 그러던 어느 날, 그 친구가 안쓰러워서 "괜찮아, 넌 잘할 수 있어."라고 말했습니다. 그랬더니 신기하게도 그 친구가 승점을 냈습니다.

이 일이 있은 뒤에 우리 반 친구들을 대상으로 조사해 보니 긍정하는 말이 부정하는 말보다 듣기가 좋다는 결과가 나왔습니다. 긍정하는 말을 하면 말하는 사람은 물론 듣는 사람도 마음이 편안해집니다. 예를 들면 "안 돼."보다는 "할 수 있어.", "짜증 나."보다는 "괜찮아.", "이상해 보여."보다는 "멋있어 보여.", "힘들어."보다는 "힘내자."와 같이 부정하는 말을 긍정하는 말로 고쳐 사용하면, 말하는 사람과 듣는 사람 모두 기분도 좋아지고 자신감도 생긴다는 것입니다.

또 비속어나 욕설 같은 거친 말보다는 고운 우리말 사용이 자신과 상대의 마음을 아름답게 해 준다는 결과도 있습니다.

㈏ 긍정하는 표현은 자신은 물론 주변 사람들 마음에 긍정하는 힘을 줍니다. 그리고 고운 우리말 사용이 아름다운 소통을 이루고, 진정한 말맛을 느끼게 합니다. 그러므로 긍정하는 말과 고운 우리말을 사용해야 합니다.

09 글 ㈎와 ㈏ 중에서 글쓴이가 조사한 우리말 사용 실태가 나타난 부분을 찾아 기호를 쓰시오.

글 (   )

10 글쓴이의 주장으로 알맞은 것은 무엇입니까? (   )

① 우리말을 새롭게 만들자.
② 맞춤법에 맞는 말을 사용하자.
③ 친구들의 말을 귀 기울여 듣자.
④ 긍정하는 말과 고운 우리말을 사용하자.
⑤ 고운 우리말을 널리 알리는 일에 앞장서자.

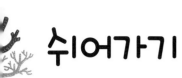

쉬어가기

꼭꼭 숨어라, 숨은 그림 찾기

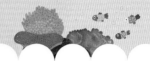

학교에서 직업 체험학습으로 기상청에 갔어요. 미세 먼지에 대한 설명도 듣고 기상캐스터가 되어 날씨 예보를 하는 체험도 했어요. 어떤 그림이 꼭꼭 숨어 있는지 찾아보세요.

친구들이 책을 읽고 작품 속 인물에 대해 이야기하고 있네요. 여러분도 기억에 남는 작품 속 인물이 있나요?

이제, 8단원에서는 우리도 작품 속 인물이 추구하는 가치를 파악하고 다양한 가치를 비교해 볼 거예요.

8 인물의 삶을 찾아서

127쪽 단원 정리 학습에서 더 자세히 공부해 보세요.

단원 학습 목표

1. 글을 읽고 인물이 추구하는 가치를 파악할 수 있습니다.
   - 인물이 처한 상황을 떠올려 봅니다.
   - 인물이 처한 상황에서 인물이 한 말과 행동을 알아봅니다.
   - 인물이 처한 상황에서 그렇게 말하고 행동한 까닭을 생각해 봅니다.

2. 인물들이 추구하는 다양한 가치를 비교할 수 있습니다.
   - 인물들이 추구하는 다양한 가치를 파악하고 비교하여 봅니다.
   - 인물이 추구하는 가치를 자신의 삶과 관련지어 봅니다.

단원 진도 체크

회차		학습 내용	진도 체크
1차	단원 열기	단원 학습 내용 미리 보고 목표 확인하기	✓
	교과서 내용 학습	「책이 주는 선물을 받고 싶은 어린이들에게」	✓
2차	교과서 내용 학습	「하여가」 / 「단심가」 / 「제게 12척의 배가 있으니」	✓
3차	교과서 내용 학습	「버들이를 사랑한 죄」	✓
4차	서술형 수행 평가 돋보기	서술형 수행 평가 대비 학습하기	✓
	교과서 문제 확인	교과서 문제 학습하며 학교 숙제 해결하기	✓
5차	단원 정리 학습	단원 학습 내용 정리하기	✓
	단원 확인 평가	확인 평가를 통한 단원 학습 상황 파악하기	✓

해당 부분을 공부하고 나서 ✓표를 하세요.

책이 주는 선물을 받고 싶은 어린이들에게

학습 목표 ▶ 글쓴이가 말하고자 하는 생각 찾기

교과서 261~263쪽

- 글의 종류: 제안하는 글
- 글의 특징: 글쓴이가 책이 주는 선물을 받고 싶은 어린이들에게 쓴 글로, 어린이들에게 책을 읽으면 지혜롭게 세상을 살 수 있으니 책을 읽자고 말하는 내용의 글입니다.

- ■ 글쓴이가 말하고자 하는 생각을 찾으며 글을 읽으면 좋은 점
- 글 내용을 깊이 이해할 수 있습니다.
- 글을 쓴 의도나 목적을 알 수 있습니다.
- 대상에 대한 자신의 생각을 다시 점검할 수 있습니다.
- 자신의 삶을 되돌아볼 수 있습니다.

【중심내용】 나는 『꿀벌 마야의 모험』을 읽고 작가가 되는 꿈을 갖게 되었습니다.

1 이야기책을 좋아하니? 나는 이야기를 쓰는 작가야.
〔글쓴이의 직업〕
책을 읽고 작가가 되는 꿈을 꾸게 되었고 책을 읽으면서 그 꿈을 키웠단다. 너희에게 내가 기억하는 책들을 소개해 줄게.

내가 처음으로 재미있게 읽은 책은 발데마르 본젤스의 『꿀벌 마야의 모험』인데, 아기 꿀벌이 꿀을 모으러 바깥
〔『꿀벌 마야의 모험』의 내용〕
세상에 나갔다가 모험을 시작하는 이야기야. 그 꿀벌이 여러 가지 경험을 하며 자신의 삶을 이끌어 가는 모습이 내게 꿈과 희망을 줬어. 이야기가 어찌나 흥미로웠던지 발데마르 본젤스처럼 작가가 되는 꿈을 갖게 되었지.

【중심내용】 나는 많은 책을 읽으면서 작가라는 꿈을 키웠습니다.

2 나는 책을 많이 읽었어. 누구보다 빅토르 위고 작품을 좋아했는데, 『레 미제라블』은 여러 번 읽었단다. 자신이 받은 도움을 생각하며 어려운 사람들을 돕는 인물 모습이 내 마음을 울렸거든. 이렇듯 빅토르 위고는 현실에서 소외된 사람들의 이야기에도 관심이 있었는데 빈민
〔어떤 무리에서 꺼리고 피해 따돌림을 당하거나 배척되는.〕 〔가난한 백성.〕
구제를 주장하며 정치가로도 활동했어. 어니스트 헤밍
〔자연재해나 사회에서 피해를 당해 어려운 처지에 있는 사람을 도와줌.〕
웨이가 쓴 『노인과 바다』에서는 온갖 어려움에도 의지를

굽히지 않는 늙은 어부의 용기와 도전을 만날 수 있었어. 『갈매기의 꿈』은 『꿀벌 마야의 모험』만큼 내게 특별한 책이었지. 단지 먹으려고 날았던 다른 갈매기와는 달리 자신만의 꿈을 이루려고 끊임없이 나는 법을 연습했
〔『갈매기의 꿈』의 내용〕
던 특별한 갈매기 이야기였거든. 그 책은 내게 꿈을 이루려면 어떻게 해야 하는지 가르쳐 줬어. 그래서 작가라는 꿈을 이루려고 더 많은 책을 읽었단다.

【중심내용】 책을 읽으면 지혜롭게 세상을 살 수 있습니다.

3 책 속에는 많은 이야기가 숨어 있어. 그리고 이야기 속 인물들은 우리를 다양한 경험 세계로 데려다주지. 꿈
〔책을 읽으면 좋은 점 ①〕
과 희망, 소외된 사람들에 대한 관심, 용기와 도전 같이 작가가 말하고자 하는 생각도 듣는단다. 그 많은 이야기
〔책을 읽으면 좋은 점 ②〕
에 공감하며 이야기 속 인물의 삶에서 내 삶을 되돌아보
〔책을 읽으면 좋은 점 ③〕
는 기회가 되는 것도 책이 주는 선물이야. 그래서 책을 읽는 사람은 지혜롭게 세상을 살 수 있다고 해. 나는 책에서 꿈을 찾았고 꿈을 이루는 방법까지 배웠으니 책이 주는 더 특별한 선물을 받은 거지.

책이 주는 선물을 받고 싶니? 너희도 책을 읽어 봐.

01 글쓴이에게 작가라는 꿈을 갖게 해 준 책의 제목은 무엇인지 쓰시오.

(   )

02 〔중요〕 글쓴이가 말하고자 하는 생각을 골라 ○표를 하시오.

(1) 지혜롭게 세상을 살 수 있도록 책을 읽자. (   )

(2) 삶을 되돌아보게 하는 책을 쓰는 작가가 되자. (   )

📄 하여가 / 📄 단심가　　학습 목표 ▶ 인물이 추구하는 가치 파악하기　　　교과서 264~266쪽

- **글의 종류**: 시조
- **글쓴이**: 이방원
- **글의 특징**: 고려 말 이성계와 함께 고려를 무너뜨리고 새로운 나라를 세우고자 했던 이방원이 이에 반대하는 정몽주를 설득하려고 써서 보낸 시조입니다.

- **글의 종류**: 시조
- **글쓴이**: 정몽주
- **글의 특징**: 이방원이 보낸 시조에 답하기 위해 정몽주가 쓴 시조로, 새로운 왕조를 세우는 것에 반대하며 고려를 유지하면서 개혁해야 한다는 내용입니다.

📄 가

(초장) 이런들 어떠하며 저런들 어떠하리
고려이면 어떠하며 새로운 왕조이면 어떠하리
(중장) **만수산 드렁칡**이 얽혀진들 어떠하리
★　　고려가 조선이 된들 어떠하리
(종장) 우리도 이같이 얽혀져 백 년까지 누리리
서로 어우러져 백 년 동안 권세를 누려 보자

📄 나

(초장) 이 몸이 죽고 죽어 일백 번 고쳐 죽어
내가 수백 번을 죽는다고 해도
(중장) ㉠**백골**이 **진토** 되어 넋이라도 있고 없고
내 몸이 썩어 넋이 없어도
(종장) 임 향한 **일편단심**이야 **가실** 줄이 있으랴
고려 임금을 향한 마음은 변하지 않는다

★ **바르게 읽기**

[얼켜져]	[어켜져]
(○)	(×)

가와 나처럼 고려 말부터 발달해 온 우리 고유의 시를 '시조'라고 해. 시조에서 첫 장은 초장, 가운데 장은 중장, 마지막 장은 종장이라고 불러.

🌱 낱말 사전

만수산 개성 북쪽에 있는 산. 송악산의 다른 이름.
드렁칡 드렁(두렁의 방언)에 있는 칡덩굴.
백골 죽은 사람의 몸이 썩고 남은 뼈.
진토 티끌과 흙을 통틀어 이르는 말.

일편단심 한 조각의 붉은 마음이라는 뜻으로, 진심에서 우러나오는 변치 않는 마음을 이르는 말.
㉠ 신하는 임금을 일편단심으로 섬깁니다.
가실 어떤 상태가 없어지거나 달라질.

---

03 가에 대한 설명으로 알맞지 않은 것에 ○표를 하시오.

(1) 고려 왕조에 대한 변치 않는 마음이 담겨 있다. (　　)

(2) 이방원이 정몽주를 설득하기 위해 쓴 시조이다. (　　)

(3) 글쓴이의 생각을 '만수산 드렁칡'에 빗대어 표현했다. (　　)

04 ㉠을 통해 알 수 있는 글쓴이의 마음은 무엇입니까? (　　)

① 몸과 마음이 지쳐 쉬고 싶다.
② 건강할 때 건강을 지켜야 한다.
③ 절대 생각이 변하지 않을 것이다.
④ 잘못된 생각을 바르게 고쳐야 한다.
⑤ 사람의 생각은 상황에 따라 바뀔 수 있다.

서술형 05 나에서 정몽주의 생각이 잘 드러난 낱말을 찾고, 그렇게 생각한 까닭과 함께 쓰시오.

(1) 낱말: ＿＿＿＿＿＿＿＿＿＿＿＿＿＿＿＿

(2) 그렇게 생각한 까닭: ＿＿＿＿＿＿＿＿＿

＿＿＿＿＿＿＿＿＿＿＿＿＿＿＿＿＿＿＿＿

도움말 글쓴이의 생각을 잘 드러낸 낱말을 여러 개 찾아보고, 그중에서 가장 생각을 잘 드러낸 낱말을 씁니다.

중요 06 가와 나에 나타난 글쓴이의 생각을 알맞게 선으로 이으시오.

(1) 가 ・　　　　・① 뜻을 함께 모아 새 나라를 세우자.

(2) 나 ・　　　　・② 변함없이 고려에 충성을 다하겠다.

- 글의 종류: 전기문
- 글쓴이: 이강엽
- 글의 특징: 큰 고난 앞에서도 자신과 나라가 처한 상황을 극복하기 위해 노력했던 이순신의 삶의 모습을 쓴 글입니다.

- 인물이 추구하는 가치를 파악하는 방법
- 인물이 처한 상황을 떠올려 봅니다.
- 인물이 처한 상황에서 인물이 한 말과 행동을 알아봅니다.
- 인물이 처한 상황에서 그렇게 말하고 행동한 까닭을 생각합니다.

중심 내용 이순신의 뒤를 이어 원균이 삼도 수군통제사가 되었지만 부산 전투에서 조선 수군이 무참히 지고 말았습니다.

1 이순신이 물러난 뒤 원균이 삼도 수군통제사가 되었습니다. 원균은 삼도 수군통제사가 되자마자 부산을 치라는 명령을 받았습니다. 원균 역시 처음에는 그렇게 할 수 없다고 했습니다. （명령에 따를 수 없다고） 그렇지만 계속해서 명령이 떨어지자 따를 수밖에 없었습니다. 결과는 뻔했습니다. 조선 수군은 무참하게 져서 원균은 죽고, 배는 부서졌으며, 싸움에 나갔던 병사들도 대부분 죽거나 포로가 되었습니다. （임금님의 명령에 따른 결과）

중심 내용 다시 삼도 수군통제사가 된 이순신은 바다를 포기하라는 임금님께 글을 올려 울돌목을 싸움터로 정했습니다.

2 1597년 8월, 나라에서는 이순신을 다시 삼도 수군통제사로 세웠습니다. 이순신은 전라도로 내려가면서 남은 배와 군사를 모았습니다. 그나마 여기저기 상한 배 12척과 120여 명의 군사를 모을 수 있었습니다. 나라에서는 아예 바다를 포기하고 육군으로 싸우라고 했습니다. （임금님을 비롯한 다른 신하들의 생각） 이순신은 임금님께 글을 올렸습니다.

"지난 5, 6년 동안 일본이 충청도와 전라도 쪽으로 공격해 오지 못한 것은 수군이 그 길목을 막고 있었기 （일본이 충청도와 전라 쪽을 공격하지 못한 까닭） 때문입니다. 이제 제게 12척의 배가 있으니 죽을힘을 다해 싸운다면 이길 수 있을 것입니다."

이순신은 오랜 고민 끝에 '울돌목(명량 해협)'을 싸움터로 정했습니다. 울돌목은 육지와 육지 사이에 낀 아 （울돌목의 지형적 특징 ①） 주 좁은 바다였습니다. 그 사이를 흐르는 물살이 어찌나 빠른지, 물 흘러가는 소리가 꼭 흐느껴 우는 소리 같다고 （울돌목이라는 이름이 붙여진 까닭） 해서 그런 이름이 붙은 곳입니다. 또 물살 방향도 하루에 네 번씩이나 바뀌는 특이한 곳이었습니다. （울돌목의 지형적 특징 ②）

중심 내용 이순신은 우리 군사의 수가 많은 것처럼 보이도록 하고, 장수들에게 죽기를 각오하고 싸우라고 하였습니다.

3 이순신은 작전을 짰습니다.

"우리는 모든 것이 적다. 무기도 적고, 군사도 적고, 배도 적다. 적은 것을 갑자기 늘릴 방법은 없다. 그러나 많아 보이게 할 수는 있을 것이다."

이순신은 우선 고기잡이배와 피난 가는 배들을 판옥선 （배가 많아 보이게 하기 위해서） 처럼 꾸미게 했습니다. 비록 실제로 싸울 수 있는 배는 먼저 구한 12척과 나중에 구한 1척, 이렇게 총 13척밖에 안 되었지만, 멀리서 보면 수십 척의 판옥선이 갖추어진 （널빤지로 지붕을 덮은 전투선.） 것처럼 보이게 한 것입니다. 백성들에게는 바다가 보이는 육지의 산봉우리에서 계속 돌아다니게 했습니다. 마 （군사가 많은 것처럼 보이게 하려고） 치 우리 군사의 수가 많은 것처럼 보이도록 한 것입니다. / 이순신은 모든 준비를 끝낸 뒤 부하 장수들을 불러 모았습니다.

"죽으려 하면 살고, 살려 하면 죽는다. 오늘 우리는 이 말처럼 죽기를 각오하고 싸워야 한다."

07 원균이 삼도 수군통제사가 된 다음 일어난 일을 찾아 ○표를 하시오.

(1) 조선 수군의 수가 늘어났다. 　　　　(　　)
(2) 병사들은 이순신을 믿고 따랐다. 　　(　　)
(3) 이순신이 임금님께 편지를 올렸다. 　(　　)
(4) 조선 수군이 부산에서 무참하게 졌다. (　　)

중요 08 글 **3**에서 이순신이 처한 상황은 무엇입니까? (　　)

① 부하 장수들과 의견이 많이 달랐다.
② 전투에서 이길 작전이 떠오르지 않았다.
③ 임금님이 새로운 배와 무기를 보내 주셨다.
④ 백성들이 계획한 작전대로 움직이지 않았다.
⑤ 배와 군사와 무기가 적어 작전을 짜야 했다.

중심내용 울돌목의 지형적인 특징을 잘 알고 있었던 이순신은 물살 방향이 반대로 바뀌자 적을 공격해 133척의 배를 물리쳤습니다.

4 마침내 수많은 적선이 흐르는 물살을 타고 우리 수군 쪽으로 빠르게 쳐들어왔습니다. 그러나 이순신은

전쟁 상대국의 배.

물살 방향이 조선 수군에게 유리해질 때까지 공격하지 못하게 했습니다. 드디어 물살 방향이 반대로 바뀌자 이순신은 일제히 공격하도록 지시했습니다. 단번에 30척이 넘는 적의 배가 부서져 버렸습니다. 일본 배들은 뒤로 물러나려고 했습니다. 그렇지만 물살이 너무 세서 배를 돌릴 수도 없고 앞으로 나아갈 수도 없었습니다. 우리 수군은 이때를 놓치지 않았습니다. 적의 배를 향해 총통을 쏘고 불화살을 날리며 총공격을 했습니다.

화약의 힘으로 탄알을 쏘는 전쟁에 쓰이는 기구를 통틀어 이르던 말.

단 13척의 배로 133척의 배를 물리친 기적 같은 전투였습니다. 이 전투가 바로 '명량 대첩'입니다.

중심내용 일본군이 이순신의 고향 마을을 공격해 아들 면이 죽었지만 이순신은 끝까지 나라를 위해 싸우기로 다짐했습니다.

5 백성들은 이순신을 믿고 다시 모여들기 시작했습니다. 오랜만의 평화였습니다. 그러나 이상하게도 이순신의 마음은 불안하기만 했습니다. 꿈자리도 뒤숭숭했습니다. 말을 타고 언덕 위를 가다가 말에서 떨어졌는데

전투 후에 이순신이 꾼 꿈

막내아들 면이 밑에서 이순신을 받는 꿈이었습니다. 참으로 이상했습니다.

나쁜 꿈은 바로 다음 날 현실로 드러났습니다. 면이 마을을 기습해 온 일본군과 싸우다가 죽었다는 소식이

이순신에게 찾아온 고난

날아든 것입니다. 일본군이 이순신에 대한 분풀이로 이순신의 고향 마을을 공격한 것이 분명했습니다. 면은 이제 겨우 스물한 살의 젊디젊은 청년이었습니다. 이순신은 이 일이 자기 탓처럼 여겨졌습니다.

'내가 죽을 것을 그 애가 대신 죽었구나.'

마음속에서는 이런 소리가 터져 나왔습니다. 밤이면 몇 번씩 자다 깨다 했습니다. 그러다가 코피를 한 사발

아들의 죽음으로 고통스러워 함.

씩 쏟기도 했습니다. 잠깐만 눈을 붙여도 아들 면의 모습이 보였습니다. ㉠이순신은 자기도 모르게 이를 악물었습니다.

'이제는 끝내야만 해.'

"아직도 저에게는 12척의 배가 있습니다. 비록 배는 적지만, 제가 죽지 않는 한 적이 감히 우리를 업신여

고난에도 나라가 처한 상황을 극복하려고 애씀.

기지 못할 것입니다."

---

09 이 글의 내용을 확인하는 질문으로 알맞지 <u>않은</u> 것은 무엇입니까? ( )

① 누구의 이야기인가?
② 언제 있었던 일인가?
③ 이순신은 적군을 어떻게 공격했는가?
④ 이순신에게 일어난 나쁜 일은 무엇인가?
⑤ 전투에서 이긴 이순신을 보고 어떤 생각이 들었는가?

10 글 4에서 이순신의 작전으로 이긴 전투의 이름을 찾아 쓰시오.

( )

 11 다음 상황에서 이순신이 한 말이나 행동을 두 가지 고르시오. (,)

> 아들 면이 죽음.

① 이를 악물었다.
② 말을 타고 언덕으로 갔다.
③ 이제는 끝내야만 한다고 생각했다.
④ 적군을 향한 공격을 멈추라고 말했다.
⑤ 적의 배에 불화살을 날리며 총공격을 했다.

서술형 12 ㉠을 통해 알 수 있는 이순신이 추구하는 가치를 쓰시오.

도움말 이순신이 처한 상황을 살펴보고, 이순신이 그렇게 행동한 까닭을 생각해 봅니다.

• 글의 종류: 이야기(동화)
• 글쓴이: 황선미

• 글의 특징: 도깨비인 몽당깨비가 사람인 버들이를 좋아하게 되면서 겪은 이야기입니다.

중심내용 쓰레기 소각장에서 만난 미미에게 몽당깨비는 샘마을 기와집으로 돌아갈 것이라고 했습니다.

1 은행나무 뿌리에 갇혀 삼백 년 동안 잠자던 도깨비가 깨어났습니다. 대낮이나 위험할 때면 몽당빗자루로 변하기 때문에 몽당깨비라는 이름이 붙었습니다.
_{몽당깨비라고 이름이 붙은 까닭}
키는 열세 살쯤 된 사내아이만 한데, 손등이며 얼굴에 털이 덥수룩하게 나 있고, 옛날 영화를 촬영하다가 온 사람처럼 차림새도 괴상했습니다.

환경미화원 아저씨는 아침 햇살을 받으며 서서히 몽당빗자루로 변한 몽당깨비를 쓰레기 봉지에 담았습니다. 그러고 나서 몽당깨비가 도착한 곳은 쓰레기 소각장입니다. 몽당깨비는 그곳에서 생각하는 인형 미미를 만났습니다.

"너는 어쩌다 여기까지 왔니?" / "나? 나는……."

몽당깨비는 대답 대신 눈을 감아 버렸습니다. 오랜 세월
_{옛 기억이 떠올라서}
가슴에 묻어 둔 사연이 바로 어제 일처럼 떠올랐습니다.

"갈 데라도 있는 거야?"

"기와집으로 가야지, 샘마을 기와집."

"샘마을은 여기에서 멀어? 처음 듣는 이름이야."

"강안이마을에서 여우 고개를 넘어가면 샘마을이 나오지. 병도 나을 만큼 물맛이 달고 향기로운 샘. 일 년 내내 마르지 않는 샘이 거기에 있단다. 난 거기로 꼭
_{샘마을}
돌아갈 거야."

중심내용 몽당깨비는 버들이가 있기 때문에 샘마을로 돌아가고 싶다고 했습니다.

2 몽당깨비가 혼잣말처럼 중얼거리자 미미가 알 수 없다는 표정을 지었습니다.
_{몽당깨비가 샘마을로 돌아가고 싶어 하는 까닭을 몰라서}

"여우 고개? 샘마을? 강안이마을이라고?"

"세상이 달라졌어. 하지만 밤이 되면 문제없이 찾아갈 수 있을 거야." / "왜 그곳에 가야 하지?"

몽당깨비가 빙그레 웃었습니다.

"샘마을에는 버들이가 살거든. ㉠나는 버들이를 위해
_{몽당깨비가 샘마을에 가고 싶어 하는 까닭}
큰 기와집을 지었단다. 버들이랑 같이 사람으로 살고 싶어서. 그런데……."

갑자기 몽당깨비 얼굴이 어두워졌습니다. 미미가 활짝 웃으며 말했습니다.

"너도 사람이 되고 싶었니? 우린 ㉡공통점을 가졌구
_{미미도 사람이 되고 싶어 함.}
나. 그래서?"

---

13 생각하는 인형 미미와 몽당깨비가 만난 장소를 찾아 쓰시오.

( )

14 몽당깨비는 자신이 어디로 돌아갈 것이라고 했습니까? ( )

① 여우 고개　　　② 강안이마을
③ 샘마을 기와집　④ 미미가 살던 곳
⑤ 몽당깨비가 태어난 곳

중요
15 ㉠에서 알 수 있는 몽당깨비의 마음은 무엇입니까?

( )

① 버들이에게 화난 마음
② 버들이를 질투하는 마음
③ 버들이가 부끄러운 마음
④ 버들이를 좋아하는 마음
⑤ 버들이를 원망하는 마음

16 ㉡이 뜻하는 것은 무엇인지 쓰시오.

( )

중심 내용 몽당깨비는 강안이마을에서 병든 어머니와 둘이 살던 버들이와 친구가 된 이야기를 해 주었습니다.

3 "버들이는 강안이마을에서 늙고 병든 어머니와 둘이 살았어. 가난했지만 누구보다 예쁜 아가씨였단다. ㉠새벽마다 도깨비 샘물을 뜨러 왔었지. 가장 먼저 샘물을 길어 마셔야 **효험**이 있다니까 어머니 병을 낫게 하려고 새벽마다 온 거였어. 도깨비들은 그때쯤이면 숲으로 숨기 시작하는데 나는 버들이를 보려고 늘 남아 있었지."
<u>버들이의 깊은 효심을 알 수 있음.</u>
<u>버들이를 좋아해서</u>

"너 같은 인형이 많았어? 숲에 숨을 수도 있고?"
<u>미미는 몽당깨비도 자신과 같은 인형이라고 생각함.</u>
몽당깨비는 미미를 보고 조용히 웃어 주었습니다.

"우리는 친구가 되었지. 나는 숲에서 버섯이랑 산딸기, 머루를 구해 주고 버들이는 내게 음식을 주었어.
<u>몽당깨비가 버들이를 위해 한 일 ①</u>
★잔칫집에서 일하는 날에는 떡이랑 메밀묵도 가져다주었단다. 버들이는 참 좋은 아가씨였어. 버들이를 좋아할수록 내가 사람이 아니고 도깨비라는 사실이 참 슬펐어." / "와! 도깨비는 대단하다. 하지만 사람이 될 수 없다는 건 정말 고통이지."

중심 내용 몽당깨비는 버들이를 좋아하는 마음에 도둑질까지 했다고 하였습니다.

4 "언제부터인가 버들이가 고생하는 게 가여워지기 시작했어. 그래서 재주를 부려 가랑잎으로 돈을 만들어
<u>몽당깨비가 버들이를 위해 한 일 ②</u>
다 주고 부잣집 돈을 훔쳐 내기도 했지. 나는 **풋내기**
<u>몽당깨비가 버들이를 위해 한 일 ③</u>
도깨비라서 큰 재주를 못 부리니까 도둑질하는 날이 많았단다."

"쯧쯧, 그건 옳지 않아. 버들이는 뭐라던?"

"버들이는 몰랐을 거야. 내가 도깨비라서 재주를 부린다고 믿었겠지. 버들이를 위해서라면 뭐든지 할 수 있었어. 파랑이가 나한테 정신 나간 도깨비라고 했을 정
<u>몽당깨비가 버들이를 좋아하는 마음을 알 수 있음.</u>
도로 버들이가 좋았으니까. 다른 도깨비들과 달리 나는 유난히 사람을 좋아했어. 지금도 사람이 좋아."

"파랑이?"

"내 친구야. 묘지를 지키는 도깨비불이지."
<u>파랑이</u>
"그래? 도깨비는 할 수 있는 게 많구나. 인형도 그렇게 되면 좋겠다."
<u>미미는 도깨비인 몽당깨비를 부러워함.</u>

★ 바르게 쓰기

잔칫집	잔치집
(○)	(×)

낱말 사전

효험 일의 좋은 보람. 또는 어떤 작용의 결과.

풋내기 경험이 없어서 일에 서투른 사람.

---

17 버들이에 대한 설명으로 알맞지 <u>않은</u> 것은 무엇입니까? ( )

① 강안이마을에 살았다.
② 부잣집에서 돈을 훔치기도 했다.
③ 늙고 병든 어머니와 함께 살았다.
④ 새벽마다 도깨비 샘물을 뜨러 왔다.
⑤ 몽당깨비에게 음식을 가져다주었다.

중요
18 ㉠에서 알 수 있는 버들이가 추구하는 가치로 알맞은 것에 ○표를 하시오.

(1) 친구와의 우정 ( )
(2) 부모님께 효도하는 것 ( )
(3) 다른 사람과의 약속을 지키는 것 ( )

19 버들이를 좋아할수록 몽당깨비가 슬퍼진 까닭은 무엇입니까? ( )

① 파랑이가 버들이를 싫어해서
② 자신이 사람이 아니고 도깨비라서
③ 버들이에게 해 줄 수 있는 것이 없어서
④ 버들이가 몽당깨비를 좋아하지 않아서
⑤ 버들이가 더 이상 음식을 가져다주지 않아서

20 몽당깨비가 버들이를 위해 한 일이 <u>아닌</u> 것의 기호를 쓰시오. ( )

㉮ 가랑잎으로 돈을 만들어 줌.
㉯ 버들이 대신 샘물을 길어 줌.
㉰ 부잣집 돈을 훔쳐서 가져다줌.
㉱ 숲에서 버섯과 산딸기를 구해 줌.

중심내용 버들이는 샘가에 오두막을 짓고 살겠다고 하였고, 파랑이는 그런 버들이를 모른 체하라고 몽당깨비를 야단쳤습니다.

5 "어느 날, 버들이가 울면서 어머니가 위독하다고 했어. 어머니께 샘물을 좀 더 드리고 싶은데 샘이 너무 멀어서 조금밖에 못 길어 가니까 샘가에 오두막을 짓고 살겠다더군. 하지만 그건 위험한 생각이었어. 그 물은 산에 사는 온갖 동물들도 마시거든. 밤이면 여우도 나오고 호랑이도 나오는 곳이야. 밤마다 도깨비들까지 모였으니 사람이 **얼씬거릴** 곳이 아니었지."
병이 매우 중하여 생명이 위태롭다고 함.
샘가에 사는 것이 위험하다고 한 까닭

미미는 더 물을 수가 없었습니다. 왠지 도깨비는 인형과 뭔가 다를 것 같았기 때문입니다.

"파랑이와 의논했어. 파랑이는 펄쩍 뛰더군. 사람이 샘가에서 살기 시작하면 결국 도깨비들은 샘을 **뺏기고** 떠나야 한다고 했어. 버들이는 착한 여자라 그럴 리가 없다고 했지만 소용없었어. 버들이가 나를 꾐에 빠뜨리고 있다고 파랑이는 걱정만 했지. 대왕님이 알기 전에 버들이를 모른 체하라고 야단쳤어. 정말 화가 났단다."
파랑이가 반대한 까닭

★ 바르게 쓰기

긷게	깃게
(○)	(×)

낱말 사전

얼씬거릴 조금 큰 것이 잇따라 눈앞에 잠깐씩 나타났다 없어질.

몽당깨비 몸이 부르르 떨렸습니다. 온몸의 털이 부스스 일어서는 걸 보면서 미미는 조용히 고개를 끄덕거렸습니다.
그때의 감정이 떠오름.

중심내용 몽당깨비는 도둑질을 하면서까지 버들이에게 멋진 기와집을 지어 주었습니다.

6 "샘가에 집을 지으면 ㉠우리가 더 오래 만날 수 있다고 버들이가 말했을 때에는 아주 행복했단다. 그래서 결심했어. 샘가에서 살 수 없다면 조금 떨어진 곳에 집을 짓기로. 파랑이도 더 반대하지 못했지. 그때부터 나는 재주를 한껏 발휘해 돈을 만들었단다. 부자들의 보물도 훔쳐 냈어. 버들이에게 오두막이 아닌 대궐 같은 기와집을 지어 주고 싶어서 말이야. 낮에는 사람들이 집을 지었지만 밤에는 내가 지었지. 아주 튼튼하게. 대왕님이 알고 호통쳤지만 하나도 무섭지 않았어. 그런데……."
몽당깨비가 자신을 좋아하는 마음을 이용함.
몽당깨비는 버들이를 진심으로 좋아함.

중심내용 몽당깨비는 샘을 기와집 뒤란으로 옮겨 달라는 버들이의 부탁을 들어주겠다고 했고, 기뻐하는 버들이를 보니 몽당깨비도 행복했습니다.

7 "그런데?"

㉡"버들이가 이번에는 샘을 기와집 **뒤란**으로 옮겨 달라고 하잖아. 그러면 집에서 샘물을 긷게 될 거라고."
버들이는 점점 샘물을 쉽게 얻을 수 있는 방법을 원함.

뒤란 집 뒤 울타리 안.

---

21 버들이는 왜 샘가에 오두막을 짓겠다고 했습니까?
( )

① 샘물이 점점 더러워져서
② 샘가 주변의 공기가 맑아서
③ 동물들이 샘물을 마시는 게 싫어서
④ 도깨비들과 함께 생활하고 싶어서
⑤ 어머니께 샘물을 좀 더 드리고 싶어서

22 파랑이가 걱정하며 몽당깨비를 야단친 까닭은 무엇인지 쓰시오.

( )

23 ㉠은 누구누구를 말하는 것인지 쓰시오.

( )와 ( )

24 ㉡을 통해 알 수 있는 버들이가 추구하는 가치는 무엇입니까? ( )

① 정직한 삶
② 현실적인 이익
③ 보답할 줄 아는 삶
④ 다른 사람을 배려하는 마음
⑤ 친구를 소중하게 생각하는 마음

"이제 보니 버들이는 욕심쟁이구나. 샘을 옮기다니! 그러면 다른 동물들은 샘물을 못 마시잖아?"

"파랑이도 그렇게 말했어. 하지만 나도 그걸 원했으니 까 <u>버들이를 탓하지는 마</u>. 나도 어느새 버들이랑 똑같
버들이를 감싸 주는 몽당깨비
은 생각을 하게 되었던 거야."

"그래서 샘을 옮겨 주었니?"

"<u>땅속의 샘물줄기를 기와집 뒤란으로 흐르도록 해 주</u>
몽당깨비는 버들이가 원하는 것을 다 해 줌.
겠다고 약속했어. 그때 버들이가 기뻐하던 모습이라
버들이를 진심으로 좋아한다는 것을 알 수 있음.
니, 지금도 잊을 수가 없어."

중심내용 버들이는 말 머리와 말 피를 이용해 기와집에 도깨비들이 들어오지 못하게 했고, 샘이 마른 이유를 알아낸 도깨비들은 노여워하였습니다.

8 미미는 허공을 향해 빙그레 웃는 몽당깨비가 못마땅
텅 빈 공중.
해서 고개를 저었습니다. 그런데 이내 몽당깨비의 표정 이 어두워졌습니다.

"버들이가 묻더군. 도깨비가 제일 무서워하는 게 뭐냐 고."

"무서운 거?"

"말 머리와 말 피를 무서워한다고 했지. 그랬더니 그
도깨비들이 가장 무서워하는 것
걸로 도깨비들이 집 안에 얼씬거리지 못하도록 수를
샘물을 마시러 도깨비들이 들어올까 봐
써야 한다고 했어. 내가 샘물줄기를 바꾸고 나면 틀림 없이 도깨비들이 노여워할 거라고 말이야. 샘물줄기 를 찾아 물길을 바꾸고 며칠 뒤에 가 보니까 기와집 앞은 온통 아수라장이었어." / "왜?"
싸움이나 그 밖의 다른 일로 큰 혼란에 빠진 곳

"샘이 마른 이유를 알아내고 동물과 도깨비 들이 모 두 그곳으로 모인 거야. 대왕님은 나를 잡아 오라고
기와집   몽당깨비
불호령을 내렸지. 하지만 아무도 <u>기와집은 건드리지</u>
몹시 심하게 하는 꾸람.
못했어. 기와집 담에는 빈틈없이 말 피가 뿌려져 있었
기와집을 아무도 건드리지 못한 까닭
고 대문에는 말 머리가 높이 올려져 있었던 거야. 끔 찍한 광경이었어."

"너는? 너는 어떻게 들어갔어?"

"나도 도깨비야. 나도 지금까지 그 기와집에 들어가 보지 못했단다. 그게 마지막이야."

"저런! 너무 늦게 돌아왔구나."

---

25 미미가 버들이를 욕심쟁이라고 생각한 까닭은 무엇입니까? (　　　)

① 더 좋은 집에 살고 싶다고 해서
② 다른 사람들이 가진 것을 탐내서
③ 몽당깨비를 집에 들어오지 못하게 해서
④ 몽당깨비가 주는 음식들을 혼자 다 먹어서
⑤ 다른 동물들은 못 마시게 샘을 옮기려고 해서

26 버들이는 도깨비가 집에 못 들어오게 하려고 어떻게 하였습니까? (　　　)

① 동물들에게 기와집을 지켜 달라고 했다.
② 도깨비들에게 샘물을 따로 만들어 주었다.
③ 샘물줄기가 기와집 뒤란으로 흐르도록 바꾸었다.
④ 몽당깨비에게 말 머리와 말 피를 구해 달라고 했다.
⑤ 대문에 말 머리를 두고 집 주변에 말 피를 빈틈 없이 뿌려 두었다.

 27 다음의 상황에서 자신이 버들이였다면 어떤 말이나 행동을 할지 쓰시오.

> 버들이가 샘물줄기를 바꾸면 도깨비들이 노여 워할 것을 걱정하는 상황

_____

_____

도움말 인물이 추구하는 가치와 자신이 추구하는 가치를 비 교해 봅니다.

 28 몽당깨비의 마음을 알 수 있는 말을 모두 찾아 ○표를 하시오.

(1) "버들이를 탓하지는 마." (　　　)

(2) "하지만 아무도 기와집은 건드리지 못했어." (　　　)

(3) "그때 버들이가 기뻐하던 모습이라니, 지금도 잊을 수가 없어." (　　　)

중심 내용 대왕님에게 잡혀 벌을 받느라 버들이를 만날 수 없었던 몽당깨비는 이제 기와집으로 돌아가고 싶어 했습니다.

9 "그래. 나는 대왕님한테 잡혀 벌을 받았단다. 대왕님은 기와집 담 밖에 구덩이를 파고 은행나무 한 그루를 심었지. 나도 그 속에 묻고. 나는 천 년 동안 은행나무 뿌리에 ★**얽매여** 있어야 하는 벌을 받았단다. 버들이 곁에 있으면서도 만날 수 없는 끔찍한 벌이었지……."

몽당깨비가 말끝을 흐렸습니다.

"가엾어라!"

미미는 자기도 모르게 눈물을 흘리고 말았습니다.
인형인 미미에게 마음이 생겼다는 증거

"이럴 수가! 너 때문에 내가 눈물을 흘렸어. 내게도 마음이 생겼나 봐."

미미는 눈물을 손가락으로 찍어 신기한 듯 들여다보았습니다.

"천 년이라니! 버들이를 사랑한 죄가 그렇게 큰 거야? 지독한 형벌이구나. 샘을 건드린 벌이라! 그럼 너는 천 년 만에 세상에 나왔니?"

"아니, 삼백 년 만에 자유가 됐어. 어쩐 일인지 은행나무가 없어졌거든. 벌을 받았으니 이제는 기와집으로 가도 될 거야."
삼백 년 만에 자유가 될 수 있었던 까닭

"하지만 너무 오래전 일인걸. 기와집이 지금까지 있기나 하겠어?"

"기와집은 있었어. 그곳에 가고 싶어."

"나도 주인에게 돌아가고 싶어. 강이 보이는 동네야. 강변이라고. 날 데려다주겠니? 나 혼자서는 **어림없거든.**"

몽당깨비가 벌떡 일어났습니다. 날이 어두워지기 시작했기 때문입니다. / 미미는 몽당깨비가 혼자 가 버릴까 봐 은근히 걱정이 되었습니다.

"나를 두고 혼자 가지 않을 거지?"
몽당깨비와 함께 가고 싶은 미미의 마음

㉠몽당깨비는 몸을 굽혀 미미를 손바닥에 올려놓았습니다.

★ 바르게 쓰기

얽매여	얽메여
(○)	(×)

낱말 사전

얽매여 얽어서 동여 묶여.

어림없거든 도저히 될 가망이 없거든.

29 몽당깨비는 대왕님에게 어떤 벌을 받았습니까? (　　)

① 은행나무를 천 년 동안 심는 벌
② 도깨비를 위한 샘을 만드는 벌
③ 천 년 동안 샘물을 길어 나르는 벌
④ 천 년 동안 도깨비 나라에 갇혀 있는 벌
⑤ 천 년 동안 은행나무 뿌리에 얽매여 있는 벌

중요 **30** 몽당깨비의 이야기를 듣고 미미에게 어떤 변화가 생겼습니까? (　　)

① 재주를 부릴 수 있게 되었다.
② 감정을 느낄 수 있게 되었다.
③ 몽당깨비를 좋아하게 되었다.
④ 몽당깨비처럼 도깨비가 되었다.
⑤ 미미도 버들이를 좋아하게 되었다.

31 ㉠을 통해 알 수 있는 몽당깨비의 성격은 무엇입니까? (　　)

① 용감하다.　② 이기적이다.
③ 겁이 많다.　④ 배려심이 많다.
⑤ 호기심이 많다.

서술형 **32** 몽당깨비가 추구하는 가치를 생각해 보고 자신이 추구하는 가치와 비교하여 쓰시오.

도움말 몽당깨비가 추구하는 가치와 자신이 추구하는 가치가 어떤 점이 다른지 비교해 봅니다.

서술형 수행 평가 돋보기

학교에서 출제되는 서술형 수행 평가를 미리 준비하세요.

● 다음 글을 읽고, 물음에 답하시오.

> 저는 황선미 작가의 작품 『샘마을 몽당깨비』에 나오는 몽당깨비를 소개하려고 합니다. 몽당깨비는 대낮이나 위험할 때뿐만 아니라 심심할 때도 몽당빗자루로 변하고, 종종 사람을 놀라게 하는 도깨비였지만, 사람인 버들이를 좋아하면서부터 많은 일을 겪습니다.
>
> 몽당깨비가 좋아하는 것, 잘하는 것, 희망하는 것은 모두 버들이와 관련이 있습니다. 버들이는 어머니 병을 낫게 하려고 도깨비 샘에 물을 뜨러 오면서 몽당깨비를 만나게 된 사람입니다. 그렇지만 몽당깨비가 싫어하는 것, 못하는 것, 걱정하는 것은 모두 버들이 때문에 생긴 것입니다. 몽당깨비는 버들이를 사랑했기 때문에 버들이를 믿었고, 버들이의 부탁을 모두 들어주었습니다. 그것 때문에 대왕 도깨비한테 벌을 받아 은행나무 뿌리에 갇힙니다. 그럼에도 몽당깨비는 버들이와 아름이가 자신에게 사랑과 용서를 가르친 사람들이라고 했습니다.
>
> 저는 몽당깨비에게서 진심을 담아 상대를 대하는 것이 중요함을 깨닫게 되어 주변 사람들을 대할 때 다시 한번 더 생각하고 행동합니다.

1 글쓴이가 소개하고 있는 내용을 정리하여 쓰시오.

(1) 작품 제목	
(2) 지은이	
(3) 소개할 인물	
(4) 작품 속 인물의 특징	

2 작품 속 인물이 추구하는 가치에서 느낀 점을 쓴 부분을 찾아 밑줄을 그으시오.

3 이 글처럼 자신이 읽은 문학 작품 속 인물 가운데에서 소개하고 싶은 인물과 그 인물이 추구하는 가치에서 느낀 점을 쓰시오.

(1) 작품 제목	
(2) 소개할 인물	
(3) 인물이 추구하는 가치에서 느낀 점	

Q 문제 파악
문학 작품 속 인물을 소개하는 글을 쓰는 방법을 파악하는 문제입니다.

Q 해결 전략

1 단계	문학 작품 속 인물을 소개할 때 들어가야 할 내용 파악하기
2 단계	글에서 인물이 추구하는 가치에서 느낀 점을 쓴 부분 찾기
3 단계	자신이 읽은 문학 작품 속 인물 중에서 소개할 인물에 대해 정리하기

학교 선생님께서 알려 주시는 모범 답안과 채점 기준도 book❸ 해설책에서 꼭 확인하세요!

「책이 주는 선물을 받고 싶은 어린이들에게」

 책을 읽고 꿈을 키우자고 제안하는 글

• 글쓴이는 누구에게 이 글을 썼나요?

 ㉔ 글쓴이는 책이 주는 선물을 받고 싶은 어린이들에게 이 글을 썼습니다.

•『레 미제라블』의 인물은 글쓴이에게 어떤 영향을 주었나요?

 ㉔ 자신이 받은 도움을 생각하며 어려운 사람들을 돕는 모습이 글쓴이의 마음을 울렸습니다.

• 글쓴이는 왜 책을 읽는 사람이 지혜롭게 세상을 살 수 있다고 했나요?

 ㉔ 다양한 경험을 할 수 있기 때문입니다.

 작가가 말하고자 하는 생각을 들을 수 있기 때문입니다.

 내 삶을 되돌아보는 기회가 되기 때문입니다.

• 글쓴이가 소개한 책 가운데에서 자신의 삶에 도움이 될 만한 책이 있나요? 그 까닭은 무엇인가요?

 ㉔『노인과 바다』야. 온갖 어려움에도 의지를 굽히지 않는 노인 모습이 쉽게 포기하는 내게 도움이 될 것 같아.

 나도 작가가 되고 싶은데, 글쓴이가 『갈매기의 꿈』을 읽고 도움이 되었다니 나도 그 책을 꼭 읽어 보고 싶어.

•「책이 주는 선물을 받고 싶은 어린이들에게」에서 글쓴이가 말하고자 하는 생각이 무엇인지 친구들과 이야기해 봅시다.

 ㉔ 책을 읽자.

• 글쓴이가 말하고자 하는 생각을 찾으며 글을 읽으면 얻을 수 있는 점을 생각해 봅시다.

 ㉔ 글 내용을 더 깊이 이해할 수 있어.

 글을 쓴 의도나 목적을 알 수 있어.

 대상에 대한 자신의 생각을 다시 점검할 수 있어.

 자신의 삶을 되돌아볼 수 있어.

「하여가」 / 「단심가」

 고려 말 이방원과 정몽주가 주고받은 시조

• 이방원과 정몽주는 어떤 것으로 자신의 생각을 말하나요?

 ㉔ 시입니다. / 시조입니다. / 짧은 글입니다.

• 이방원과 정몽주는 각각 무엇에 빗대어 자신의 생각을 말하나요?

 ㉔ 이방원은 '만수산 드렁칡'에 빗대고 있고, 정몽주는 '백골이 진토 되어'라는 표현에 빗대어 자신의 생각을 말합니다.

• 인상에 남는 표현을 찾아보고 그 까닭을 말해 보세요.

 ㉔ 이방원의 "이런들 어떠하며 저런들 어떠하리"라는 표현이 인상에 남습니다. 정몽주에게 자신과 뜻을 같이하는 일에 너무 큰 부담을 가지지 말라는 이방원의 생각이 특히 '−들'이라는 말에 잘 표현되었다고 생각합니다. / 정몽주의 "백골이 진토 되어"라는 표현이 인상에 남습니다. 그만큼 정몽주의 마음이 확고함을 빗대어 잘 표현한 것 같습니다.

• 이방원과 정몽주의 생각은 무엇인가요?

인물	인물의 생각
이방원	예 뜻을 함께 모아 새 나라를 세우자.
정몽주	예 변함없이 고려에 충성을 다하겠다.

• 이방원과 정몽주의 생각을 보고 떠오르는 인물을 말해 봅시다.

　예 이방원의 생각을 보고 치마만 입던 여성의 옷 입는 방식이 시대에 맞지 않다고 판단해 여성복을 혁신적으로 고친 코코 샤넬
이 떠오릅니다.

　정몽주의 생각을 보고 신라의 김유신 장군에게 맞서 싸운 백제의 계백 장군이 떠오릅니다.

교과서
270~273쪽

「제게 12척의 배가 있으니」　　◯ 위기 속에서도 명량 대첩에서 승리를 거둔 이순신의 이야기

• 글 내용을 확인하는 질문을 만들고 짝과 함께 묻고 답해 보세요.

　예 누구의 이야기인가요?

　언제 있었던 일인가요?

　이순신은 어디를 싸움터로 정했나요?

• 그때 상황이나 인물의 생각을 알 수 있는 질문을 만들고 짝과 함께 묻고 답해 보세요.

　예 상황 질문: 명량 대첩이 끝나고 백성들이 이순신을 믿고 다시 모여들기 시작했다는 부분으로 보아 당시의 분위기는 어떠했
을까요?

　인물의 생각 질문: '이제는 끝내야만 해.'라는 이순신의 생각에서 어떤 느낌을 받았나요?

• 각 상황에서 이순신이 어떤 말이나 행동을 했나요?

인물이 처한 상황	인물의 말이나 행동
수군을 포기하고 육군으로 싸우라는 나라의 명을 받은 상황	• 임금님께 글을 올림. • 예 12척의 배가 있으니 죽을힘을 다해 싸운다면 이길 수 있을 거라고 말함.
예 일본군과 울돌목에서 싸우는 상황	• 예 배와 군사들을 많아 보이게 하려고 미리 작전을 짜고 물살을 이용해 적선을 공격함. • 예 죽으려 하면 살고, 살려 하면 죽으니 죽기를 각오하고 싸워야 한다고 말함.
예 아들 면의 죽음	• 예 이를 악묾. • 예 이제는 끝내야만 한다고 생각함.

• 이순신이 왜 그렇게 말하고 행동했을지 생각해 보세요.

　예 이순신은 아들 면이 죽었을 때 싸움을 끝내야만 한다고 생각했어. 아들의 죽음이라는 큰 고난 앞에서도 흔들리지 않고 자신
과 나라가 처한 상황을 극복하려고 생각했기 때문에 그런 말을 했을 거야.

- 이순신이 처한 상황에서 한 말과 행동으로 보아 그가 추구하는 가치가 무엇인지 써 봅시다.

  예 어떤 고난도 포기하지 않고 극복하려는 의지를 추구한다. / 용기를 추구한다. / 자신감을 추구한다.

- 이순신이 추구하는 가치가 자신의 삶에 어떤 질문을 던지는지 생각해 봅시다.

  예 나에게 비슷한 상황이 일어난다면 어떻게 생각하고 행동할 것인가?

  나는 주어진 일에 최선을 다했는가?

  나는 내 생각을 자신 있게 말할 수 있는가?

교과서
281~283쪽

「버들이를 사랑한 죄」

○ 진심으로 버들이를 사랑한 몽당깨비의 이야기

- 몽당깨비와 버들이가 한 말과 행동을 정리해 보고 인물들이 추구하는 가치가 무엇인지 파악해 보세요.

	몽당깨비	버들이
인물의 말	• "버들이는 착한 여자라 그럴 리가 없어." • 예 "버들이를 탓하지는 마."	• "위독하신 어머니께 샘물을 좀 더 드리고 싶으니 샘가에 오두막을 짓고 살겠어." • 예 "도깨비가 제일 무서워하는 게 뭐야?"
인물의 행동	• 버들이에게 기와집을 만들어 주려고 돈을 만들고 부자들의 보물도 훔쳤다. • 예 땅속의 샘물줄기를 기와집 뒤란으로 흐르도록 해 주었다.	• 점점 더 샘물을 쉽게 얻을 수 있는 방법을 원했다. • 예 기와집 담에 말 피를 뿌리고 대문에 말 머리를 올려 놓았다.
인물이 추구하는 가치	예 진심을 담아 상대를 대하는 것을 추구한다. 믿음과 사랑을 추구한다.	예 현실적인 이익을 추구한다. 효를 추구한다.

- 자신이 몽당깨비였다면 어떤 말이나 행동을 했을까요?

몽당깨비가 처한 상황	내가 몽당깨비였다면
버들이가 몽당깨비에게 샘을 기와집 뒤란으로 옮겨 달라고 부탁하는 상황	예 버들이를 위한 일이었으므로 버들이의 부탁을 들어주었을 것 같습니다. / 샘을 기와집 뒤란으로 옮기면 도깨비와 동물 들이 샘을 이용하지 못하게 되므로 그 부탁만은 들어주지 않았을 것 같습니다.

- 자신이 버들이였다면 어떤 말이나 행동을 했을까요?

버들이가 처한 상황	내가 버들이였다면
샘물줄기를 바꾼 것을 도깨비들이 알게 되면 노여워할 것을 걱정하는 상황	예 몽당깨비에게 앞으로 어떻게 해야 할지 함께 방법을 찾아보자고 했을 것 같습니다. / 도깨비들이 노여워하는 것은 당연하므로 어머니의 병이 나을 때까지만 도깨비들이 자신의 기와집에 와서 샘을 이용하면 어떻겠냐고 도깨비들을 설득했을 것 같습니다.

단원 정리 학습

핵심 1 글을 읽고 인물이 추구하는 가치 파악하기

1 인물의 생각 파악하기

● 인물의 생각이 잘 드러난 표현을 찾아봅니다.

　예 「하여가」: 얽혀진들, 우리 / 「단심가」: 죽어, 일편단심

● 인물의 생각이 잘 드러난 표현에서 인물의 생각을 찾아봅니다.

2 인물이 추구하는 가치를 파악하는 방법

● 인물이 처한 상황을 떠올려 봅니다.

● 인물이 처한 상황에서 인물이 한 말과 행동을 알아봅니다.

● 인물이 처한 상황에서 그렇게 말하고 행동한 까닭을 생각해 봅니다.

　예 「제게 12척의 배가 있으니」에서 이순신이 추구하는 가치 파악하기

이순신이 처한 상황	이순신의 말이나 행동	이순신이 추구하는 가치
수군을 포기하고 육군으로 싸우라는 나라의 명을 받은 상황	12척의 배가 있으니 죽을힘을 다해 싸운다면 이길 수 있을 거라고 말함.	어떤 고난도 포기하지 않고 극복하려는 의지를 추구함.

> '가치'는 정의, 행복, 책임 따위를 통틀어 이르는 말이야.

> 이야기를 읽을 때 인물이 추구하는 가치를 파악하면서 읽으면 이야기의 내용을 더 깊이 이해할 수 있어.

핵심 2 인물들이 추구하는 다양한 가치 비교하기

● 인물이 추구하는 가치를 파악합니다.

　예 「버들이를 사랑한 죄」에서 몽당깨비와 버들이가 추구하는 가치 비교하기

몽당깨비	버들이
• 진심을 담아 상대를 대하는 것을 추구함. • 믿음과 사랑을 추구함.	• 현실적인 이익을 추구함. • 효를 추구함.

> 인물들이 처한 상황과 생각이 다르기 때문에 추구하는 가치가 다른 거야.

● 이야기 속 인물이 되어 보면 인물이 추구하는 가치를 더 깊이 이해할 수 있습니다.

● 이야기 속 인물의 선택과 자신의 선택을 비교하면 인물이 추구하는 가치와 자신이 추구하는 가치를 비교해 볼 수 있습니다.

8. 인물의 삶을 찾아서

[01~05] 다음 글을 읽고, 물음에 답하시오.

(가) 이야기책을 좋아하니? 나는 이야기를 쓰는 작가야. 책을 읽고 작가가 되는 꿈을 꾸게 되었고 책을 읽으면서 그 꿈을 키웠단다. 너희에게 내가 기억하는 책들을 소개해 줄게.

(나) 내가 처음으로 재미있게 읽은 책은 발데마르 본젤스의 『꿀벌 마야의 모험』인데, 아기 꿀벌이 꿀을 모으러 바깥세상에 나갔다가 모험을 시작하는 이야기야. 그 꿀벌이 여러 가지 경험을 하며 자신의 삶을 이끌어 가는 모습이 내게 꿈과 희망을 줬어. 이야기가 어찌나 흥미로웠던지 발데마르 본젤스처럼 작가가 되는 꿈을 갖게 되었지.

(다) 나는 책을 많이 읽었어. 누구보다 빅토르 위고 작품을 좋아했는데, 『레 미제라블』은 여러 번 읽었단다. 자신이 받은 도움을 생각하며 어려운 사람들을 돕는 인물 모습이 내 마음을 울렸거든. 이렇듯 빅토르 위고는 현실에서 소외된 사람들의 이야기에도 관심이 있었는데 빈민 구제를 주장하며 정치가로도 활동했어. 어니스트 헤밍웨이가 쓴 『노인과 바다』에서는 온갖 어려움에도 의지를 굽히지 않는 늙은 어부의 용기와 도전을 만날 수 있었어.

(라) 『갈매기의 꿈』은 『꿀벌 마야의 모험』만큼 내게 특별한 책이었지. 단지 먹으려고 날았던 다른 갈매기와는 달리 자신만의 꿈을 이루려고 끊임없이 나는 법을 연습했던 특별한 갈매기 이야기였거든. 그 책은 내게 꿈을 이루려면 어떻게 해야 하는지 가르쳐 줬어. 그래서 작가라는 꿈을 이루려고 더 많은 책을 읽었단다.

(마) 책 속에는 많은 이야기가 숨어 있어. 그리고 이야기 속 인물들은 우리를 다양한 경험 세계로 데려다주지. 꿈과 희망, 소외된 사람들에 대한 관심, 용기와 도전 같이 작가가 말하고자 하는 생각도 듣는단다. 그 많은 이야기에 공감하며 이야기 속 인물의 삶에서 내 삶을 되돌아보는 기회가 된 것도 책이 주는 선물이야. 그래서 책을 읽는 사람은 지혜롭게 세상을 살 수 있다고 해. 나는 책에서 꿈을 찾았고 꿈을 이루는 방법까지 배웠으니 책이 주는 더 특별한 선물을 받은 거지. / 책이 주는 선물을 받고 싶니? 너희도 책을 읽어 봐.

01 글쓴이의 직업은 무엇인지 찾아 쓰시오.

(   )

02 글쓴이가 처음으로 재미있게 읽은 책은 무엇입니까?

(   )

① 『작은 아씨들』
② 『레 미제라블』
③ 『노인과 바다』
④ 『갈매기의 꿈』
⑤ 『꿀벌 마야의 모험』

서술형
03 글쓴이는 『갈매기의 꿈』을 통해 어떤 점을 배웠다고 하였는지 쓰시오.

_____

_____

도움말 글 (라)에서 글쓴이가 『갈매기의 꿈』에 대해 쓴 내용을 찾아봅니다.

04 글쓴이가 말한 책을 통해 얻을 수 있는 것으로 알맞지 않은 것은 무엇입니까? (   )

① 다양한 경험을 할 수 있다.
② 글을 논리적으로 쓸 수 있다.
③ 지혜롭게 세상을 살 수 있다.
④ 자신의 삶을 되돌아볼 수 있다.
⑤ 작가가 말하려는 생각을 알 수 있다.

05 이 글에서 글쓴이가 말하고자 하는 생각은 무엇입니까? (   )

① 꿈을 크게 갖자.
② 책을 많이 읽자.
③ 우리말을 사랑하자.
④ 읽은 책을 기록하자.
⑤ 글을 쓰는 연습을 하자.

[06~08] 다음 시조를 읽고, 물음에 답하시오.

> (가) 이런들 어떠하며 저런들 어떠하리
> 만수산 드렁칡이 얽혀진들 어떠하리
> 우리도 이같이 얽혀져 백 년까지 누리리
> (나) 이 몸이 죽고 죽어 일백 번 고쳐 죽어
> 백골이 진토 되어 넋이라도 있고 없고
> 임 향한 일편단심이야 가실 줄이 있으랴

06 (가)에서 글쓴이는 자신의 생각을 무엇에 빗대어 말하고 있는지 찾아 쓰시오.

( )

07 (가)에서 글쓴이가 말하려는 생각으로 알맞은 것은 무엇입니까? ( )

① 서로 조금씩 양보하자.
② 죽을힘을 다해 전투에서 싸우자.
③ 나의 마음은 결코 변하지 않는다.
④ 뜻을 함께 모아 새 나라를 세우자.
⑤ 변함없이 고려에 충성을 다하겠다.

08 (나)에서 글쓴이의 변치 않는 마음을 나타내는 말은 무엇입니까? ( )

① 우리
② 백 년
③ 이 몸
④ 만수산
⑤ 일편단심

[09~10] 다음 글을 읽고, 물음에 답하시오.

> (가) 드디어 물살 방향이 반대로 바뀌자 이순신은 일제히 공격하도록 지시했습니다. 적이 당황하는 사이에 이번에는 좁은 물길에 쳐 놓은 쇠사슬을 당기게 했습니다. 단번에 30척이 넘는 적의 배가 쇠사슬에 걸려 부서져 버렸습니다. 일본 배들은 뒤로 물러나려고 했습니다. 그렇지만 물살이 너무 세서 배를 돌릴 수가 없었습니다. 쇠사슬 때문에 앞으로 나아갈 수도 없었습니다. 우리 수군은 이때를 놓치지 않았습니다. 적의 배를 향해 총통을 쏘고 불화살을 날리며 총공격을 했습니다.
> (나) 이순신은 이 일이 자기 탓처럼 여겨졌습니다.
> '내가 죽을 것을 그 애가 대신 죽었구나.'
> 마음속에서는 이런 소리가 터져 나왔습니다. 밤이면 몇 번씩 자다 깨다 했습니다. 그러다가 코피를 한 사발씩 쏟기도 했습니다. 잠깐만 눈을 붙여도 아들 면의 모습이 보였습니다. 이순신은 자기도 모르게 이를 악물었습니다.
> '이제는 끝내야만 해.'

09 글 (가)에서 이순신이 처한 상황은 무엇입니까?

( )

① 아들이 전투에서 죽었다.
② 아들과 함께 일본군과 싸웠다.
③ 일본군과 바다에서 전투를 했다.
④ 전투에서 많은 배와 부하를 잃었다.
⑤ 물살 때문에 전투에서 도망갈 수가 없었다.

10 글 (나)에서 이순신이 추구하는 가치로 알맞은 것은 무엇입니까? ( )

① 현실적인 이익
② 끊임없이 배우려는 태도
③ 친구를 소중히 생각하는 태도
④ 고난에도 포기하지 않는 의지
⑤ 다른 사람을 진심으로 대하는 마음

떠든 사람 : 김 준현

진우는 교실에서 뛰어다니는 친구들을 보면서 걱정스러운 표정을 짓고 있네요. 친구들에게 걱정스러운 마음을 전하는 글을 쓰고 싶은데 어떻게 써야 할지 몰라서 고민하고 있어요. 여러분은 친구들에게 마음을 전하는 글을 써 본 경험이 있나요?

이제, 9단원에서는 글 쓸 내용을 계획하며 마음을 나누는 글을 써 볼 거예요.

9 마음을 나누는 글을 써요

138쪽 단원 정리 학습에서 더 자세히 공부해 보세요.

단원 학습 목표

1. 글을 쓰는 상황과 목적을 파악할 수 있습니다.
   - 글을 쓰게 된 상황과 목적을 생각해 봅니다.
   - 나누려는 마음은 무엇인지, 누가 읽을지, 어디에 글을 쓸지 생각해 봅니다.

2. 글 쓸 내용을 계획할 수 있습니다.
   - 일어난 사건을 토대로 글을 쓰는 상황과 목적을 파악합니다.
   - 일어난 사건에 대한 자신의 생각이나 행동을 떠올려 나누려는 마음을 생각하여 쓸 내용을 정합니다.
   - 읽을 사람을 생각해서 표현합니다.

단원 진도 체크

회차		학습 내용	진도 체크
1차	단원 열기	단원 학습 내용 미리 보고 목표 확인하기	✓
	교과서 내용 학습	글을 쓰는 상황과 목적 파악하기	✓
2차	교과서 내용 학습	글 쓸 내용 계획하기	✓
3차	교과서 내용 학습	글 쓸 내용 계획하기	✓
4차	교과서 내용 학습	글 쓸 내용 계획하기	✓
	교과서 문제 확인	교과서 문제 학습하며 학교 숙제 해결하기	✓
5차	단원 정리 학습	단원 학습 내용 정리하기	✓
	단원 확인 평가	확인 평가를 통한 단원 학습 상황 파악하기	✓

해당 부분을 공부하고 나서 ✓표를 하세요.

| 교과서 302~307쪽 내용 | 학습 목표 ▶ 글을 쓰는 상황과 목적 파악하기 | 교과서 302~307쪽 |

01 다음과 같은 경험에서 빈칸에 들어갈 알맞은 마음에 ○표를 하시오.

> 친한 친구가 전학을 가서 ☐☐☐ 때 친구에게 문자 메시지를 써서 보냈어.

(1) 슬펐을 (　　) 　　(2) 기뻤을 (　　)

[02~05] 다음 그림을 보고, 물음에 답하시오.

02 서연이가 ㉠과 같은 생각을 한 까닭을 쓰시오.

(　　　　　　　　　　　　　　　　)

03 서연이가 친구들에게 나누고 싶은 마음은 무엇입니까?

(　　)

① 자원이 낭비되어 안타까운 마음
② 학용품이 망가져서 안타까운 마음
③ 연필을 잃어버린 친구를 걱정하는 마음
④ 학용품의 주인이 누구인지 궁금한 마음
⑤ 연필은 무엇으로 만들었는지 궁금한 마음

04 서연이가 마음을 나누는 글을 쓰려고 합니다. 글의 내용으로 알맞은 것에 ○표를 하시오.

(1) 얘들아, 교실에서는 떠들지 않았으면 좋겠어.

(　　)

(2) 얘들아, 학용품을 소중히 다루어 자원을 낭비하지 않았으면 좋겠어. 　　(　　)

(3) 얘들아, 다른 사람의 물건을 주웠으면 재빨리 주인에게 돌려주면 좋겠어. 　　(　　)

05 서연이가 마음을 담은 글을 써서 학급 누리집에 올렸을 때의 좋은 점은 무엇입니까? (　　)

① 여러 친구들과 마음을 나눌 수 있다.
② 친구들의 대답을 바로 확인할 수 있다.
③ 친구들에게 할 말을 직접 전할 수 있다.
④ 읽는 사람의 반응을 바로 확인할 수 있다.
⑤ 표정이나 몸짓을 알 수 있어 오해가 생기지 않는다.

> ■ 마음을 나누는 글을 쓰면 좋은 점
> • 직접 말로 하면 쑥스러울 때가 있는데 글로 쓰면 내 마음을 더 잘 전할 수 있습니다.
> • 학급 누리집에 글을 쓰면 여러 친구들과 마음을 나눌 수 있어서 좋습니다.

교과서 308쪽 내용

학습 목표 ▶ 글 쓸 내용 계획하기

선생님께
_{받을 사람}

선생님, 안녕하세요? 저는 최연아입니다.

올해 선생님을 만난 건 저에게 큰 행운입니다. 저는 이상하게 국어 공부가 싫었습니다. 책은 만화책 말고는 모두 재미가 없고, 글쓰기도 팔만 아픈 것 같았습니다. 그
_{국어 공부를 하기 싫어함.}
런데 선생님과 함께 국어를 공부하고 나서는 조금씩 달라지기 시작했습니다.

★
선생님께서 읽기와 쓰기를 할 때 도움이 되는 여러 가지 재미있는 방법을 알려 주셨습니다. 그리고 이해가 되지 않는 부분은 없는지, 더 알고 싶은 것이 있는지를 물어봐 주시고 **진지하게** 들어 주셨습니다. 그래서 저는 용기를 내어 궁금한 점이나 더 알고 싶은 것을 여쭈어보았고, 새로운 내용을 알면서 국어 공부가 점점 더 좋아지기 시작했습니다.

국어 공부를 좋아하게 되니 다른 과목 공부도 재미있었습니다. 모두 선생님 **덕분**입니다. 선생님께서 수업 시간에 늘 말씀하신 것처럼 몸과 마음이 건강한 사람이 되도록 노력하겠습니다. 선생님, 정말 고맙습니다.
_{선생님께 나누려는 마음이 나타남.}

20○○년 ○○월 ○○일
_{쓴 날짜}
최연아 올림
_{쓴 사람}

• **글의 종류**: 편지
• **글의 특징**: 연아가 선생님께 감사한 마음을 전하는 편지입니다.

★ **바르게 읽기**

[일끼]	[익끼]
(○)	(×)

■ 나누려는 마음을 편지로 쓰면 좋은 점

하고 싶은 말을 자세히 표현할 수 있습니다.

낱말 사전

진지하게 마음 쓰는 태도나 행동이 참되고 착실하게.
예 엄마와 나는 진지하게 대화를 나누었습니다.
덕분 베풀어 준 은혜나 도움.

---

06 연아가 이 글을 쓴 목적은 무엇입니까? ( )

① 선생님께 전학을 간다고 말하기 위해서
② 선생님께 궁금한 문제를 물어보기 위해서
③ 선생님께 고마운 마음을 표현하기 위해서
④ 선생님께 공부가 재미없다고 말하기 위해서
⑤ 선생님께 서운했던 일에 대해 전하기 위해서

07 연아가 국어 공부를 싫어한다는 것을 알 수 있는 내용은 무엇인지 두 가지 고르시오. (,)

① 과학책이 재미있다.
② 독서하는 것이 좋다.
③ 글쓰기가 팔만 아프다.
④ 선생님이 마음에 들지 않는다.
⑤ 책을 만화책 말고는 재미가 없다.

08 연아가 이 글을 쓰기 전에 생각한 내용으로 알맞지 않은 것의 기호를 쓰시오.

⑦ 선생님께 편지를 쓸 거야.
⑭ 선생님께 고마운 마음을 전하고 싶어.
⑮ 선생님을 만난 후로 국어 공부가 점점 더 좋아지기 시작했어.
⑯ 선생님께 문자 메시지로 마음을 전할 거야.

( )

서술형
09 나누려는 마음을 편지로 쓸 때의 좋은 점은 무엇인지 쓰시오.

도움말 편지를 쓰거나 받았던 경험을 떠올려 봅니다.

- **글의 특징**: 지수가 정민이에게 미안한 마음을 문자 메시지로 전하고 있습니다.

■ 마음을 문자 메시지로 전했을 때의 좋은 점
- 내 생각이나 느낌을 바로 전할 수 있습니다.
- 읽는 사람의 반응을 바로 확인할 수 있습니다.

★ 바르게 쓰기

엎질러서	업질러서
(○)	(×)

지수 정민아, 아까 과학 시간에 물을 엎질러서★ 정말 미안해.

아니야, 지수야. 일부러 그런 것도 아니잖아. **정민**

지수 그래도 옷이 젖어서 불편했지?

아니야, 괜찮았어. 그나저나 너도 많이 놀랐겠다. **정민**

지수 응, 사실 나도 깜짝 놀랐어.

그래, 난 정말 괜찮으니까 너도 너무 걱정하지 마. **정민**

지수 그래, 고마워. 그리고 진심으로 미안해. → 지수가 나누려는 마음

---

10 과학 시간에 무슨 일이 있었습니까? (   )

① 정민이와 지수가 다투었다.
② 지수가 정민이의 실험을 망쳤다.
③ 정민이가 지수에게 물을 쏟았다.
④ 지수가 정민이에게 물을 엎질렀다.
⑤ 지수가 정민이에게 걸려 넘어졌다.

11 지수가 정민이에게 전하고 싶은 마음이 무엇인지 쓰시오.

(   )

12 지수는 어떤 방법을 사용하여 마음을 전했습니까?

(   )

① 편지
② 누리집
③ 게시판
④ 영상 통화
⑤ 문자 메시지

서술형
13 12와 같은 방법을 사용하여 마음을 나누려고 할 때의 좋은 점은 무엇인지 쓰시오.

_____

_____

도움말 이와 같은 방법으로 친구와 대화를 주고받았던 경험을 떠올려 보고 어떤 점이 좋았는지 생각해 봅니다.

교과서 311~313쪽 내용 **학습 목표 ▶ 글 쓸 내용 계획하기**

┌ 마음을 나누려는 사람과 첫인사, 일어난 사건을 자세히 씀.
1 지효에게

지효야, 안녕? 나 신우야.
　　　　　　첫인사
지효야, 아까 내가 네 책상 옆에서 미역국을 엎질렀지? 너는 네 가방이 더러워져서
　　　　　　　　　　일어난 사건
많이 속상했을 텐데 나에게 "괜찮아?" 하면서 걱정을 해 주었어. 그리고 미역국 치우

는 것을 도와주었어.
┌ 일어난 사건에 대한 생각이나 행동을 표현함.
2 나는 미역국을 엎지르고 너에게 미안하다는 말도 못 하고 **멍하니** 서 있었어. 너무

당황스러워서 어떻게 해야 할지 생각이 나지 않았어. 그런데 네가 오히려 나를 걱정
　　　　　　　　　　　　　　　　　　　　짐작이나 기대와는 다르게.
해 주고 같이 치워 주어서 **감동**했단다.
┌ 나누려는 마음과 끝인사, 글을 쓴 사람을 밝힘.
3 지효야, 아까는 당황스러워서 너에게 고맙다는 말을 제대로 못 했어. 정말 고마워!

네 따뜻한 마음을 잊지 않을게.

앞으로 내가 도와줄 일 있으면 꼭 도와줄게. 그리고 우리 앞으로도 친하게 지내자.

안녕.

친구 신우가

• **글의 특징:** 신우가 점심시간에 미역국을 엎질러 지효의 가방을 더럽힌 일에 대한 미안한 마음과 고마운 마음을 전하려고 쓴 편지입니다.

낱말 사전

멍하니 정신이 나간 것처럼 얼떨떨하게.
예 나는 멍하니 창밖을 보았다.
감동(感 느낄 감, 動 움직일 동) 크게 느끼어 마음이 움직임.
예 그 노래는 나에게 큰 감동을 주었다.

---

14 신우는 어떤 사건 때문에 글을 썼습니까? (　　)

① 지효와 미역국을 먹은 일
② 지효와 편지를 주고받은 일
③ 지효가 넘어져 미역국을 엎지른 일
④ 미역국을 쏟아 지효를 다치게 한 일
⑤ 미역국을 엎질러 지효의 가방이 더러워진 일

16 글 **2**에 나타난 내용으로 알맞은 것은 무엇인지 ○표를 하시오.

(1) 나누려는 마음을 표현하고 끝인사를 한다.
　　　　　　　　　　　　　　　　　　(　　)
(2) 마음을 나누려는 사람을 밝히고 첫인사를 한 뒤 일어난 사건을 자세히 쓴다.　(　　)
(3) 일어난 사건에 대한 자신의 생각이나 행동을 표현한다.　　　　　　　　　(　　)

15 신우는 지효에게 어떤 방법으로 마음을 전하는 글을 썼습니까? (　　)

① 일기
② 편지
③ 학급 신문
④ 문자 메시지
⑤ 학급 누리집

17 이 글을 쓸 때 신우가 지켜야 할 점으로 알맞지 <u>않은</u> 것은 무엇입니까? (　　)

① 마음이 잘 전달되도록 쓴다.
② 높임 표현을 사용해서 쓴다.
③ 친근하고 쉬운 표현을 사용한다.
④ 맞춤법이나 띄어쓰기를 잘 지킨다.
⑤ 글을 쓰는 상황과 목적을 생각한다.

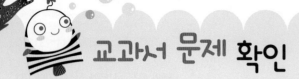 

교과서 302~307쪽

○ 친구들이 학용품을 소중히 다루지 않는 것이 안타까운 여자아이가 마음을 전하려는 글을 쓰는 내용

- 학용품은 어떤 자원으로 만들었을까요?

  ㉮ 연필은 나무와 같은 자원으로 만들었습니다.

- 학용품을 소중히 다루어야 하는 까닭은 무엇인가요?

  ㉮ 학용품은 자연 자원으로 만들기 때문입니다. / 학용품을 아껴서 사용하면 자원을 절약할 수 있기 때문입니다.

- 그림 속 상황을 다시 한번 살펴보고 물음에 답해 봅시다.

물음	답
서연이가 글로 마음을 나눈다면 서연이가 나누려는 마음은 무엇일까요?	㉮ 친구들이 학용품을 소중히 다루지 않아 안타까운 마음입니다.
서연이가 글을 쓴다면 누가 읽으면 좋을까요?	㉮ 친구들입니다.
어디에 글을 실으면 좋을까요?	㉮ 학급 게시판입니다. / 학급 누리집입니다. / 문자 메시지로 보냅니다.
서연이가 글을 쓰는 목적은 무엇일까요?	㉮ 친구들이 학용품을 소중히 쓰지 않아 안타까운 마음을 전하기 위해서입니다.

- 마음을 나누는 글을 쓰는 상황을 파악해 봅시다.

마음을 나누는 글을 쓰는 상황		
선생님께서 국어 공부를 재미있게 하는 방법을 알려 주심.		
나누려는 마음	읽을 사람	글을 전하는 방법
감사한 마음	선생님	편지 쓰기
글을 쓰는 목적		
국어 공부를 재미있게 하는 방법을 알려 주신 선생님께 감사한 마음을 전하려고 글을 씀.		

마음을 나누는 글을 쓰는 상황		
이웃을 도우려고 나눔 장터를 열려고 함.		
나누려는 마음	읽을 사람	글을 전하는 방법
㉮ 도움을 주려는 마음	학교 친구들	㉮ 누리집에 쓰기
글을 쓰는 목적		
친구들과 이웃에게 도움을 주려는 마음을 나누려고 나눔 장터를 알리는 글을 씀.		

- 글을 쓰는 상황이나 목적과 관련된 질문을 만들어 봅시다.

마음을 나누는 글을 쓰는 상황	㉮ 친구 학용품을 실수로 망가뜨려 미안한 상황
질문	㉮ 나누려는 마음은 무엇인가요? 읽을 사람은 누구인가요? 글을 쓰는 목적은 무엇인가요?

> 친구에게 사과하는 마음을 담아 글을 쓰는 상황, 부모님께 고마운 마음을 편지로 쓰는 상황 등 마음을 나누는 글을 쓰는 상황을 떠올려 봐.

교과서 308~309쪽

글 ㈎: 연아가 선생님께 감사한 마음을 전하는 편지
글 ㈏: 지수가 정민이에게 미안한 마음을 전하는 문자 메시지

• 이 글은 누구에게 쓴 글인가요? ㉠ 선생님께 쓴 글입니다.

• 이 글을 쓴 목적은 무엇인가요? ㉠ 선생님께 감사한 마음을 표현하기 위해서입니다.

• 연아가 선생님과 나누려는 마음은 무엇인가요? ㉠ 감사한 마음입니다. / 고마운 마음입니다.

• 나누려는 마음을 편지로 쓰면 좋은 점은 무엇인가요? ㉠ 하고 싶은 말을 자세히 표현할 수 있습니다.

• 지수는 누구에게 문자 메시지를 보냈나요? ㉠ 친구 정민이에게 보냈습니다.

• 지수가 문자 메시지를 보낸 목적은 무엇인가요? ㉠ 미안한 마음을 정민이에게 표현하기 위해서입니다.

• 지수가 정민이와 나누려는 마음은 무엇인가요? ㉠ 미안한 마음입니다. / 사과하는 마음입니다.

• 나누려는 마음을 문자 메시지로 쓰면 좋은 점은 무엇인가요?

㉠ 자신의 생각이나 느낌을 바로 전할 수 있습니다. / 읽을 사람의 반응을 바로 확인할 수 있습니다.

• 관계가 있는 것끼리 선으로 이어 봅시다.

㉠

| 글 ㈎ | — | 선생님께 썼어요. | × | 친근한 말로 했어요. |
| 글 ㈏ | — | 친구에게 썼어요. | × | 공손한 말로 했어요. |

교과서 310~313쪽

신우가 점심시간에 미역국을 엎질러 지효의 가방을 더럽힌 일에 대해 미안한 마음과 고마운 마음을 전하는 편지

• 신우는 어떤 사건 때문에 글을 쓰려고 하나요? ㉠ 점심시간에 미역국을 엎질러서 지효 가방이 더러워진 일

• 어떤 마음을 나누려고 하나요? ㉠ 미안한 마음, 고마운 마음 / • 누구에게 쓰려고 하나요? ㉠ 지효

• 어떤 방법으로 글을 쓰면 좋을까요? 문자 메시지 쓰기, ㉠ 편지 쓰기

• 글 내용과 짜임을 생각하며 알맞은 말을 보기에서 찾아 빈칸에 써 봅시다.

처음 부분	• 마음을 나누려는 사람을 밝히고, ㉠ 첫인사을/를 했네. • ㉠ 일어난 사건을/를 자세히 썼구나.
가운데 부분	일어난 사건에 대한 자신의 ㉠ 생각이나 행동을/를 표현했구나.
끝 부분	㉠ 나누려는 마음을/를 표현하고 ㉠ 끝인사을/를 했구나. • 마지막에는 글을 쓴 사람을 밝혔네.

• 글 쓸 계획을 세울 때 고려할 점을 정리해 봅시다.

상황과 목적 파악하기	㉠ 상황을 파악한다. / 목적을 정한다.
쓸 내용 정하기	㉠ 일어난 사건을 떠올린다. / 일어난 사건에 대한 자신의 생각이나 행동을 떠올립니다. / 나누려는 마음을 생각한다.
표현하기	㉠ 읽을 사람을 생각해서 표현한다. / 맞춤법, 띄어쓰기를 잘 지켜 표현한다.

단원 정리 학습

핵심 1 | 글을 쓰는 상황과 목적 파악하기

● 마음을 나누는 글을 쓰기 전에 생각해야 할 점

• 어떤 일이 일어났는지 생각합니다.

• 나누려는 마음을 떠올립니다.

• 읽을 사람이 누구인지 생각합니다.

• 글을 전하는 방법은 무엇이 효과적인지 생각합니다.

• 글을 쓰는 목적을 생각합니다.

편지	누리집	문자 메시지
하고 싶은 말을 자세히 표현할 수 있습니다.	사진이나 동영상도 함께 볼 수 있습니다.	생각이나 느낌을 바로 전달하고, 상대의 반응도 바로 확인할 수 있습니다.

내가 자원을 아끼자는 생각을 한 까닭은 무엇일까?	㉣ 분실물 보관함에 쌓여 있는 연필과 지우개 등 자연 자원으로 만든 학용품을 보았기 때문입니다.
내가 나누려는 마음은 무엇일까?	㉣ 학용품을 소중하게 다루지 않아 안타까운 마음입니다.
만약 내가 글을 쓴다면 누가 읽으면 좋을까?	㉣ 친구들입니다.
어디에 글을 실으면 좋을까?	㉣ 학급 누리집에 쓸 것입니다.

핵심 2 | 글 쓸 내용 계획하기

● 글을 쓰는 상황과 목적 파악하기

• 일어난 사건을 토대로 글을 쓰는 상황과 목적을 파악합니다.

● 쓸 내용 정하기

• 일어난 사건을 자세히 떠올립니다.

• 일어난 사건에 대한 자신의 생각이나 행동을 떠올립니다.

• 나누려는 마음을 생각합니다.

● 표현하기

• 읽을 사람을 생각해서 표현합니다.

• 맞춤법, 띄어쓰기를 지켜 표현합니다.

직접 말로 하면 쑥스러울 때가 있는데 글로 쓰면 내 마음을 더 잘 전할 수 있어.

단원 확인 평가

9. 마음을 나누는 글을 써요

[01~02] 다음 그림을 보고, 물음에 답하시오.

01 여자아이가 안타까운 마음이 든 까닭은 무엇입니까?

( )

① 친구들이 학용품을 많이 사서
② 친구들이 학용품을 잃어버려서
③ 친구들이 잃어버린 학용품을 찾지 않아서
④ 친구들이 여자아이의 말을 못들은 체해서
⑤ 친구들이 여자아이의 학용품을 가져가 버려서

02 다음은 그림 속 상황을 질문과 답으로 만든 것입니다. ㉠~㉣ 중 알맞지 <u>않은</u> 것의 기호를 쓰시오.

질문	답
글을 쓸 생각을 하게 된 까닭은 무엇일까?	㉠ 분실물 보관함에 쌓여 있는 학용품을 본 일
나누려는 마음은 무엇일까?	㉡ 안타까운 마음
만약 내가 글을 쓴다면 누가 읽으면 좋을까?	㉢ 친구들, 선생님
어디에 글을 실으면 좋을까?	㉣ 일기장

( )

[03~04] 다음을 보고, 물음에 답하시오.

지수	정민아, 아까 과학 시간에 물을 엎질러서 정말 미안해.
	아니야, 지수야. 일부러 그런것도 아니잖아. **정민**
지수	그래도 옷이 젖어서 불편했지?
	아니야, 괜찮았어. 그나저나 너도 많이 놀랐겠다. **정민**
지수	응, 사실 나도 깜짝 놀랐어.
	그래, 난 정말 괜찮으니까 너도 너무 걱정하지 마. **정민**
지수	그래, 고마워. 그리고 진심으로 미안해.

03 글의 내용으로 알맞지 <u>않은</u> 것에 △표를 하시오.

(1) 지수는 미안한 마음을 전하고 있다. ( )
(2) 지수와 정민이는 문자 메시지로 대화를 나누고 있다. ( )
(3) 정민이는 화가 난 마음이 풀리지 않았다. ( )

04 다음은 이와 같은 방법으로 글을 쓸 때의 좋은 점입니다. ( ) 안의 알맞은 말을 골라 ○표를 하시오.

> 나누려는 마음을 문자 메시지로 쓰면 읽는 사람의 (표정 , 반응)을 바로 확인할 수 있다.

 05 다음 중 글 쓸 내용을 계획하여 표현하기를 할 때 고려해야 할 점은 무엇입니까? ( )

① 일어난 사건을 떠올린다.
② 나누려는 마음을 생각한다.
③ 읽을 사람을 생각하여 표현한다.
④ 글을 쓰는 상황과 목적을 생각한다.
⑤ 사건과 관련된 생각이나 행동을 떠올린다.

[06~10] 다음 글을 읽고, 물음에 답하시오.

> (가) 선생님께
>
> 선생님, 안녕하세요? 저는 최연아입니다.
>
> 올해 선생님을 만난 건 저에게 큰 행운입니다. 저는 이상하게 국어 공부가 싫었습니다. 책은 만화책 말고는 모두 재미가 없고, 글쓰기도 팔만 아픈 것 같았습니다.
>
> 그런데 선생님과 함께 국어를 공부하고 나서는 조금씩 달라지기 시작했습니다.
>
> 선생님께서 읽기와 쓰기를 할 때 도움이 되는 여러 가지 재미있는 방법을 알려 주셨습니다. 그리고 이해가 되지 않는 부분은 없는지, 더 알고 싶은 것이 있는지를 물어봐 주시고 진지하게 들어 주셨습니다. 그래서 저는 용기를 내어 궁금한 점이나 더 알고 싶은 것을 여쭈어보았고, 새로운 내용을 알면서 국어 공부가 점점 더 좋아지기 시작했습니다.
>
> (나) 지효에게
>
> 지효야, 안녕? 나 신우야.
>
> 지효야, 아까 내가 네 책상 옆에서 미역국을 엎질렀지? 너는 네 가방이 더러워져서 많이 속상했을 텐데 나에게 "괜찮아?" 하면서 걱정을 해 주었어. 그리고 미역국 치우는 것을 도와주었어.
>
> 나는 미역국을 엎지르고 너에게 미안하다는 말도 못 하고 멍하니 서 있었어. 너무 당황스러워서 어떻게 해야 할지 생각이 나지 않았어. 그런데 네가 오히려 나를 걱정해 주고 같이 치워 주어서 감동했단다.

06 (가)와 (나)에서 연아와 신우는 마음을 전하는 글을 어떤 방법으로 썼는지 쓰시오.

(   )

07 06의 답과 같은 방법으로 마음을 나누는 글을 쓰면 좋은 점을 두 가지 고르시오. (,   )

① 상대의 답변을 곧바로 들을 수 있다.
② 상대의 표정을 바로 확인할 수 있다.
③ 사진이나 동영상을 함께 첨부할 수 있다.
④ 직접 만나서 하기 어려운 말을 할 수 있다.
⑤ 생각을 정리해서 자세하게 표현할 수 있다.

08 (가)에서 연아가 선생님께 감사하게 생각하는 점이 <u>아닌</u> 것은 무엇입니까? (   )

① 만화책을 읽게 해 주신 것
② 자신의 이야기를 진지하게 들어 주신 것
③ 더 알고 싶은 것이 있는지 물어봐 주신 것
④ 이해가 되지 않는 부분은 없는지 물어봐 주신 것
⑤ 읽기와 쓰기에 도움이 되는 여러 가지 방법을 알려 주신 것

09 (나)에서 신우가 지효에게 전하고 싶은 마음은 무엇인지 두 가지를 고르시오. (,   )

① 놀란 마음
② 미안한 마음
③ 고마운 마음
④ 걱정스러운 마음
⑤ 당황스러운 마음

서술형
10 다음은 신우의 글을 읽은 지효가 신우에게 쓸 내용을 떠올린 것입니다. 빈칸에 알맞은 내용을 생각하여 쓰시오.

글을 쓸 생각을 하게 된 까닭은 무엇일까?	신우의 편지를 읽고 난 상황
나누려는 마음은 무엇일까?	(1)
내가 쓴 글은 누가 읽으면 좋을까?	신우
어떤 방법으로 글을 쓰면 좋고, 그 까닭은 무엇일까?	(2)

도움말 지효가 되어 신우에게 나누려는 마음과 글을 전하는 방법을 생각해 봅니다.

만점왕 국어 6-1 수록 작품(어문) 목록

단원	작품명	지은이	나온 곳
1단원	「뻥튀기」	고일	『뻥튀기』, ㈜주니어이서원, 2014.
	「봄비」	심후섭	『내 마음의 동시 6학년』, 계림북스, 2011.
	「풀잎과 바람」	정완영	『가랑비 가랑가랑 가랑파 가랑가랑』, ㈜사계절출판사, 2015.
2단원	「황금 사과」	송희진 글, 이경혜 옮김	『황금 사과』, 뜨인돌어린이, 2011.
5단원	「속담 하나 이야기 하나: 독장수 구구」	임덕연	『속담 하나 이야기 하나』, 도서출판 산하, 2014.
5단원	「속담 하나 이야기 하나: 까마귀 고기를 먹었나」	임덕연	『속담 하나 이야기 하나』, 도서출판 산하, 2014.
6단원	「수원 화성을 어떻게 만들었을까」	유지현	『조선 왕실의 보물 의궤』, 토토북, 2009.
8단원	「제게 12척의 배가 있으니」	이강엽	『불패의 신화가 된 명장 이순신』, ㈜웅진씽크빅, 2005.
	「버들이를 사랑한 죄」	황선미	『섬마을 몽당깨비』, ㈜창비, 2013.

메모

메모

개념책

BOOK 1 개념책으로 학습 개념을
확실하게 공부했나요?

예습, 복습, 숙제까지 해결되는

교과서 완전 학습서

만점왕

BOOK 2
실전책

국어 6-1

EBS

연산 드릴
일일 학습서
만점왕 연산

슈웅~

단/계/별/구/성

하루 2쪽	주제별 원리와 연산 드릴 문제	군더더기 없는 구성
▼	▼	▼
가벼운 학습	반복 훈련	연산 최적화

초등 기본서

만점왕

국어

6·1

book 2 실전책

BOOK 2

자기주도 활용 방법

시험 2주 전 공부

시험이 2주 남았네요. 이럴 땐 먼저 핵심을 복습해 보면 좋아요.

만점왕 북2 실전책을 펴 보면 각 단원별로 핵심 정리와 쪽지 시험이 있습니다. 정리된 핵심을 읽고 확인 문제를 풀어 보세요. 확인 문제가 어렵게 느껴지거나 자신 없는 부분이 있다면 북1 개념책을 찾아서 다시 읽어 보는 것도 도움이 돼요.

시험 1주 전 공부

앗, 이제 시험이 일주일 밖에 남지 않았네요.
시험 직전에는 실제 시험처럼 시간을 정해 두고 문제를 푸는 연습을 하는 게 좋아요. 그러면 시험을 볼 때에 떨리는 마음이 줄어드니까요.

이때에는 **만점왕 북2의 학교 시험 만점왕과 수행 평가**를 풀어 보면 돼요. 시험 시간에 맞게 풀어 본 후 맞힌 개수를 세어 보면 자신의 실력을 알아볼 수 있답니다.

BOOK2 차례

독서력 향상 가이드

2015 개정 교육과정을 적용한 국어 교과서에는 초등학교 3학년부터 고등학교까지 특별 단원인 '독서 단원'이 새로 생겼습니다. '독서 단원'은 매 학기 한 권, 교과서 밖의 책을 수업 시간에 끝까지 읽고, 다른 사람과 생각을 나누며, 자기 생각을 글로 쓸 수 있도록 하는 단원입니다. 이렇게 독서 교육의 중요성이 더욱 강조되고 있는 만큼, 만점왕 국어에서는 우리 학생들이 독서 습관을 기르고 효과적인 독서 방법을 익힐 수 있도록 '독서력 향상 가이드'를 제공합니다. 학생 스스로, 또 부모님이나 선생님과 함께 살펴보고 나의 독서 능력을 쑥쑥 키워 보세요. 또 실제로 독서할 때 활용할 '스스로 독서 활동지'가 EBS 초등 사이트(primary.ebs.co.kr)의 만점왕 국어 6-1 교재방〉교재 정답지에 있으니 여러 번 출력하여 자유롭게 사용해 보세요.

▶️ 6-1 독서 단원 학습 목표 및 주요 활동

단원 학습 목표	세부 학습 목표
우리 주변 문제를 다룬 책을 읽고 독서 능력과 태도를 기를 수 있다.	• 읽을 책을 정하고 책 내용을 예측할 수 있다. • 책을 깊이 있게 읽을 수 있다. • 책 내용을 간추리고 생각을 나눌 수 있다.

 6-1 독서 단원에서 배운 내용을 바탕으로 책 한 권을 끝까지 읽은 뒤에 다른 사람과 생각을 나누고, 내 생각을 말해 보렴.

▶️ 세부 단계

독서 준비 단계	독서 단계	독서 후 단계
읽을 책 정하기 ↓ 책 내용 예측하기	스스로 점검하며 읽기 ↓ 중심 내용을 찾으며 읽기	책 내용에 대한 질문을 만들고 내용 간추리기 ↓ 생각 나누기 ↓ 정리하기

부모님, 기억해 주세요!

책을 읽기 전에는 최근에 부각되는 사회적 관심사를 자유롭게 이야기하여 독서의 흥미를 불러일으킬 수 있도록 해 주시고, 머리말, 추천하는 글, 서평, 소개하는 글 등에서 정보를 수집해 보게 해 주세요. 책을 읽은 뒤에는 포스터 만들기, 건의하는 글 쓰기 등으로 사회적 실천 활동을 할 수 있도록 지도해 주세요.

독서 준비 단계   ○ 읽을 책을 정하고 책 내용 예측하기

읽을 책 정하기

우리 사회에서 일어나는 문제를 주제로 이야기 나누기

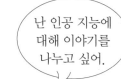
난 환경 오염에 대해 이야기를 나누고 싶어.

난 인공 지능에 대해 이야기를 나누고 싶어.

최근에 본 뉴스나 신문 기사를 참고할 수도 있고, 도서관에서 사회 분야를 다룬 책을 찾아 문제를 살펴볼 수도 있어.

자신이 관심 있는 문제 정하기

모둠이나 학급 전체가 관심 있는 문제를 정하고 문제와 관련 있는 책을 찾아봐.

스스로 독서 활동지   자신이 관심 있는 문제 정하기 예

관심 있는 문제	관심 있는 까닭
공기 오염의 원인과 해결 방안	요즘 공기 오염이 심각하고 미세 먼지로 생기는 피해가 점점 커지고 있기 때문이다.

↳ primary.ebs.co.kr 교재방〉교재 정답지에서 출력!

앞에서 정한 문제와 관련해 자신이 읽을 책 정하기

앞에서 정한 문제와 관련해 읽을 책을 고를 때에는 책을 반 전체 학생들과 함께 읽을 것인지, 모둠별로 읽을 것인지, 혼자 읽을 것인지 등을 결정해야 해. 그리고 어떤 책을 찾으면 좋을지 생각해야 해.

독서력 향상 가이드

스스로 독서 활동지 스스로 기준을 만들어 읽을 책 평가하기 ⓔ

기준	평가	
	예	아니요
모둠에서 관심 있는 문제와 관련이 있나요?		
책 분량은 알맞은가요?		
책 내용이 너무 어렵거나 쉽지 않나요?		

ㄴ primary.ebs.co.kr 교재방＞교재 정답지에서 출력!

주변에서 찾을 수 있는 책은 직접 찾아 살펴보고, 주변에서 찾지 못한 책은 인터넷을 활용해 제목, 표지, 차례, 서평이나 머리말 따위를 훑어 보고 판단할 수 있어.

스스로 독서 활동지 한 학기 동안 읽을 책을 정하고 그 책을 고른 까닭 이야기하기 ⓔ

책 제목	글쓴이	쪽수	출판사
「아빠와 함께 지구를 지켜요」	박민형	240쪽	대길출판사
고른 까닭	• 제목에 나오는 지구를 지킨다는 내용이 무엇인지 궁금해서 • 표지에 지구의 색깔이 푸른색이 아닌 것이 이상해서 그 이유를 알고 싶어서 • 평소 관심 있었던 지구 온난화와 관련된 책인 것 같아서		

ㄴ primary.ebs.co.kr 교재방＞교재 정답지에서 출력!

책 내용 예측하기

책 제목과 표지, 차례와 그림으로 책 내용을 짐작할 수 있어. 또 추천하는 글을 읽고도 내용을 예측할 수 있는데 책을 추천하는 글에는 추천하는 까닭, 책의 주제나 구성을 알려 주는 내용, 추천해 주고 싶은 사람이 나와.

독서 단계   ○ 책을 깊이 있게 읽기

책을 읽을 때 다음과 같은 점을 생각하며 꼼꼼히 읽어 보도록 하렴.

- 주장이나 설명하려는 것이 무엇인지 생각하며 읽기
- 중심 내용을 찾으며 읽기
- 자신의 생각과 비교하며 읽기
- 질문하여 읽기
- 스스로 점검하며 읽기

스스로 점검하며 읽기

- 책을 읽다가 읽기를 멈추고 읽은 내용을 다시 생각해 봅니다.
- 새롭게 안 내용이나 더 알고 싶은 내용은 표시합니다.
- 내용을 잘 이해하지 못할 때에는 두세 번 더 천천히 읽어 봅니다.
- 집중이 잘 안될 때에는 첫 문장부터 다시 읽어 봅니다.

중심 내용을 찾으며 읽기

- 무엇을 다룬 글인지 생각해 봅니다.
- 문단의 중심 내용은 문단 전체 내용을 포함할 수 있어야 합니다.
- 문단의 중심 내용은 문단 첫머리나 끝머리에 오는 경우가 많습니다.
- 중심 내용이 글에 드러난 경우도 있지만 숨겨진 경우도 있습니다.

부모님, 기억해 주세요!

아이들이 독서할 때에는 책을 읽는 것 자체가 생각을 나누는 경험이 될 수 있도록 우호적이고 자유로운 분위기를 조성해 주세요.

독서 후 단계   ○ 책 내용을 간추리고 생각 나누기

책 내용에 대한 질문을 만들고 내용 간추리기

친구들과 궁금한 점을 서로 묻고 답하기

1. 질문 카드에 질문을 쓴다.
2. 질문 카드를 뜯어서 모둠 친구들과 질문 내용을 공유한다.
3. 모둠 친구들과 함께 질문 카드를 보며 궁금한 점을 서로 묻고 답한다.

내용을 확인하려는 질문인지, 비판하거나 감상하려는 질문인지를 잘 생각해 봐.

친구들의 질문을 기준에 따라 분류하기

기준

책에서 답을 찾을 수 있는 질문	책 내용으로 미루어 생각했을 때 답을 찾을 수 있는 질문	책 평가나 감상과 관련한 질문

책 전체 내용 간추리기

스스로 독서 활동지 책 전체 내용 간추리기 예

어떤 내용을 다룬 책인가?	주인공이 환경 오염과 지구 온난화에 대해 알아가면서 지구를 지키기 위해 작은 실천을 하는 내용
책 제목과 표지는 어떤 뜻을 담고 있는가?	책 제목 「아빠와 함께 지구를 지켜요」는 작은 실천으로 지구를 지킬 수 있다는 뜻을 담고 있음.
책 차례는 어떠한가?	미세 먼지는 괴로워, 지구 온난화로 더운 여름, 아빠와 함께 공부해요, 작은 실천이면 지구를 지킬 수 있어요
글의 구조는 어떠한가?	이야기 글 구조로 되어 있음.
이 책의 중심 내용은 무엇인가?	지구를 위한 작은 실천은 어렵지 않음.

└ primary.ebs.co.kr 교재방＞교재 정답지에서 출력!

독서 토론하기

독서 토론 주제를 정할 때에는 다음을 생각해야 해.
- 우리 사회에서 일어나는 문제와 관련이 있는가?
- 자신이 읽은 책 내용과 관련이 있는가?
- 찬반 의견이 나올 수 있는가?

'선택 활동'에서는 '포스터 만들기', '건의하는 글 쓰기' 활동을 할 수 있어.
다음 활동 가운데에서 하나를 골라 해 보렴.

포스터 만들기

포스터를 만들 때 생각할 점
- 무엇을 알리려는 포스터인가요?
- 누구를 대상으로 하나요?
- 어떤 그림이나 글을 넣고 싶나요?

건의하는 글 쓰기

건의하는 글을 쓸 때 생각할 점
- 어떤 문제를 다룰 것인가요?
- 누구에게 쓸 것인가요?
- 문제를 해결하려고 어떤 방안을 제시할 것인가요?
- 건의하는 글을 어떤 방법으로 보낼 것인가요?

포스터는 알리려는 내용이 잘 드러나는지, 그림과 글이 잘 어울리는지,
생각을 창의적으로 잘 표현했는지 살펴보고 전시해 보렴. 그리고 건의
하는 글에는 인사말과 자기소개, 문제 상황, 해결 방안이나 요구 사항,
기대하는 효과가 적절히 담겨 있는지 살펴봐.

스스로 독서 활동지　건의하는 글 쓰기 ㉄

○○ 자동차를 만드시는 분들께
안녕하세요? 저는 ●●초등학교 6학년 김민준이라고 합니다.
요즘 우리나라에 미세 먼지가 많아져서 저는 기침도 많이 하고 항상 마스크를 쓰고 다녀야 해서 불편합니다.
미세 먼지에 대한 자료를 찾던 중 자동차 배기가스도 미세 먼지가 많아지는 원인 중 하나라는 것을 알게 되었습니다.
그래서 자동차를 만드시는 분들께서 자동차에서 가스가 안 생기는 장치를 만들어 주셨으면 좋겠습니다. 그러면 앞으
로는 미세 먼지로 피해를 보지 않을 것입니다.

20○○년 ○○월 ○○일
김민준 올림

↳ primary.ebs.co.kr 교재방＞교재 정답지에서 출력!

정리하기   ○ 독서 활동 돌아보기 / 더 찾아 읽기 / 독서 습관 기르기

마무리할 때엔 체크 리스트에 표시하면서 자신의 독서 활동을 돌아보렴.

스스로 독서 활동지 독서 활동 돌아보기

평가 기준	평가		
	매우 잘함	잘함	보통임
책을 열심히 읽었다.			
책의 중심 내용을 잘 파악하였다.			
독서 토론을 할 때 주장에 대한 근거를 잘 마련하였다.			

스스로 독서 활동지 읽고 싶은 책 더 찾아 읽기 예

책 제목	글쓴이	이 책을 고른 까닭
「초록별 이야기」	황보람	지구의 별명인 초록별에서 어떤 일이 일어났는지 궁금했다.
「다른 별로 이사 가요」	우사랑	다른 별로 왜 이사 가는지, 그 내용이 알고 싶어졌다.

└ primary.ebs.co.kr 교재방＞교재 정답지에서 출력!

스스로 독서 활동지 독서 태도 기록표 만들기

매우 잘함: ◎, 잘함: ○, 보통임: △

기준	책 제목: 월 일 ~ 월 일
우리 주변 문제와 관련 있는 내용을 다룬 책을 읽는다.	
책 표지와 차례를 보고 내용을 예측하며 읽는다.	
중심 내용을 파악하며 읽는다.	
읽기 과정을 스스로 점검하며 읽는다.	
책을 읽고 난 뒤에는 중요한 내용을 정리한다.	
읽은 내용을 바탕으로 하여 자신의 의견을 제시한다.	

└ primary.ebs.co.kr 교재방＞교재 정답지에서 출력!

단원별
실전 학습

단원 핵심 복습

1 비유하는 표현

- 어떤 현상이나 사물을 비슷한 현상이나 사물에 빗대어 표현한 것을 말합니다.

  예 「뻥튀기」에 나오는 비유하는 표현

대상	비유하는 표현	비유한 까닭
뻥튀기가 사방으로 날리는 모양	봄날 꽃잎	뻥튀기가 봄날 꽃잎처럼 하늘에 흩날리기 때문에
	나비/함박눈/폭죽	다양한 방향으로 움직여서/소복하게 내리니까/ 멀리 퍼져 나가서
뻥튀기 냄새	메밀꽃 냄새 / 새우 냄새 / 멍멍이 냄새 / 옥수수 냄새	냄새가 고소하고 달콤하기 때문에

- 비유하는 표현에는 은유법과 직유법이 있습니다.

은유법	직유법
• 어떤 대상을 '~은/는 ~이다'로 빗대어 표현하는 방법 예 '뻥튀기가 사방으로 날리는 모양'을 '함박눈이 내리는 모습'으로 표현함.	• '~같이', '~처럼', '~듯이'와 같은 말을 사용해서 두 대상을 직접 견주어 표현하는 방법 예 '친구'를 '풀잎 같은 친구'와 '바람 같은 친구'로 나타냄.

2 비유하는 표현을 사용하면 좋은 점

- 글이나 그림책의 내용이 쉽게 이해됩니다.
- 글쓴이의 의도를 쉽게 파악할 수 있습니다.
- 상황이 실감 나게 느껴집니다.
- 장면이 쉽게 떠오릅니다.

3 비유하는 표현을 살려 시 쓰기

- 비유하는 표현을 활용하여 대상에 대한 자신의 생각이나 마음을 표현하는 시를 씁니다.

> 시로 표현하고 싶은 대상과 그 특징 생각하기

⬇

> 시로 쓰고 싶은 대상의 특징과 어울리는 비유하는 표현 생각하기

⬇

> 시로 쓰고 싶은 대상의 특징과 비유하는 표현의 공통점 생각하기

⬇

> 시로 쓰고 싶은 대상의 특징을 비유하는 표현을 사용해 나타내기

01 다음 빈칸에 들어갈 알맞은 말을 쓰시오.

> 어떤 현상이나 사물을 비슷한 현상이나 사물에
> 빗대어 표현한 것을 [   ](이)라고 한다.

(   )

02 다음 중 어떤 대상을 '~은/는 ~이다'로 비유하여 표현하는 방법을 찾아 ○표를 하시오.

> 은유법   직유법

03 다음 중 직유법으로 나타낸 표현을 찾아 ○표를 하시오.

(1) 하늘 같은 아빠   (   )
(2) 엄마는 요술쟁이   (   )

[04~05] 다음 글을 읽고, 물음에 답하시오.

> "뻥이요. 뻥!"
>
> ㉠봄날 꽃잎이 흩날리는 것처럼 아름답게 보였습니다.
> 아니야, 아니야, ㉡나비가 날아갑니다.
> 아니야, 아니야, 함박눈이 내리는 거야.
>
> 맞아요. 맞아요. 폭죽입니다.

04 ㉠은 무엇을 비유하는 표현인지 쓰시오.

(   )

05 뻥튀기가 사방으로 날리는 모양과 ㉡의 공통점을 찾아 ○표를 하시오.

(1) 소리가 요란하다.(   )
(2) 다양한 방향으로 움직인다.(   )

[06~07] 다음 시를 읽고, 물음에 답하시오.

> 나는 풀잎이 좋아, ㉠풀잎 같은 친구 좋아
> 바람하고 엉겼다가 풀 줄 아는 풀잎처럼
> 헤질 때 또 만나자고 손 흔드는 친구 좋아.
>
> 나는 바람이 좋아, 바람 같은 친구 좋아
> 풀잎하고 헤졌다가 되찾아 온 바람처럼
> 만나면 얼싸안는 바람, 바람 같은 친구 좋아.

06 ㉠은 은유법과 직유법 중에서 어떠한 표현 방법을 사용한 것인지 쓰시오.

(   )

07 이 시에서는 친구를 무엇에 비유했는지 두 가지를 쓰시오.

(,   )

08 자신이 좋아하는 친구를 다른 대상에 비유하여 표현할 때 빈칸에 알맞은 말을 쓰시오.

> 친구는 [   ](이)다.

(   )

학교 시험 만점왕

[01~04] 다음 글을 읽고, 물음에 답하시오.

> ㉠"뻥이요. 뻥!"
>
> ㉡봄날 꽃잎이 흩날리는 것처럼 아름답게 보였습니다.
> 아니야, 아니야, ㉢나비가 날아갑니다.
> 아니야, 아니야, ㉣함박눈이 내리는 거야.
>
> 맞아요, 맞아요, 폭죽입니다.
>
> 하얀 연기 고소하고요.
>
> 가을날 ㉤메밀꽃 냄새가 납니다.
> 아니야, 아니야, 새우 냄새가 납니다.
> 아니야, 아니야, 멍멍이 냄새가 납니다.
>
> 맞아요, 맞아요, 옥수수 냄새입니다.

01 ㉠에서 알 수 있는 것은 무엇입니까? ( )

① 뻥튀기가 막 완성되었다.
② 사람들이 뻥튀기를 먹는다.
③ 사람들이 바쁘게 걸어간다.
④ 아저씨가 뻥튀기를 나눠준다.
⑤ 아이들이 뻥튀기를 맛있게 먹는다.

이 글은 뻥튀기를 하는 장면을 비유적으로 표현했어.

02 ㉡~㉤ 중에서 비유하는 대상이 <u>다른</u> 하나는 무엇인지 기호를 쓰시오.

( )

03 보기 와 같이 뻥튀기 냄새와 그것을 비유하는 표현의 공통점은 무엇입니까? ( )

보기

대상	비유하는 표현
뻥튀기 냄새	메밀꽃 냄새 새우 냄새 멍멍이 냄새 옥수수 냄새

① 따뜻하다.   ② 시끄럽다.
③ 아름답다.   ④ 고소하다.
⑤ 짭쪼름하다.

04 이 글에 나타난 비유하는 표현에 대해 바르게 말한 친구의 이름을 모두 쓰시오.

> 선호: 뻥튀기가 사방으로 날릴 때의 모습을 나비가 날아가는 것 같다고 비유하였어.
> 민주: 뻥튀기의 냄새가 옥수수 냄새 같다고 표현했어.
> 경아: 뻥튀기를 할 때 나는 비릿한 냄새를 멍멍이 냄새와 같다고 했어.

(,)

05 비유하는 표현을 사용하면 좋은 점으로 알맞지 <u>않은</u> 것은 무엇입니까? (　　)

① 장면이 쉽게 떠오른다.
② 큰 소리로 읽을 수 있다.
③ 상황이 실감 나게 느껴진다.
④ 내용을 쉽게 이해할 수 있다.
⑤ 글쓴이의 의도를 쉽게 파악할 수 있다.

08 이 시의 주제는 무엇입니까? (　　)

① 미래의 꿈
② 부모님의 사랑
③ 자연의 소중함
④ 형제 간의 우애
⑤ 친구 간의 우정

[06~10] 다음 시를 읽고, 물음에 답하시오.

> 나는 풀잎이 좋아, 풀잎 같은 친구 좋아
> 바람하고 엉켰다가 풀 줄 아는 풀잎처럼
> 헤질 때 또 만나자고 손 흔드는 친구 좋아.
>
> ㉠나는 바람이 좋아, 바람 같은 친구 좋아
> 풀잎하고 헤졌다가 되찾아 온 바람처럼
> 만나면 얼싸안는 바람, 바람 같은 친구 좋아.

06 이 시에 대한 설명으로 알맞지 <u>않은</u> 것은 무엇입니까? (　　)

① 중심 글감은 친구이다.
② 2연 6행으로 이루어져 있다.
③ 비유하는 표현이 나타나 있다.
④ 반복되는 말이 사용되어 운율이 느껴진다.
⑤ 흉내 내는 말이 대상을 실감 나게 표현한다.

09 친구와 바람의 공통점은 무엇입니까? (　　)

① 자꾸 헤어진다는 점
② 풀잎을 좋아한다는 점
③ 자꾸 손을 흔든다는 점
④ 마음이 자주 변한다는 점
⑤ 다시 찾아와서 만난다는 점

10 비유하는 표현을 사용하여 ㉠을 〔보기〕와 같이 바꾸어 쓰고, 그렇게 표현한 까닭을 쓰시오.

〔보기〕

비유하는 표현	나는 공기가 좋아, 공기 같은 친구 좋아 언제나 내 옆에서 함께해 주는 공기처럼
비유한 까닭	공기처럼 친구도 항상 소중하고 필요하기 때문에

비유하는 표현	(1)
비유한 까닭	(2)

07 이 시에서 '풀잎'은 무엇을 비유한 표현인지 찾아 쓰시오.

(　　　　　　　　　　　)

1 이야기 구조

● 이야기 구조에는 발단, 전개, 절정, 결말이 있습니다.

발단	이야기의 사건이 시작되는 부분

↓

전개	사건이 본격적으로 발생하고 갈등이 일어나는 부분

↓

절정	사건 속의 갈등이 커지면서 긴장감이 가장 높아지는 부분

↓

결말	사건이 해결되는 부분

2 이야기를 요약하는 방법

● 이야기 구조를 생각하며 각 부분에서 중요한 사건이 무엇인지 찾습니다.

● 이야기 흐름에서 중요하지 않은 내용은 삭제하거나 간단히 씁니다.

● 중요한 사건이 일어난 원인과 그에 따른 결과를 찾습니다.

● 여러 사건이 관련 있을 때에는 관련 있는 사건을 하나로 묶습니다.

예 「저승에 있는 곳간」 요약하기

중요하지 않은 내용 삭제하기	사건의 원인 찾기	관련 있는 사건은 하나로 묶기
① 옛날, 영암 원님이 죽어서 저승에 있는 염라대왕 앞으로 끌려갔는데, 원님이 염라대왕에게 이승에서 좀 더 살게 해 달라고 간청하자 염라대왕은 원님을 저승사자에게 돌려보냈다. ② 저승사자는 원님에게 이승으로 가려면 저승에 있는 곳간에서라도 수고비를 내놓으라고 했다.	① 원님이 저승에 있는 염라대왕에게 이승에서 좀 더 살게 해 달라고 간청하자 염라대왕은 원님을 저승사자에게 돌려보냈다. ② 저승사자는 원님에게 수고비를 내놓으라고 했다.	저승에 간 원님이 염라대왕에게 이승에서 좀 더 살게 해 달라고 간청하자 염라대왕은 원님을 저승사자에게 돌려보냈고, 저승사자는 원님에게 수고비를 내놓으라고 함.

정답과 해설 **29**쪽

01 다음 빈칸에 알맞은 말을 쓰시오.

> 이야기 구조에는 발단, 전개, ⬜⬜⬜, 결말이 있다.

(   )

02 이야기 구조에서 사건이 해결되는 부분은 무엇인지 쓰시오.

(   )

03 이야기 구조에 대한 설명으로 알맞은 것에 ○표를 하시오.

(1) 이야기의 사건이 시작되는 부분을 발단이라고 한다. (   )

(2) 사건 속의 갈등이 커지면서 긴장감이 가장 높아지는 부분을 전개라고 한다. (   )

04 이야기의 내용을 요약하는 방법을 정리한 것입니다. 알맞은 내용을 골라 ○표를 하시오.

(1) 이야기 흐름에서 중요하지 않은 내용은 (삭제 , 보충)하거나 간단히 씁니다.

(2) 중요한 사건이 일어난 원인과 그에 대한 결과를 찾습니다.

(3) (관련 없는 , 관련 있는) 사건은 하나로 묶습니다.

[05~08] 다음 글을 읽고, 물음에 답하시오.

> ㈎ 옛날, 영암 원님이 죽어서 저승에 있는 염라대왕 앞으로 끌려갔는데, 원님이 염라대왕에게 이승에서 좀 더 살게 해 달라고 간청하자 염라대왕은 원님을 저승사자에게 돌려보냈다.
> ㈏ ㉠저승사자는 ㉡원님에게 이승으로 가려면 ㉢저승에 있는 곳간에서라도 ㉣수고비를 내놓으라고 했다.

05 어디에서 일어난 일인지 쓰시오.

(   )

06 염라대왕이 원님을 저승사자에게 돌려보낸 까닭은 무엇인지 쓰시오.

(   )

07 이야기의 내용을 요약하려고 할 때 ㉠~㉣ 중에서 내용을 삭제하기에 가장 알맞은 것은 무엇인지 찾아 기호를 쓰시오.

(   )

08 다음은 이 이야기를 요약한 것입니다. 빈칸에 알맞은 내용을 쓰시오.

> 저승에 간 원님이 염라대왕에게 이승에서 좀 더 살게 해 달라고 간청하자 염라대왕은 원님을 돌려보냈고, ＿＿＿＿＿＿＿＿＿＿＿＿
> ＿＿＿＿＿＿＿＿＿＿＿＿＿＿＿＿

학교 시험 만점왕

[01~03] 다음 글을 읽고, 물음에 답하시오.

> 옛날, 전라남도 영암 땅에서 있던 일이다.
> 영암 원님이 죽어서 염라대왕 앞으로 끌려갔다.
> "염라대왕님, 소인은 아직 할 일이 많습니다. 그런데 벌써 저를 데려오셨습니까? 이승에서 좀 더 살게 해 주십시오."
> ㉠원님은 머리를 조아리며 간청했다. 그러자 염라대왕은 수명을 적어 놓은 책을 들여다보고는 아직 원님이 나이가 젊어 딱하다는 생각이 들었다.
> "좋다, 내 마음이 변하기 전에 얼른 사라져라."
> 염라대왕은 원님을 저승사자에게 돌려보냈다.

01 이 이야기에 나오는 인물은 누구누구인지 쓰시오.

(,   )

02 이 이야기는 어느 단계에 해당하는지 알맞은 것에 ○ 표를 하시오.

발단	전개	절정	결말

03 ㉠이 원인이 되어 일어난 결과는 무엇입니까?

(   )

① 원님이 저승사자가 되었다.
② 원님은 저승에서 살게 되었다.
③ 염라대왕이 원님에게 화를 내었다.
④ 염라대왕은 원님에게 큰 상을 내렸다.
⑤ 염라대왕은 원님을 저승사자에게 돌려보냈다.

[04~05] 다음 글을 읽고, 물음에 답하시오.

> 원님은 며칠 뒤에 다시 덕진의 주막을 찾았다. 원님은 머뭇거리며 말했다.
> "저, 돈 열 냥만 빌려줄 수 있소?"
> "그렇게 하지요."
> 덕진은 선뜻 열 냥을 내주었다.
> "아니, 모르는 사람에게 돈을 빌려주었다가 안 갚으면 어쩌려고 그러시오?"
> "걱정 마시고 형편이 어렵거든 가져다 쓰시고, 돈이 생기거든 갚으십시오."
> 덕진은 웃으며 대답했다. 원님은 열 냥을 받아 가지고 나오면서 생각했다.
> '이런 것이 만인에게 적선하는 것이로구나. 이런 식으로 덕진은 수많은 사람을 도와주고, 돈 수천 냥을 다른 사람들에게 나누어 주었을 것이다. 그러니 덕진의 저승 곳간에는 곡식이 가득 차 있을 수밖에……'

04 덕진의 성격으로 알맞은 것은 무엇입니까? (   )

① 착하다.
② 깐깐하다.
③ 겁이 많다.
④ 욕심이 많다.
⑤ 의심이 많다.

05 덕진의 저승 곳간에 곡식이 가득 차 있는 까닭은 무엇이겠는지 쓰시오.

(   )

[06~10] 다음 글을 읽고, 물음에 답하시오.

⑺ 소년은 집으로 돌아가던 길에 개울가에서 물장난하는 소녀와 마주쳤습니다. 소년은 소녀에게 비켜 달라는 말도 못 하고 소녀가 징검다리에서 비키기만을 기다렸습니다. 며칠 뒤 징검다리에서 만난 소녀는 세수를 하다 물속에서 하얀 조약돌 하나를 집어 소년에게 던지며 "이 바보."라고 외쳤습니다. 소년은 소녀가 던진 조약돌을 간직하였습니다.

⑷ 소년과 소녀가 가까워졌습니다. 그러던 어느 날 함께 산으로 놀러 갔습니다.

⑸ 산에서 소나기를 만난 소년과 소녀는 수숫단 속에서 비를 피하였습니다. 소나기를 피하고 돌아오는 길에 물이 불어나 돌다리가 없어졌습니다. 소년은 소녀를 업고 개울을 건넜습니다.

그 뒤로 소녀의 모습은 보이지 않고 소년은 주머니 속의 조약돌만 만지작거리며 소녀를 기다렸습니다. 며칠 뒤 다시 만난 소녀는 그동안 많이 아팠으며 곧 이사를 간다고 쓸쓸해 하였습니다.

⑹ 며칠 뒤, 소년은 소녀가 앓다가 죽었다는 소식을 듣게 되었습니다. 소녀의 유언은 자신이 입던 옷을 그대로 입혀서 묻어 달라는 것이었습니다.

06 소년에 대해 알맞게 짐작해 말한 친구의 이름을 쓰시오.

> 병철: 말을 잘 못하는 것으로 보아 소년은 몸이 아픈 거야.
> 현정: 소녀에게 비켜 달라는 말을 못하고 기다리는 것으로 보아 소년은 수줍음이 많은 아이야.

(   )

07 소년이 소녀와의 추억을 소중히 여긴다는 것을 알려 주는 물건은 무엇인지 ⑺에서 찾아 쓰시오.

(   )

 08 이 이야기의 결말에 해당하는 내용은 무엇입니까?

(   )

① 소년은 개울가에서 소녀를 만났다.
② 소년과 소녀는 함께 산으로 놀러 갔다.
③ 소년은 소녀가 앓다가 죽었다는 소식을 들었다.
④ 소년과 소녀는 소나기를 만나 수숫단 속에서 비를 피하였다.
⑤ 소년은 주머니 속의 조약돌만 만지며 소녀를 기다렸다.

09 이 이야기를 읽고 만든 질문 중에서 친구들 생각을 알고 싶은 질문에 ○표를 하시오.

(1) 어느 부분에서 사건이 해결되나요? (   )
(2) 왜 소년과 소녀의 이름이 나오지 않을까요?

(   )

(3) 소녀의 옷에 묻은 얼룩은 어떻게 해서 생겼을까요? (   )

10 「소나기」를 읽고 인상 깊었던 장면을 쓰고, 그에 대한 생각이나 느낌을 쓰시오.

(1) 인상 깊었던 장면	
(2) 생각이나 느낌	

1 공식적인 말하기 상황

- 공식적인 상황에서 말하는 것입니다.
- 학급 회의에서 발표하기, 국어 시간에 토론하기, 학급 임원 선거에서 소견 발표하기 등이 있습니다.

2 공식적인 말하기 상황의 특성

- 여러 사람 앞에서 발표하는 상황이기 때문에 큰 목소리로 또박또박 바르게 말해야 합니다.
- 듣는 사람은 집중해서 들어야 합니다.
- 여러 사람 앞에서 말하는 것이므로 높임 표현을 사용해야 합니다.
- 듣는 사람이 알아듣기 쉽게 자료를 활용하면 좋습니다.

3 공식적인 상황에서 활용할 수 있는 여러 가지 자료

표	사진	도표	동영상
우리 반 친구들이 좋아하는 운동 종목: 축구 10, 배드민턴 5, 줄넘기 8, 합계 23 (인원(명))		(밀리미터) 2022년 서울 강수량 분석 • 출처: 기상청, 2023.	
• 대상의 수량이 얼마나 되는지 쉽게 알 수 있음. • 여러 가지 자료의 수량을 비교하기 쉬움. • 많은 양의 자료를 간단하게 나타낼 수 있음.	• 장면을 있는 그대로 보여 줄 수 있음. • 정확한 모습을 알 수 있음. • 설명하는 대상을 한눈에 보여 줄 수 있음.	• 대상의 수량을 견주어 볼 수 있음. • 수량의 변화 정도를 알 수 있음. • 정확한 수치를 나타낼 수 있음.	• 대상의 움직이는 모습을 잘 전달할 수 있음. • 음악이나 자막을 넣어 분위기를 잘 전달할 수 있음.

4 자료를 활용해서 말하면 좋은 점

- 듣는 사람이 흥미를 느끼게 할 수 있습니다.
- 정보를 효과적으로 전달할 수 있습니다.
- 듣는 사람이 더 잘 이해할 수 있습니다.

5 자료를 활용할 때 주의할 점

- 자료가 너무 길거나 복잡하지 않아야 합니다.
- 자료를 가져온 곳을 꼭 밝혀야 합니다.

정답과 해설 30쪽

01 공식적인 말하기 상황으로 알맞지 <u>않은</u> 것에 △표를 하시오.

(1) 학급 회의에서 발표하기　　　　(　)
(2) 놀이 시간에 짝과 이야기 나누기 (　)
(3) 국어 시간에 토론하기　　　　　(　)

02 다음 빈칸에 들어갈 알맞은 말을 쓰시오.

> 공식적인 말하기 상황에서는 □□□□ 표현을 사용해야 한다.

(　　　　　　　　)

03 다음 중에서 공식적인 말하기 상황으로 알맞은 것에 ○표를 하시오.

(1)

(　)

(2) 전교 학생회 회장단 선거 후보의 연설

(　)

04 03에 제시된 두 가지 말하기 상황에서의 비슷한 점은 무엇인지 한 가지만 쓰시오.

(　　　　　　　　)

[05~07] 다음 보기 에서 알맞은 것을 찾아 쓰시오.

> **보기**
>
> | 표 | 사진 | 도표 | 동영상 |

05 대상의 수량을 견주어 볼 수 있는 자료는 무엇인지 쓰시오.

(　　　　　　　　)

06 대상의 움직이는 모습을 잘 전달할 수 있는 자료는 무엇인지 쓰시오.

(　　　　　　　　)

07 사라진 직업의 종류와 까닭을 직업별로 정리해서 보여 주기에 좋은 자료로, 다음과 같은 특성이 있는 것은 무엇인지 쓰시오.

> 많은 양의 자료를 간단하게 나타낼 수 있다.

(　　　　　　　　)

08 발표를 할 때 활용할 자료를 알맞게 만든 친구는 누구인지 쓰시오.

> 수연: 친구들이 지루하지 않도록 화려하게 만들 거야.
> 진우: 너무 길거나 복잡하지 않게 만들 거야.

(　　　　　　　　)

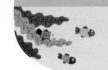

학교 시험 만점왕

[01~04] 다음 글을 읽고, 물음에 답하시오.

> 선생님: 다음은 기호 2번 나성실 학생의 소견 발표를 들어 보겠습니다.
> 나성실: 안녕하세요? 저는 전교 학생회 회장단 선거에 입후보한 나성실입니다. 저는 가고 싶은 학교, 즐거운 학교를 만들고 싶어서 이 자리에 섰습니다. 우리 학교에서는 지난해에 학생들이 학교에 바라는 점을 설문 조사했습니다. ㉠학생들이 학교에 바라는 점 가운데에서 가장 많이 나온 의견은 바로 "깨끗한 화장실을 만들어 주세요."라는 의견으로 47퍼센트가 나왔습니다.
> 학생들: 맞아요. 좋아요.

01 이 글의 말하기 상황에 대한 설명으로 알맞지 않은 것은 무엇입니까? (   )

① 장소는 학교이다.
② 공식적인 말하기 상황이다.
③ 모둠별로 토론을 하고 있다.
④ 말하는 사람과 듣는 사람이 있다.
⑤ 전교 학생회 회장단이 되기 위한 소견 발표이다.

02 ㉠은 무엇을 통해 알게 된 것입니까? (   )

① 책   ② 관찰
③ 인터넷   ④ 인터뷰
⑤ 설문 조사

03 공식적인 말하기 상황에서 자료를 활용하면 어떤 점이 좋은지 쓰시오.

_____

_____

3. 짜임새 있게 구성해요

04 ㉠을 나타낼 때에 활용할 수 있는 자료는 무엇이겠는지 쓰고, 그렇게 생각한 까닭을 쓰시오.

(1) 활용할 자료	
(2) 그 자료를 활용하려는 까닭	

[05~06] 다음을 보고, 물음에 답하시오.

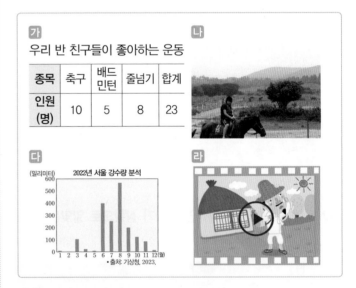

가 우리 반 친구들이 좋아하는 운동

종목	축구	배드민턴	줄넘기	합계
인원(명)	10	5	8	23

다 2022년 서울 강수량 분석

05 다음에서 라의 자료를 활용해서 발표한 까닭으로 알맞은 것에 ○표를 하시오.

말풍선: 과거에 있던 직업인 보부상을 소개하는 동영상을 보여 드리겠습니다.

(1) 생생하게 전달하기 위해서 (   )
(2) 여러 자료의 수량을 비교하기 쉬워서 (   )

22 국어 6-1

06 가~라 중에서 여행지의 자연환경에 대해 발표할 때 활용하기에 좋은 자료로, 다음과 같은 특징이 있는 것은 무엇인지 기호를 쓰시오.

> • 장면을 있는 그대로 보여 줄 수 있다.
> • 설명하는 대상을 한눈에 보여 줄 수 있다.
> • 설명하는 대상의 정확한 모습을 보여 줄 수 있다.

( )

08 ㉠을 통해 알 수 있는 점은 무엇입니까? ( )

① 미래 산업의 특징
② 미래의 기온 변화
③ 우리 산업의 발달 과정
④ 우리나라의 기업인 100명
⑤ 시대에 따른 기업의 인재상

[07~10] 다음 글을 읽고, 물음에 답하시오.

㉮ 안녕하세요? 1모둠 발표를 맡은 김대한입니다. 우리의 미래를 생각하면서 우리 모둠은 '미래에는 어떤 인재가 필요할까'라는 주제로 발표를 준비했습니다. 우리 모둠이 준비한 자료는 표와 동영상입니다. 자료를 보면서 발표를 들어 주십시오.

㉯ 미래에는 어떤 인재가 필요할까요? 대한상공회의소에서 조사한 ㉠'100대 기업의 인재상 변화'에 따르면 2008년에는 창의성이 1순위였는데 2013년에는 도전 정신이, 2018년에는 소통과 협력이 1순위입니다. 이처럼 시대에 따라 필요한 인재상은 달라지고 있습니다.

우리가 어른이 되는 미래에는 어떤 인재가 필요할까요? 우리 모둠은 인공 지능, 사물 인터넷 같은 4차 산업 혁명으로 이전과는 다른 산업 형태가 나타나면서 필요한 인재상도 달라질 것이라고 예상했습니다. 미래에는 변화가 굉장히 빠른 속도로 일어나기 때문에 미래의 인재에게 가장 중요한 건 계속 배우려는 의지라고 생각합니다.

09 발표자가 생각하는 미래에 필요한 인재상은 무엇이라고 하였습니까? ( )

① 도전 정신을 가진 인재
② 창의성과 독창성을 가진 인재
③ 소통과 협력을 할 수 있는 인재
④ 단체 생활보다 개인의 소중함을 아는 인재
⑤ 4차 산업 분야에서 필요한 능력을 가진 인재

 07 1모둠이 발표를 위해 준비한 자료를 두 가지 고르시오.

(,)

① 표
② 도표
③ 그림
④ 사진
⑤ 동영상

 10 이와 같이 공식적인 상황에서 발표를 할 때에 발표자가 주의해야 할 점은 무엇인지 쓰시오.

_____

_____

◢ 논설문의 특성 알기

● 논설문은 읽는 사람을 설득하는 것을 목적으로 자신의 주장을 논리적으로 쓴 글입니다.

● 논설문은 어떤 문제를 놓고 글쓴이가 내세우는 주장과 주장을 뒷받침하는 근거로 이루어져 있습니다.

● 논설문은 서론, 본론, 결론으로 되어 있습니다.

서론	글을 쓴 문제 상황과 글쓴이의 주장을 밝힘.

⬇

본론	글쓴이의 주장에 적절한 근거를 제시함.

⬇

결론	글 내용을 요약하기도 하고 글쓴이의 주장을 다시 한번 강조할 수도 있음.

⑩ 「전통 음식의 우수성」

서론 우리 전통 음식을 사랑합시다.

본론 우리 전통 음식은 건강에 이롭습니다.

우리 전통 음식을 가까이하면 계절과 지역에 따라 다양한 맛을 즐길 수 있습니다.

우리 전통 음식에서 우리 조상의 슬기와 문화를 경험할 수 있습니다.

결론 우리 전통 음식의 과학성과 우수성을 알고 우리 전통 음식에 관심을 가지고 우리 전통 음식을 사랑해야겠습니다.

◢ 내용의 타당성 판단하기

● 주장이 가치 있고 중요한지 살펴봅니다.

● 근거가 주장과 관련 있는지 살펴봅니다.

● 근거가 주장을 뒷받침하는지 살펴봅니다.

◢ 표현의 적절성 판단하기

● 주관적인 표현을 쓰지 않았는지 살펴봅니다.

→ 논설문에서는 자신만의 생각이나 감정에 치우치는 주관적인 표현보다는 객관적인 표현을 써야 함.

⑩ 내 생각에 급식 시간에 음식을 남기는 것은 괜찮은 것 같다. (×)

● 모호한 표현을 쓰지 않았는지 살펴봅니다.

⑩ 운동회는 우리 학교 전통이니까 하면 좋겠지만, 재미는 없을 것이다. (×)

● 단정하는 표현을 쓰지 않았는지 살펴봅니다.

⑩ 국립 공원에 절대로 케이블카를 설치해서는 안 된다. (×)

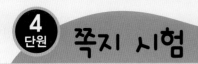

4단원 쪽지 시험

4. 주장과 근거를 판단해요

정답과 해설 31쪽

01 다음 빈칸에 알맞은 말을 쓰시오.

> 논설문은 글쓴이의 주장과 주장을 뒷받침하는
> ☐☐☐(으)로 이루어져 있다.

(   )

02 논설문의 짜임에 알맞은 내용을 찾아 기호를 쓰시오.

(1) 서론: (   )   (2) 본론: (   )
(3) 결론: (   )

> ㉮ 주장을 뒷받침하는 적절한 근거를 제시한다.
> ㉯ 글을 쓰게 된 문제 상황이나 주장을 밝힌다.
> ㉰ 글 내용을 요약하기도 하고 글쓴이의 주장을 다시 한번 강조할 수도 있다.

[03~05] 다음 글을 읽고, 물음에 답하시오.

㉮ 3000년 전에 이미 동물원을 만들었을 만큼 사람은 동물을 좋아하고 가까이해 왔습니다. 동물원에서는 쉽게 만날 수 없는 동물을 가까이에서 볼 수 있는데, 열대 지역에 사는 사자나 극지방에 사는 북극곰도 쉽게 만날 수 있습니다. 서울 동물원에만 한 해 평균 350만 명이 방문한다고 합니다. 이렇게 많은 사람이 동물원을 좋아하고 동물원에서 즐거움을 느낍니다.

㉯ 자연은 어머니의 따뜻한 품이자 우리의 영원한 안식처이다. 더 이상 무분별한 개발로 금수강산을 훼손해서는 안 된다. 자연 개발로 사라져 가는 동식물을 다시 이 땅으로 돌아오게 하여 더불어 살아야 한다. 지나친 개발로 인한 지구 온난화의 이상 기후 현상이 더 이상 심해지지 않도록 노력하는 일도 우리 모두에게 남겨진 과제이다. 이제 우리 모두 자연 보호를 실천해야 한다.

㉰ 우리나라 전통 음식은 세계 여러 나라 사람에게 주목받고 있습니다. 우리 조상의 넉넉한 마음과 삶에서 배어 나온 지혜가 담긴 우리 전통 음식은 그 맛과 멋과 영양의 삼박자를 모두 갖추고 있습니다. 우리는 우리 전통 음식의 과학성과 우수성을 알고 우리 전통 음식에 관심을 가지고 우리 전통 음식을 사랑해야겠습니다.

03 다음과 같은 주장을 하는 글의 기호를 찾아 쓰시오.

> 자연 보호를 실천해야 한다.

(   )

04 다음과 같은 근거에 알맞은 주장이 나타난 글의 기호를 쓰시오.

> • 우리 전통 음식은 건강에 이롭다.
> • 우리 전통 음식을 가까이하면 계절과 지역에 따라 다양한 맛을 즐길 수 있다.
> • 우리 전통 음식에서 우리 조상의 슬기와 문화를 경험할 수 있다.

(   )

05 다음 주장을 뒷받침하는 근거로 알맞은 내용을 찾아 글의 기호를 쓰시오.

> 동물원이 있어야 한다.

(   )

06 논설문을 쓰는 방법으로 알맞은 것에 ○표를 하시오.

(1) 주관적인 표현을 쓴다.   (   )
(2) 생각을 단정적으로 표현한다.   (   )
(3) 주장에 대한 타당한 근거를 든다. (   )

07 다음 중 논설문의 표현으로 알맞은 문장을 찾아 ○표를 하시오.

(1) 적당히 먹어야 건강에 좋다.   (   )
(2) 아침에는 반드시 물을 마셔야 한다. (   )
(3) 건강하려면 밖으로 나가 걸어야 한다. (   )

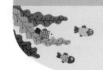
학교 시험 만점왕

4. 주장과 근거를 판단해요

[01~03] 다음 글을 읽고, 물음에 답하시오.

(가) 저는 동물원이 있어야 한다고 생각합니다. 그 까닭은 첫째, 동물원은 우리에게 큰 즐거움을 줍니다. 3000년 전에 이미 동물원을 만들었을 만큼 사람은 동물을 좋아하고 가까이해 왔습니다. 동물원에서는 쉽게 만날 수 없는 동물을 가까이에서 볼 수 있는데, 열대 지역에 사는 사자나 극지방에 사는 북극곰도 쉽게 만날 수 있습니다. 서울 동물원에만 한 해 평균 350만 명이 방문한다고 합니다. 이렇게 많은 사람이 동물원을 좋아하고 동물원에서 즐거움을 느낍니다. 둘째, 동물원은 동물을 보호해 줍니다. 야생에서는 약한 동물이 더 강한 동물에게 공격당하거나 먹이가 없어 굶어 죽기도 합니다. 동물원은 자유를 제한하더라도 먹이와 안전을 보장하기 때문에 동물에게 훨씬 이롭습니다. 최근에는 친환경 동물원으로 탈바꿈하는 곳도 많습니다. 동물들이 지내는 환경을 개선하면 동물원은 사람에게도, 동물에게도 이로운 곳이 될 것입니다.

(나) 첫째, 동물원은 동물의 자유를 구속하고, 동물에게 사람의 구경거리가 되는 고통을 줍니다. 동물원에서 동물은 제한된 공간에 갇혀 수많은 관람객과 마주해야 합니다. 이러한 상황에서 동물은 극심한 스트레스를 받습니다. 동물은 사람의 눈요깃거리가 아니라 그 자체로 존중받아야 하는 소중한 생명체입니다. 둘째, 동물원은 인공적인 환경이기 때문에 자연을 대신할 수 없습니다. 동물원의 우리는 동물의 행동반경에 비해 턱없이 좁습니다. 친환경 동물원이 생기고 있지만 동물이 원래 살던 환경을 그대로 동물원으로 옮기는 것은 불가능합니다. 동물은 인위적으로 만든 동물원보다 생태계가 어우러진 광활한 자연에서 살아야 합니다.

01 글 (가)와 (나)는 무엇에 대하여 의견을 제시하고 있습니까? ( )

① 동물원은 필요한가?
② 현장 체험학습이 필요한가?
③ 환경 보호 방법은 무엇인가?
④ 동물을 어떻게 보호해야 하는가?
⑤ 동물은 사람과 함께 살 수 있는가?

02 글 (가)와 (나) 중에서 다음 주장을 뒷받침하는 근거로 알맞은 글의 기호를 쓰시오.

> 동물원은 없애야 한다.

( )

03 글 (가)에서 글쓴이의 주장과 주장을 뒷받침하는 근거를 모두 찾아 쓰시오.

(1) 주장	
(2) 근거	

04 논설문의 특성으로 알맞지 <u>않은</u> 것은 무엇입니까?
( )

① 인물, 사건, 배경이 나타난다.
② 서론에는 문제 상황이 나타난다.
③ 서론, 본론, 결론으로 짜여 있다.
④ 글쓴이의 주장과 그에 대한 근거가 나타나 있다.
⑤ 결론에서는 글 내용을 요약하기도 하고 글쓴이의 주장을 다시 한번 강조할 수 있다.

[05~07] 다음 글을 읽고, 물음에 답하시오.

(가) ㉠요즘에 우리 전통 음식보다 외국에서 유래한 햄버거나 피자와 같은 음식을 더 좋아하는 어린이를 쉽게 볼 수 있습니다. 이러한 음식은 지나치게 많이 먹으면 건강이 나빠지기도 합니다. 그에 비해 우리 전통 음식은 오랜 세월에 걸쳐 전해 오면서 우리 입맛과 체질에 맞게 발전해 왔기 때문에 여러 가지 면에서 우수합니다. ㉡우리 전통 음식을 사랑합시다.

(나) 둘째, 우리 전통 음식을 가까이하면 계절과 지역에 따라 다양한 맛을 즐길 수 있습니다. ㉢우리 조상은 생활 주변에서 나는 여러 가지 재료를 이용해 계절에 맞는 다양한 음식을 만들어 왔습니다. 주변 바다와 산천에서 나는 풍부하고 다양한 해산물과 갖은 나물이나 채소와 같은 재료에는 각각 고유한 맛이 있습니다. ㉣이러한 재료를 이용해 만든 여러 가지 음식은 지역 특색을 살린 독특한 맛을 냅니다.

05 ㉠~㉣ 중에서 문제 상황이 나타난 부분을 찾아 기호를 쓰시오.

(   )

06 ㉠~㉣ 중에서 글쓴이의 주장을 찾아 기호를 쓰시오.

(   )

07 글 (나)에서 말한 우리 전통 음식의 좋은 점은 무엇입니까? (   )

① 재료를 구하기 쉽다.
② 우리 민족의 문화를 알 수 있다.
③ 조리 시간이 짧고 만들기가 쉽다.
④ 몸에 좋은 영양소를 골고루 섭취할 수 있다.
⑤ 계절과 지역에 따라 다양한 맛을 즐길 수 있다.

[08~10] 다음 글을 읽고, 물음에 답하시오.

(가) 우리나라뿐만 아니라 세계 곳곳에서 벌어지는 자연 개발은 우리 삶을 위협한다. 이러한 무분별한 개발로 우리 삶의 터전인 자연은 몸살을 앓고, 이제 인류의 생존까지 위협하는 상황에 이르렀다. 우리는 자연의 목소리에 귀를 기울이고 자연을 보호해야 한다.

(나) 이처럼 환경을 오염시키는 것은 순식간이지만 오염된 환경을 되살리는 데는 수십, 수백 배의 시간과 노력이 든다. 자연의 힘이 아무리 위대해도 자정 능력을 넘어서는 오염을 감당하기는 어렵다.

(다) 둘째, 무리한 자연 개발은 생태계를 파괴한다. 생물은 서로 유기적인 생태계로 얽혀 있으며 주변 환경과 영향을 주고받으면서 살아간다. 자연 개발로 생태계를 파괴하면 결국 사람의 생활 환경을 악화시키는 결과를 초래한다.

08 글 (가)에 나타난 내용을 두 가지 골라 기호를 쓰시오.

> ㉮ 문제 상황
> ㉯ 글쓴이의 주장
> ㉰ 글쓴이의 주장에 대한 근거
> ㉱ 글을 읽을 때 지켜야 할 주의 사항

(,   )

09 글 (나)를 읽고 알 수 있는 내용은 무엇입니까?

(   )

① 자연의 힘은 위대하다.
② 자연 보호는 생태계를 파괴한다.
③ 자연은 사람들에게 위로를 준다.
④ 자연은 사람들에게 많은 도움을 준다.
⑤ 자연은 한번 파괴되면 복원되기 어렵다.

10 글 (나)와 (다)는 어떤 주장을 뒷받침하는 내용인지 찾아 ○표를 하시오.

(1) 자연을 보호해야 한다.   (   )
(2) 자연을 개발해야 한다.   (   )

1 속담을 사용하는 까닭

● 자신의 생각을 효과적으로 드러낼 수 있습니다.

● 듣는 사람이 흥미를 느낄 수 있습니다.

● 주장의 논리를 뒷받침해 상대를 쉽게 설득할 수 있습니다.

속담을 통해 조상의 생활 모습과 슬기를 알 수 있고, 자신의 의견을 효과적으로 전달할 수 있어.

2 다양한 상황에서 쓰이는 속담의 뜻 알기 예

상황	속담	속담의 뜻
퓨마가 탈출했던 동물원에서 안전 관리 실태를 점검하는 상황	소 잃고 외양간 고친다	일이 이미 잘못된 뒤에는 손을 써도 소용이 없다.
일 년 동안 동전을 모아서 20만 원을 만든 상황	티끌 모아 태산	아무리 작은 것이라도 모이고 모이면 나중에 큰 덩어리가 된다.
한 번에 여러 가지 운동을 배우는 친구에게 한 가지라도 열심히 하라고 말하는 상황	우물을 파도 한 우물을 파라	어떤 일이든 한 가지 일을 끝까지 해야 성공할 수 있다.
태권도를 한 달 배운 실력으로 태권도 대표 선수에게 겨루기를 하자고 한 상황	하룻강아지 범 무서운 줄 모른다	철없이 함부로 덤빈다.

3 주제를 생각하며 글 읽기

● 인물의 마음과 인물이 처한 상황을 살펴봅니다.

● 이야기에 사용된 속담의 뜻을 살펴보면 이야기의 주제를 찾을 수 있습니다.

「독장수구구」	예 독장수가 실현성이 없는 허황된 생각을 하는 모습을 보고, '헛된 욕심을 손해를 가져온다.'라는 생각이 들었어.
「까마귀 고기를 먹었나」	예 까마귀가 강 도령에게 편지도 전하지 않고 말고기를 먹는 모습에서 '중요한 일은 잊어버리지 않도록 노력하자.'라고 생각했어.

4 속담 사전 만들기

● 탐구하고 싶은 대상과 까닭을 이야기해 봅니다.

예 '말'과 관련된 속담 – 우리 속담에 말(언어)과 관련된 속담이 많이 있습니다. 왜냐하면 우리 조상은 함께 모여 생활하며 다른 사람에 대한 관심과 다른 사람의 마음을 읽는 것을 중요하게 생각했기 때문입니다.

● 탐구 대상과 관련된 다양한 속담을 찾아봅니다.

탐구 대상	속담	속담의 뜻
예 말(언어)	살은 쏘고 주워도 말은 하고 못 줍는다	화살은 쏘아도 찾을 수 있으나 말은 다시 수습할 수 없다.
	입은 비뚤어져도 말은 바로 해라	상황이 어떻든지 말은 언제나 바르게 해야 한다.

● 속담 사전에 들어갈 내용과 속담 사전 모양을 생각해 만듭니다.

예 병풍책, 달력책, 아코디언책, 팝업책 등과 같은 다양한 모양의 책

01 다음과 같이 글을 쓸 때 속담을 사용하면 좋은 점으로 알맞은 것에 ○표를 하시오.

> 영주네 가족은 이삿짐 싸는 차례를 서로 다르게 생각했어요.
> 할머니와 이모께서는 깨지기 쉬운 항아리나 유리그릇부터 싸라고 하셨고, 삼촌께서는 텔레비전이나 컴퓨터부터 옮기라고 하셨어요. "사공이 많으면 배가 산으로 간다."라는 속담처럼 서로 의견을 굽히지 않아 시간만 흘러갔어요.

(1) 조상들의 지혜와 슬기를 알 수 있다. (   )
(2) 자신의 의견을 쉽고 효과적으로 전달할 수 있다. (   )

[02~03] 다음 그림을 보고, 물음에 답하시오.

말풍선: 일 년 동안 모은 동전이 20만 원이나 돼.
말풍선: 그래? [   ]이라더니 그 말이 맞네.

02 빈칸에 사용할 수 있는 속담을 쓰시오.
(   )

03 02에서 답한 속담을 사용할 수 있는 다른 상황을 쓰시오.
(   )

04 다음 속담과 같은 뜻을 가진 속담을 쓰시오.

> 배보다 배꼽이 더 크다

(   )

05 빈칸에 들어갈 말을 차례대로 써서 속담을 완성하시오.

> □ 심은 데 콩 나고 □ 심은 데 □ 난다

(,   ,   )

06 다음 상황에서 사용할 수 있는 속담을 쓰시오.

> 우리 반 지우는 야구를 좋아하고 야구 선수가 되고 싶어 합니다. 그래서 지우가 가는 곳에는 언제나 야구공과 야구 장갑이 있습니다.

(   )

07 '올바른 언어생활 습관을 갖자.'라는 주제의 글을 쓰기 위해 사용할 수 있는 속담을 쓰시오.
(   )

08 '동물'을 탐구 대상으로 하여 속담 사전 만들기를 할 때 사용할 수 있는 속담을 한 가지만 쓰시오.
(   )

학교 시험 만점왕

5. 속담을 활용해요

[01~02] 다음 그림을 보고, 물음에 답하시오.

01 ㉠과 바꾸어 쓸 수 있는 속담은 무엇입니까? (   )

① 그림의 떡이다
② 엎친 데 덮친 격이다
③ 손이 많으면 일도 쉽다
④ 발 없는 말이 천 리 간다
⑤ 우물을 파도 한 우물을 파라

02 (중요) 이 그림에서처럼 속담을 사용하면 좋은 점으로 알맞은 것에 ○표를 하시오.

(1) 글을 간결하게 쓸 수 있다.   (   )
(2) 자신의 생각을 효과적으로 드러낼 수 있다.
                                          (   )
(3) 원인과 결과에 따라 글을 정리할 수 있다.
                                          (   )

03 빈칸에 들어갈 수 있는 속담으로 알맞은 것에 ○표를 하시오.

> 영주네 가족은 이삿짐 싸는 차례를 서로 다르게 생각했어요.
> 할머니와 이모께서는 깨지기 쉬운 항아리나 유리그릇부터 싸라고 하셨고, 삼촌께서는 텔레비전이나 컴퓨터부터 옮기라고 하셨어요. "□□□□□"라는 속담처럼 서로 의견을 굽히지 않아 시간만 흘러갔어요.

(1) 돌다리도 두들겨 보고 건너라.   (   )
(2) 사공이 많으면 배가 산으로 간다.   (   )

04 다음 상황에서 쓸 수 있는 속담을 한 가지만 쓰시오.

(   )

05 다음의 뜻을 가진 속담을 한 가지만 쓰시오.

> 소를 도둑맞은 다음에야 빈 외양간의 허물어진 데를 고치느라 수선을 떤다는 뜻으로, 일이 이미 잘못된 뒤에는 손을 써도 소용이 없다는 말

(   )

06 '하룻강아지 범 무서운 줄 모른다'라는 속담을 사용할 수 있는 상황은 무엇입니까? (　　　)

① 좋아하는 음식만 먹으면서 편식을 하는 상황
② 여러 가지 일을 하다 보니 아무것도 이룬 것이 없는 상황
③ 용돈을 저축해 부모님께 선물을 사 드려서 자랑스러웠던 상황
④ 친구들과 안전에 주의하지 않고 놀다가 다친 뒤에 후회한 상황
⑤ 어린아이들이 농구 선수에게 농구 시합을 하자고 하는 상황

08 다음 상황에서 쓸 수 있는 속담을 두 가지 골라 기호를 쓰시오.

> 만 원을 주고 장난감을 샀습니다. 그런데 가지고 놀다가 고장 나서 고치러 갔더니 수리비가 만 오천 원이라고 합니다. 장난감 가격보다 수리비가 더 비쌉니다.

> ㉮ 바늘보다 실이 굵다.
> ㉯ 배보다 배꼽이 더 크다.
> ㉰ 발 없는 말이 천 리 간다.
> ㉱ 쥐구멍에도 볕 들 날 있다.

(　　　,　　　)

서술형
09 다음과 같은 주제로 글을 쓰려고 합니다. 사용할 속담과 그 뜻을 쓰시오.

주제	행복한 학교생활을 하려면 우리가 지켜야 할 일
자신의 생각	서로 바르고 고운 말을 사용하면 좋겠다.
(1) 사용할 속담	
(2) 속담의 뜻	

중요
07 속담과 그 뜻을 알맞게 선으로 이으시오.

(1) 천 리 길도 한 걸음부터 · · ① 순하고 좋은 사람이라도 너무 업신여기면 가만있지 않는다.

(2) 지렁이도 밟으면 꿈틀한다 · · ② 무슨 일이나 그 일의 시작이 중요하다.

(3) 세 살 적 버릇이 여든까지 간다 · · ③ 어릴 때 몸에 밴 버릇은 늙어서도 고치기 힘들다.

10 속담 사전을 만들기 위해 속담을 조사했습니다. 탐구 대상과 관련 있는 속담의 기호를 모두 쓰시오.

> ㉮ 소 잃고 외양간 고친다
> ㉯ 발 없는 말이 천 리 간다
> ㉰ 말이 많으면 쓸 말이 적다
> ㉱ 닭 쫓던 개 지붕 쳐다보듯
> ㉲ 원숭이도 나무에서 떨어진다

탐구 대상	관련 있는 속담
(1) 말(언어)	
(2) 동물	

6단원 핵심 복습

1 이야기를 듣고 추론하는 방법 알기

- 인물의 말, 행동, 표정을 보고 알 수 있는 사실을 자세히 살펴봅니다.
- 자신이 평소 아는 사실과 경험한 것을 떠올려 보고 무엇을 더 알 수 있는지 생각해 봅니다.
- 글에 쓰인 다의어나 동형어가 어떤 뜻인지 정확히 이해하려면 국어사전을 찾아봅니다.

다의어	여러 가지 뜻이 있는 낱말
동형어	형태가 같지만 뜻이 다른 낱말

- 이야기의 특정 부분을 바탕으로 하여 알 수 있는 내용과 더 추론할 수 있는 사실을 살펴봅니다.

  예 「수원 화성을 어떻게 만들었을까」에서 알 수 있는 내용과 추론한 사실

들은 내용	알 수 있는 내용	추론한 사실
덕분에 수원 화성이 1997년에 유네스코 세계 문화유산으로 등록될 수 있었어. ➡	수원 화성이 1997년 유네스코 세계 문화유산으로 등록되었다.	수원 화성은 세계적인 문화유산으로 인정받을 만큼 훌륭한 건축물이다.
정조 임금이 엄격하게 고른 좋은 자리에 지었으니까. ➡	수원 화성은 정조 임금이 엄격하게 고른 좋은 자리에 지었다.	정조 임금은 수원 화성을 건축하는 데 많은 관심을 가졌다.

- 글 내용을 바탕으로 하여 친구들과 함께 질문을 만들어 서로 묻거나 답해 봅니다.

  예 「수원 화성을 어떻게 만들었을까」에 대한 질문 만들기

  > - 정조가 수원 화성을 쌓은 까닭은 무엇일까요?
  > - 수원 화성 이외에도 유네스코 세계 문화유산으로 등록된 문화재에는 무엇이 있을까요?
  > - 왜 더 둘러볼 곳으로 융건릉과 용주사를 추천했을까요?
  > - 규모가 큰 수원 화성을 다 돌아보기 위해 이용할 수 있는 시설은 무엇인가요?

2 내용을 추론하며 글 읽기

- 글 내용과 관련해 자신이 이미 아는 사실을 떠올립니다.
- 글 내용과 관련된 자신의 경험을 떠올립니다.

  예 5학년 친구들, 선생님과 함께 경복궁을 가 본 적이 있습니다.

- 글에서 뜻을 알지 못하는 낱말이나 문장의 뜻을 추론해 봅니다.

  예 '단청'의 뜻 추론하기

추론한 뜻	그렇게 생각한 까닭
옛날식 집의 지붕, 기둥, 천장 등에 여러 가지 빛깔과 무늬로 그린 그림.	뒤에 나오는 '화려하고'와 '처마 끝 곡선'에 대한 내용으로 보아 궁궐 지붕의 처마와 관련하여 무엇인가를 꾸미는 것일 것이다.

정답과 해설 33쪽

[01~03] 다음 글을 읽고, 물음에 답하시오.

궁궐에는 왕과 왕비뿐만 아니라 왕실의 가족과 관리, 군인, 내시, 나인 등 많은 사람이 살았다. 이 사람들은 각자 자신의 신분에 알맞은 건물에서 생활했고, 건물의 명칭 또한 주인의 신분에 따라 달랐다. 예컨대 궁궐에는 강녕전이나 교태전과 같이 '전' 자가 붙는 건물이 있는데, 이러한 건물에는 궁궐에서 가장 신분이 높은 왕과 왕비만 살 수 있었다. 왕실 가족이나 후궁들은 주로 '전'보다 한 단계 격이 낮은 '당' 자가 붙는 건물을 사용했다. 그 밖의 궁궐 사람들은 주로 '각', '재', '헌'이 붙는 건물에서 생활했다. 그러나 경우에 따라서는 왕도 '전'이 아닌 다른 건물을 사용했다.

01 궁궐 건물의 명칭은 무엇에 따라 다르게 붙여졌다고 하였는지 찾아 쓰시오.

( )

02 '전' 자가 붙는 건물에는 누가 살 수 있었는지 두 사람을 쓰시오.

(,)

03 이 글의 내용으로 알맞은 것을 모두 찾아 ○표를 하시오.

(1) 왕은 '전' 자가 붙은 건물만 사용했다. ( )

(2) 군인, 내시, 나인들도 궁궐에서 생활했다.

( )

(3) '당' 자가 붙는 건물에는 왕실 가족이나 후궁들이 살았다. ( )

[04~08] 다음 글을 읽고, 물음에 답하시오.

'큰 복을 누리며 번성하라'는 뜻을 가진 경복궁은 조선 시대 최초의 궁궐이면서 여러 궁궐 가운데 가장 대표적인 것이다. 경복궁은 태조 이성계가 조선을 세운 뒤에 한양, 즉 지금의 서울에 세운 조선의 법궁이다.

경복궁의 건물은 7600여 칸으로 규모가 어마어마하다. 경복궁에서 가장 웅장한 건물은 '부지런히 나라를 다스리라'는 뜻을 지닌 근정전이다. 근정전은 왕의 즉위식, 왕실의 혼례식, 외국 사신과의 만남과 같은 나라의 중요한 행사를 치르던 곳이다.

경복궁에서 안쪽에 자리 잡은 교태전은 왕비가 생활하던 곳이다. 교태전은 중앙에 대청마루를 두고 왼쪽과 오른쪽에 온돌방을 놓은 구조로 되어 있다. 교태전 뒤쪽으로는 아미산이라는 작고 아름다운 후원이 있다.

'경사스러운 연회'라는 뜻의 경회루는 커다란 연못 중앙에 섬을 만들고 그 위에 지은, 우리나라에서 가장 큰 누각이다. 이곳은 왕이 외국 사신을 접대하거나 신하들에게 연회를 베풀던 장소이다.

04 '경복궁' 이름의 뜻을 찾아 쓰시오.

( )

05 경복궁을 세운 사람은 누구인지 쓰시오.

( )

06 경복궁의 건물 중에서 나라의 중요한 행사를 치르던 곳의 이름을 쓰시오.

( )

07 경복궁의 건물 중 왕비가 생활하던 건물의 이름을 쓰시오.

( )

08 경복궁에서 '경회루'는 어떤 용도로 사용되던 곳인지 쓰시오.

( )

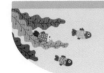

학교 시험 만점왕

[01~05] 다음 글을 읽고, 물음에 답하시오.

㉮ 창덕궁은 경복궁 동쪽에 있다고 하여 창경궁과 함께 '동궐'로도 불렸다. 건물과 후원이 잘 어우러져 아름다우며 유네스코에 세계 문화유산으로 기록되었다. 산이 많은 우리나라답게 산자락에 자연스럽게 배치한 건물이 인상적이다. 넓은 후원의 정자와 연못들은 우리나라 전통 정원의 모습을 잘 보여 주고 있다.

특히 부용지는 '하늘은 둥글고 땅은 네모나다'는 전통적 사상을 반영하여, 땅을 나타내는 네모난 연못 가운데 하늘을 뜻하는 둥근 섬을 띄워 놓은 형태이다. 연못 가장자리에 있는 부용정은 십자(+) 모양의 정자로, 단청이 화려하고 처마 끝 곡선이 무척 아름답다.

㉯ 창경궁은 성종이 할머니들을 모시려고 지은 궁궐로, 효자로 유명한 정조가 태어난 곳이기도 하여 효와 인연이 깊다. 창경궁은 임진왜란 때 불탔다가 광해군 때 제 모습을 찾았으나, 그 뒤로도 큰 화재를 겪는 수난을 당했다. 문정전 앞뜰은 사도 세자가 목숨을 잃은 비극이 일어난 곳으로 유명하다. 왕비가 생활하던 통명전 서쪽에는 아름다운 연못이 있고, 뒤쪽에는 '열천'이라는 우물이 남아 있다.

한편 일제 강점기에는 일본 사람들이 창경궁에 동물원과 식물원을 만들면서 많은 건물을 헐고, 이름도 '창경원'으로 바꾸었다. 1983년에 동물원과 식물원 일부를 옮기고 창경궁이라는 이름을 되찾았다.

01 창덕궁이 '동궐'이라고 불린 까닭은 무엇입니까? ( )

① 겨울에 지어져서
② 동쪽에 정원이 있어서
③ 동대문 근처에 있어서
④ 경복궁의 동쪽에 있어서
⑤ 우리나라 동쪽에 있어서

이 글은 창덕궁과 창경궁에 대해 설명한 내용이야.

02 글 ㉮를 읽고 추론할 수 있는 내용을 찾아 ○표를 하시오.

(1) 창덕궁을 통해 효를 중시했다는 것을 알 수 있다. ( )
(2) 조상들은 건축물을 지을 때 자연의 모습을 반영했다. ( )

03 창경궁을 지은 사람은 누구인지 쓰시오.

( )

04 사도 세자가 목숨을 잃은 비극이 일어난 곳은 어디입니까? ( )

① 열천
② 부용지
③ 부용정
④ 문정전
⑤ 통명전

05 창경궁이 효와 인연이 깊다고 한 까닭을 쓰시오.

_____

_____

[06~10] 다음 글을 읽고, 물음에 답하시오.

㈎ 경희궁의 처음 이름은 경덕궁이었으나, 영조 때 경희궁으로 고쳐 불렀다. 인조 이후 철종에 이르기까지 10대에 걸쳐 왕들이 머물렀다. 특히 영조는 25년 동안이나 이곳에 머물렀다고 한다. 경희궁은 경복궁 서쪽에 있다고 하여 '서궐'로도 불렸다. 궁궐의 원래 규모는 1500칸에 이르렀으나, 일제 강점기에 강제로 헐려 터만 남아 있다가 최근에 옛 모습의 일부를 되찾았다.

이 궁궐 안에는 왕이 신하들과 나랏일을 논의하거나 사신을 접대하는 등의 행사를 치르던 숭정전과 영조의 어진을 모신 태령전이 있다.

㈏ 지금의 덕수궁은 원래 경운궁이라고 불렸는데, 성종의 형인 월산 대군의 집이었다. 선조가 임진왜란이 끝난 뒤에 서울로 돌아오니 궁궐이 모두 불타 버려서 이곳을 넓혀 행궁으로 만들었다고 한다. 선조가 죽고 광해군이 왕위에 오른 뒤에 이 행궁을 경운궁이라고 했다. 그러다가 조선 왕조 말기에 고종이 강한 나라들의 정치적 소용돌이에 휘말리면서 거처를 경운궁으로 옮긴 뒤, 비로소 궁궐다운 모습을 갖추었다.

경운궁 안에는 중화전과 같은 전통적 건물, 석조전이나 정관헌과 같은 서양식 건물이 함께 들어서 있다. 중화전은 국가적 의식을 치르던 곳이고, 석조전은 왕이 일상생활을 하던 곳이다. 정관헌은 고종 황제가 커피를 마시며 여가를 즐기거나 손님을 맞이하던 곳이다.

06 경희궁의 이름이 어떻게 바뀌었는지 쓰시오.

(   ) → 경희궁

07 경희궁에 대한 설명으로 알맞지 <u>않은</u> 것은 무엇입니까? (   )

① 영조의 어진을 모신 곳이 있다.
② 일제 강점기에 일부분이 불에 탔다.
③ 10대에 걸쳐 왕들이 머물렀던 곳이다.
④ 서궐이라는 이름으로 불리기도 했다.
⑤ 숭정전에서는 사신을 접대하는 행사를 했다.

08 경운궁은 언제부터 궁궐다운 모습을 갖추게 되었습니까? (   )

① 임진왜란에 불타 버린 뒤부터
② 서양식 건물이 들어선 뒤부터
③ 선조가 경운궁을 행궁으로 만든 뒤부터
④ 궁궐의 명칭을 덕수궁으로 바꾼 뒤부터
⑤ 고종이 경운궁으로 거처를 옮긴 뒤부터

09 다음은 경운궁에 대한 설명입니다. 빈칸에 알맞은 말을 차례대로 쓰시오.

> 경운궁의 전통적 건물인 [   ]은/는 국가적인 의식을 치르던 곳이고, 왕이 여가를 즐기거나 손님을 맞이하던 곳은 서양식 건물인 [   ]이다.

(,   )

⭐중요10 이 글을 읽고 추론할 수 있는 내용을 모두 찾아 ○표를 하시오.

(1) 글쓴이는 궁궐의 역사를 알려 주고 싶어서 이 글을 썼다.   (   )
(2) 조선 시대 왕들은 궁궐의 터를 정하는 일을 중요하게 생각했다.   (   )
(3) 전쟁이나 일제 강점기를 지나면서 궁궐들이 훼손된 경우가 많다.   (   )

1 우리말 사용 실태 조사하기

- 우리말 사용 실태에 대하여 조사할 내용을 생각합니다.
- 우리말 사용 실태 조사 계획을 세웁니다.

  예 • 조사 날짜는 언제인가?
  - 조사 장소는 어디인가?
  - 준비물은 무엇인가?
  - 조사 방법은 어떻게 할 것인가?
  - 어떤 자료에서 조사할 것인가?
  - 주의할 점은 무엇인가?

조사를 할 때에는 조사에 관련 없는 이야기나 장난을 해서 모둠 친구들에게 피해를 주지 않도록 해.

- 조사한 것을 정리합니다.

  예 조사 주제, 조사 내용, 조사 결과 및 출처, 조사한 뒤에 드는 생각이나 느낌 정리하기

- 자료를 활용하여 조사한 내용을 발표합니다.

  예 발표 효과를 높이기 위해 사용할 수 있는 자료: 뉴스 사진, 뉴스 동영상, 그래프, 그림, 설문 조사 결과 자료

2 실태 조사를 바탕으로 올바른 우리말 사용을 주제로 글 쓰기

- 올바른 우리말 사용에 대한 주장을 정합니다.

  예 다른 사람에게 희망과 용기를 주는 고운 말을 사용해야 합니다.

- 조사했던 실태 가운데에서 주장과 관련 있는 근거를 떠올립니다.

  예 • 친구에게 긍정하는 말을 해 주니 좋은 일이 생겼습니다.
  - 긍정으로 말하면 말하는 사람은 물론이고 듣는 사람의 마음도 편안해집니다.
  - 고운 말을 사용하면 말하는 사람과 듣는 사람의 마음을 아름답게 해 줍니다.

- 글쓰기 할 내용을 정리합니다.
- 글의 개요표를 작성합니다.
- 작성한 개요에 따라 제목을 정한 뒤에 우리말 사용을 주제로 근거를 들어 주장하는 글을 씁니다.

글의 짜임	들어갈 내용
서론	글을 쓰게 된 문제 상황과 주장을 밝힘.
본론	글쓴이의 주장에 대한 근거를 제시함.
결론	글의 내용을 요약하고 주장을 다시 한번 강조함.

정답과 해설 **34**쪽

[01~03] 다음 그림을 보고, 물음에 답하시오.

01 아빠는 ㉠을 무엇이라고 생각했는지 쓰시오.

( )

02 여자아이가 바르지 않게 사용한 말을 세 가지 찾아 쓰시오.

(, ,)

03 아빠와 여자아이의 대화가 잘 통하지 않은 까닭은 무엇인지 쓰시오.

( )

04 우리말 사용 실태를 조사하여 발표할 때 활용할 수 있는 자료를 두 가지 이상 쓰시오.

( )

[05~08] 다음 글을 읽고, 물음에 답하시오.

> ㉠긍정하는 말을 하면 말하는 사람은 물론 듣는 사람도 모두 마음이 편안해집니다. 예를 들면 "안 돼."보다는 "[㉡]", "짜증 나."보다는 "괜찮아.", "이상해 보여."보다는 "멋있어 보여.", "힘들어."보다는 "힘내자."와 같이 부정하는 말을 긍정하는 말로 고쳐 사용하면, 말하는 사람과 듣는 사람 모두 기분도 좋아지고 자신감도 생긴다는 것입니다.

05 ㉠과 반대되는 말을 찾아 쓰시오.

( )

06 ㉡에 들어갈 알맞은 말에 ○표를 하시오.

(1) 하지 마. ( )
(2) 할 수 있어. ( )

07 긍정하는 말을 하면 어떤 점이 좋다고 하였는지 쓰시오.

( )

08 글쓴이가 말하려고 하는 것은 무엇인지 한 문장으로 쓰시오.

( )

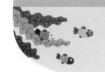

학교 시험 만점왕

7. 우리말을 가꾸어요

[01~05] 다음 글을 읽고, 물음에 답하시오.

(가) 평범한 중고등학생 네 명을 대상으로 욕 사용 실태를 관찰했더니 네 시간 동안 평균 500여 번의 욕설이 쏟아졌습니다.

충격적인 것은 이 학생들이 문제나 불량 청소년이 아니라는 것입니다. 이제 욕은 많은 학생들의 입에서 거침없이 터져 나오는 일상어가 되어 버렸습니다.

그렇다면 아이들이 최초로 욕을 대하는 때는 언제일까요?

대중 매체 환경이 빠르게 바뀌면서 욕설이나 비속어를 대하는 나이가 더욱 어려지는 지금, 초등학교 교실을 찾아 그들이 아는 욕설을 적어 보도록 했습니다.

(나) 며칠 전 우리 반 교실에서 일어난 일입니다. 준형이와 수진이가 교실 뒤쪽을 걷다가 뜻하지 않게 서로 부딪쳤습니다. 준형이와 수진이는 서로 노려보면서 눈살을 찌푸렸습니다.

야, 넌 눈도 없냐? 똑바로 보고 다녀야지!

뭐라고? 재수 없어. 네가 날 쳤잖아.

01
(가)에서 말하고 있는 내용으로 알맞은 것에 ○표를 하시오.

(1) 욕을 사용하는 학생들의 대부분은 여학생이다. ( )

(2) 학생들이 욕설이나 비속어를 접하는 나이가 점점 어려지고 있다. ( )

(3) 욕설 사용으로 인해 학교 폭력 문제도 더 심각해지고 있다. ( )

(4) 평범한 중고등학생들은 초등학생들보다 욕을 덜 사용하고 있다. ( )

02
(가)의 문제 상황은 무엇입니까? ( )

① 청소년 가출 문제
② 교실 내 왕따 문제
③ 학교 폭력이 심각해지는 것
④ 욕을 습관적으로 사용하는 학생들
⑤ 인터넷과 게임에 중독되는 학생들

03
(나)에서 다툼이 일어난 까닭은 무엇입니까? ( )

① 교실에서 뛰어다녀서
② 서로 욕심이 너무 많아서
③ 살피면서 너무 천천히 걸어다녀서
④ 서로 배려하지 않고 비난하는 말을 해서
⑤ 준형이가 수진이에게 일부러 부딪혀서

서술형 04
(나)의 준형이와 수진이의 말을 바르게 고쳐 쓰시오.

(1) 준형	
(2) 수진	

중요 05
(가)와 (나)처럼 우리말 사용 실태를 조사할 때 조사 계획에 들어갈 내용으로 알맞지 <u>않은</u> 것은 무엇입니까? ( )

① 조사 장소
② 조사 날짜
③ 조사 방법
④ 활용할 자료
⑤ 조사한 뒤에 든 생각이나 느낌

[06~08] 다음 글을 읽고, 물음에 답하시오.

지원: 나는 텔레비전 뉴스 기사를 인터넷에서 찾았어. 「초등학생 줄임 말, 신조어 '심각'」이라는 뉴스야.

중화: 지원아, 조사를 참 잘했구나. 나는 선생님과 학생, 학생끼리도 서로 높임말을 사용하는 언어문화를 조사했어.

지원: 그랬구나. 중화야, 그 사례를 좀 더 자세히 이야기해 주겠니?

중화: ○○초등학교에서는 선생님과 학생, 학생과 학생끼리 공부 시간은 물론이고 학교에서 지내는 동안 높임말을 사용한대. 학생들이 서로 "진수 님, 창문 좀 닫아 줄 수 있을까요?"라고 존칭과 높임말을 쓰고, 선생님께서도 "연화 님, 연화 님은 배려심이 참 많아 칭찬해 주고 싶어요."처럼 존칭과 높임말을 사용하는 문화가 자리 잡았다고 해. 그래서 존중하고 배려하는 생활 공동체를 만들어 나가고 있대.

06 지원이는 어디에서 자료를 찾았는지 쓰시오.

(   )

07 지원이가 조사한 내용의 예가 될 수 없는 것은 무엇입니까? (   )

① 멘붕   ② 존칭
③ 노답   ④ ㅇㅇ
⑤ 핵노잼

08 (중요) 중화가 조사한 내용은 무엇인지 쓰시오.

(   )

[09~10] 다음 글을 읽고, 물음에 답하시오.

㉮ 요즘 우리 반 친구들이 대화할 때 짜증 난다는 말이나 비속어, 욕설 등을 사용합니다. 그런 말을 들으면 기분이 나빠지고 화가 나서 다툼도 일어납니다.

㉯ 우리 반 친구들을 대상으로 조사해 보니 긍정하는 말이 부정하는 말보다 듣기가 좋다는 결과가 나왔습니다. 긍정하는 말을 하면 말하는 사람은 물론 듣는 사람도 마음이 편안해집니다. 예를 들면 "안 돼."보다는 "할 수 있어.", "짜증 나."보다는 "괜찮아.", "이상해 보여."보다는 "멋있어 보여.", "힘들어."보다는 "힘내자."와 같이 부정하는 말을 긍정하는 말로 고쳐 사용하면, 말하는 사람과 듣는 사람 모두 기분도 좋아지고 자신감도 생긴다는 것입니다.

또 비속어나 욕설 같은 거친 말보다는 고운 우리말 사용이 자신과 상대의 마음을 아름답게 해 준다는 결과도 있습니다. 상대의 실수에는 너그러운 말을 하고, 내 잘못에는 미안하다는 말을 하며, 상대의 배려에는 고마운 말을 하는 것입니다. 비속어나 욕설을 사용하면 추한 마음이 생길 것인데 고운 우리말을 사용하면 너그러운 마음이 생기고, 미안한 마음이 생기며, 고마운 마음이 생기므로 아름다운 사람이 된다는 것입니다.

㉰ 긍정하는 표현은 자신은 물론 주변 사람들 마음에 긍정하는 힘을 줍니다. 그리고 고운 우리말 사용이 아름다운 소통을 이루고, 진정한 말맛을 느끼게 합니다. 그러므로 긍정하는 말과 고운 우리말을 사용해야 합니다.

09 글쓴이의 주장이 나타난 부분에 밑줄을 그으시오.

10 글쓴이가 근거로 제시한 것으로 알맞지 <u>않은</u> 것에 △ 표를 하시오.

⑴ 고운 우리말을 사용하면 마음이 아름다워진다.
(   )

⑵ 긍정하는 말을 사용하면 상대의 실수를 찾을 수 있다. (   )

⑶ 긍정하는 말을 하면 말하는 사람과 듣는 사람의 마음이 편해진다. (   )

1 인물의 생각 파악하기

● 인물의 생각이 잘 드러난 표현을 찾아봅니다.

　⑩「하여가」: 얽혀진들, 우리

　　「단심가」: 죽어, 일편단심

● 인물의 생각이 잘 드러난 표현에서 인물의 생각을 찾아봅니다.

　⑩「하여가」의 '우리': 친근함을 드러내며 뜻을 같이하자는 이방원의 마음이 느껴짐.

　　「단심가」의 '일편단심': 변치 않는 마음이라는 뜻이 고려에 대한 정몽주의 생각을 보여 주는 것 같음.

2 글을 읽고 인물이 추구하는 가치 파악하기

● 인물이 처한 상황을 떠올려 봅니다.

　⑩「제게 12척의 배가 있으니」에서 이순신이 처한 상황: 일본군과 울돌목에서 싸우는 상황

● 인물이 처한 상황에서 인물이 한 말과 행동을 알아봅니다.

　⑩「제게 12척의 배가 있으니」에서 이순신이 한 말과 행동

> • "죽으려 하면 살고, 살려 하면 죽는다. 오늘 우리는 이 말처럼 죽기를 각오하고 싸워야 한다."
> • 배와 군사들을 많아 보이게 하려고 미리 작전을 짜고 물살을 이용해 적선을 공격함.

● 인물이 처한 상황에서 그렇게 말하고 행동한 까닭을 생각해 봅니다.

'가치'란
정의, 행복, 책임 따위를
통틀어 이르는 말이야.

3 인물들이 추구하는 다양한 가치 비교하기

● 인물이 추구하는 가치를 파악합니다.

　⑩「버들이를 사랑한 죄」에서 인물이 추구하는 가치

몽당깨비	버들이
• 진심을 담아 상대를 대하는 것을 추구한다. • 믿음과 사랑을 추구한다.	• 현실적인 이익을 추구한다. • 효를 추구한다.

● 이야기 속 인물이 되면 인물이 추구하는 가치를 더 깊이 이해할 수 있습니다.

● 이야기 속 인물의 선택과 자신의 선택을 비교하면 인물이 추구하는 가치와 자신이 추구하는 가치를 비교해 볼 수 있습니다.

　⑩「버들이를 사랑한 죄」에서 몽당깨비의 삶과 자신의 삶을 비교해 보고 느낀 점: 몽당깨비를 보고 진심을 담아서 상대를 대하는 것의 중요성을 깨닫게 되어 주변 사람들을 대할 때 다시 한번 더 생각하고 행동해야겠다고 다짐했습니다.

01 다음 빈칸에 알맞은 말을 쓰시오.

> 글쓴이가 말하고자 하는 생각을 찾으며 글을 읽으면 글을 쓴 의도나 [   ]을/를 알 수 있다.

(   )

[02~04] 다음 글을 읽고, 물음에 답하시오.

> ㈎ 나는 책을 많이 읽었어. 누구보다 빅토르 위고 작품을 좋아했는데, 『레 미제라블』은 여러 번 읽었단다. 자신이 받은 도움을 생각하며 어려운 사람들을 돕는 인물 모습이 내 마음을 울렸거든. 이렇듯 빅토르 위고는 현실에서 소외된 사람들의 이야기에도 관심이 있었는데 빈민 구제를 주장하며 정치가로도 활동했어. 어니스트 헤밍웨이가 쓴 『노인과 바다』에서는 온갖 어려움에도 의지를 굽히지 않는 늙은 어부의 용기와 도전을 만날 수 있었어. 『갈매기의 꿈』은 『꿀벌 마야의 모험』만큼 내게 특별한 책이었지.
>
> ㈏ 책 속에는 많은 이야기가 숨어 있어. 그리고 이야기 속 인물들은 우리를 다양한 경험 세계로 데려다주지. 꿈과 희망, 소외된 사람들에 대한 관심, 용기와 도전 같이 작가가 말하고자 하는 생각도 듣는단다. 그 많은 이야기에 공감하며 이야기 속 인물의 삶에서 내 삶을 되돌아보는 기회가 되는 것도 책이 주는 선물이야. 그래서 책을 읽는 사람은 지혜롭게 세상을 살 수 있다고 해. 나는 책에서 꿈을 찾았고 꿈을 이루는 방법까지 배웠으니 책이 주는 더 특별한 선물을 받은 거지.
> 책이 주는 선물을 받고 싶니? 너희도 책을 읽어 봐.

02 글쓴이가 읽은 책 중에서 다음과 같은 내용의 책은 무엇인지 제목을 쓰시오.

> 이야기의 주인공은 자신이 받은 도움을 생각하며 다른 사람을 돕는다.

(   )

03 이 글에서 말한 책을 읽으면 좋은 점으로 알맞지 <u>않은</u> 것을 찾아 ○표를 하시오.

(1) 다양한 경험을 할 수 있다.   (   )
(2) 작가의 생각을 알 수 있다.   (   )
(3) 내 삶을 돌아보는 기회가 된다.   (   )
(4) 내용이 많은 책을 만들 수 있다.   (   )

04 글쓴이가 말하고자 하는 생각을 나타낸 문장을 글 ㈏에서 찾아 밑줄을 그으시오.

[05~07] 다음 시조를 읽고, 물음에 답하시오.

> ㈎ 이런들 어떠하며 저런들 어떠하리
>   만수산 드렁칡이 얽혀진들 어떠하리
>   우리도 이같이 얽혀져 백 년까지 누리리
> ㈏ 이 몸이 죽고 죽어 일백 번 고쳐 죽어
>   백골이 진토 되어 넋이라도 있고 없고
>   ㉠임 향한 일편단심이야 가실 줄이 있으랴

05 ㈎와 ㈏ 중에서 서로 힘을 합쳐서 새로운 왕조를 세우자는 내용을 찾아 기호를 쓰시오.

(   )

06 ㈎와 ㈏ 중에서 새로운 왕조를 세우는 것에 반대한다는 내용을 찾아 기호를 쓰시오.

(   )

07 ㉠이 가리키는 것은 무엇일지 당시의 시대 상황을 생각하여 쓰시오.

(   )

[01~05] 다음 글을 읽고, 물음에 답하시오.

(가) 내가 처음으로 재미있게 읽은 책은 발데마르 본젤스의 『꿀벌 마야의 모험』인데, 아기 꿀벌이 꿀을 모으러 바깥세상에 나갔다가 모험을 시작하는 이야기야. 그 꿀벌이 여러 가지 경험을 하며 자신의 삶을 이끌어 가는 모습이 내게 꿈과 희망을 줬어. 이야기가 어찌나 흥미로웠던지 발데마르 본젤스처럼 작가가 되는 꿈을 갖게 되었지.

(나) 나는 책을 많이 읽었어. 누구보다 빅토르 위고 작품을 좋아했는데, 『레 미제라블』은 여러 번 읽었단다. 자신이 받은 도움을 생각하며 어려운 사람들을 돕는 인물 모습이 내 마음을 울렸거든. 이렇듯 빅토르 위고는 현실에서 소외된 사람들의 이야기에도 관심이 있었는데 빈민 구제를 주장하며 정치가로도 활동했어. 어니스트 헤밍웨이가 쓴 『노인과 바다』에서는 온갖 어려움에도 의지를 굽히지 않는 늙은 어부의 용기와 도전을 만날 수 있었어. 『갈매기의 꿈』은 『꿀벌 마야의 모험』만큼 내게 특별한 책이었지. 단지 먹으려고 날았던 다른 갈매기와는 달리 자신만의 꿈을 이루려고 끊임없이 나는 법을 연습했던 특별한 갈매기 이야기였거든. 그 책은 내게 꿈을 이루려면 어떻게 해야 하는지 가르쳐 줬어. 그래서 작가라는 꿈을 이루려고 더 많은 책을 읽었단다.

(다) 책 속에는 많은 이야기가 숨어 있어. 그리고 이야기 속 인물들은 우리를 다양한 경험 세계로 데려다주지. 꿈과 희망, 소외된 사람들에 대한 관심, 용기와 도전 같이 작가가 말하고자 하는 생각도 듣는단다. 그 많은 이야기에 공감하며 이야기 속 인물의 삶에서 내 삶을 되돌아보는 기회가 된 것도 책이 주는 선물이야. 그래서 책 읽는 사람은 지혜롭게 세상을 살 수 있다고 해. 나는 책에서 꿈을 찾았고 꿈을 이루는 방법까지 배웠으니 책이 주는 더 특별한 선물을 받은 거지.

01 책을 읽고 난 뒤, 글쓴이가 다음과 같이 생각한 책의 제목을 찾아 쓰시오.

> 이야기의 인물이 여러 가지 경험을 하며 자신의 삶을 이끌어 가는 모습에서 꿈과 희망을 느꼈다.

( )

02 글쓴이는 『레 미제라블』을 읽고 어떤 점에서 감동을 받았다고 하였습니까? ( )

① 다른 사람들을 도와주는 모습
② 꿈을 갖고 포기하지 않는 모습
③ 위험을 무릅쓰고 도전하는 용기
④ 꿈을 위해 열심히 노력하는 모습
⑤ 어려움에도 의지를 굽히지 않는 모습

03 글쓴이에게 꿈을 이루려면 어떻게 해야 하는지를 가르쳐 준 책은 무엇입니까? ( )

① 『작은 아씨들』
② 『레 미제라블』
③ 『노인과 바다』
④ 『갈매기의 꿈』
⑤ 『꿀벌 마야의 모험』

04 글쓴이가 소개하는 책에는 어떤 공통점이 있습니까?
( )

① 동물이 주인공이다.
② 책 표지 그림이 예쁘다.
③ 친구들에게 추천받았다.
④ 등장인물이 인상 깊었다.
⑤ 이야기의 배경이 인상적이다.

서술형
05 글쓴이가 말한 '책이 주는 선물'은 무엇인지 글 (다)에서 찾아 한 가지만 쓰시오.

_____

_____

[06~08] 다음 시조를 읽고, 물음에 답하시오.

> (가) 이런들 어떠하며 저런들 어떠하리
> 　　만수산 드렁칡이 얽혀진들 어떠하리
> 　　우리도 이같이 얽혀져 백 년까지 누리리
> (나) 이 몸이 죽고 죽어 일백 번 고쳐 죽어
> 　　백골이 진토 되어 넋이라도 있고 없고
> 　　임 향한 일편단심이야 가실 줄이 있으랴

06 (가)에 대한 설명으로 알맞지 <u>않은</u> 것은 무엇입니까?
　　　　　　　　　　　　　　　　　　　(　　)

① 이방원이 정몽주에게 보내는 시조이다.
② 고려 왕조에 대한 변치 않는 마음이 나타나 있다.
③ 고려가 정치적으로 혼란스러웠음을 알 수 있다.
④ 자신의 생각을 '만수산 드렁칡'에 빗대어 표현했다.
⑤ '우리'라는 말에서 뜻을 함께하고 싶은 마음이 나타나 있다.

07 (나)에서 다음 뜻을 가진 낱말을 찾아 쓰시오.

> '한 조각의 붉은 마음'이라는 뜻으로 진심에서 우러나오는 변치 않는 마음을 이르는 말.

　　　　　　(　　　　　　　　　)

08 (나)에서 글쓴이가 말하고자 하는 생각은 무엇입니까?
　　　　　　　　　　　　　　　　　　(　　)

① 고려의 왕이 되고 싶다.
② 마음은 여러 번 바뀔 수 있다.
③ 변함없이 고려에 충성을 다하겠다.
④ 새 나라를 세울 준비는 이미 다 되어 있다.
⑤ 새 나라를 세우는 데에 뜻을 함께 모으겠다.

[09~10] 다음 글을 읽고, 물음에 답하시오.

> 이순신은 작전을 짰습니다.
> "우리는 모든 것이 적다. 무기도 적고, 군사도 적고, 배도 적다. 적은 것을 갑자기 늘릴 방법은 없다. 그러나 많아 보이게 할 수는 있을 것이다."
> 이순신은 우선 고기잡이배와 피난 가는 배들을 판옥선처럼 꾸미게 했습니다. 비록 실제로 싸울 수 있는 배는 먼저 구한 12척과 나중에 구한 1척, 이렇게 총 13척밖에 안 되었지만, 멀리서 보면 수십 척의 판옥선이 갖추어진 것처럼 보이게 한 것입니다. ㉠백성들에게는 바다가 보이는 육지의 산봉우리에서 계속 돌아다니게 했습니다. 마치 우리 군사의 수가 많은 것처럼 보이도록 한 것입니다.
> 이순신은 모든 준비를 끝낸 뒤 부하 장수들을 불러 모았습니다.
> "죽으려 하면 살고, 살려 하면 죽는다. 오늘 우리는 이 말처럼 죽기를 각오하고 싸워야 한다."

09 이순신이 ㉠과 같이 한 까닭은 무엇입니까? (　　)

① 우리의 군사를 많아 보이게 하려고
② 더 많은 무기를 구해 오도록 하려고
③ 군사들이 먹을 음식을 마련하게 하려고
④ 전투에서 질 경우 빨리 도망가게 하려고
⑤ 백성들이 전투 상황을 직접 볼 수 있게 하려고

10 이 글에 나타난 이순신이 추구하는 가치로 알맞은 것에 ○표를 하시오.

(1) 용기와 자신감을 추구한다.　　　　(　　)
(2) 현실적인 이익을 추구한다.　　　　(　　)
(3) 가족에 대한 사랑과 효를 추구한다.　(　　)

1 마음을 나누는 글을 쓰기 전에 생각해야 할 점

● 어떤 일이 일어났는지 생각합니다.

● 나누려는 마음을 떠올립니다.

● 읽을 사람은 누구인지 생각합니다.

● 글을 전하는 방법은 무엇이 효과적인지 생각합니다.

● 글을 쓰는 목적을 생각합니다.

> 예 친구들이 연필과 지우개를 잃어버리고도 찾지 않는다는 것을 알
> 게 되었어. 친구들에게 자원이 낭비되는 것이 안타까운 내 마음
> 을 편지로 전하고 싶어.

편지와 같이 다른 사람에게 글을 쓰는 경우에는 마음을 나누려는 사람과 글을 쓰는 사람을 밝혀.

2 글 쓸 내용 계획하기

글을 쓰는 상황과 목적 파악하기	일어난 사건을 토대로 글을 쓰는 상황과 목적을 파악합니다.

↓

쓸 내용 정하기	• 일어난 사건을 자세히 떠올립니다. • 일어난 사건에 대한 자신의 생각이나 행동을 떠올립니다. • 나누려는 마음을 생각합니다.

↓

표현하기	• 읽을 사람을 생각해서 표현합니다. • 맞춤법, 띄어쓰기를 지켜 표현합니다. 예 선생님께 글을 쓸 때 → 공손한 표현 친구에게 글을 쓸 때 → 친근하고 쉬운 표현

정답과 해설 **36**쪽

01 ( ) 안의 알맞은 말에 ○표를 하시오.

> 나는 부모님 마음을 속상하게 해서 (고마운 , 미안한) 마음을 메모지에 쓴 적이 있어.

[02~05] 다음을 보고, 물음에 답하시오.

> **지수** 정민아, 아까 과학 시간에 물을 엎질러서 정말 미안해.
>
> **정민** 아니야, 지수야. 일부러 그런것도 아니잖아.
>
> **지수** 그래도 옷이 젖어서 불편했지?
>
> **정민** 아니야, 괜찮았어. 그나저나 너도 많이 놀랐겠다.
>
> **지수** 응, 사실 나도 깜짝 놀랐어.
>
> **정민** 그래, 난 정말 괜찮으니까 너도 너무 걱정하지 마.
>
> **지수** 그래, 고마워. 그리고 진심으로 미안해.

02 이 글은 누구에게 쓴 글인지 쓰시오.

( )

03 이 글에서 나누려는 마음은 무엇인지 쓰시오.

( )

04 이 글에서 친구들은 마음을 나누기 위해 어떤 방법으로 글을 썼는지 쓰시오.

( )

05 **04**의 답과 같은 방법으로 마음을 나누었을 때의 좋은 점은 무엇인지 알맞은 것의 기호를 쓰시오.

> ㉮ 하고 싶은 말을 자세하게 표현할 수 있다.
> ㉯ 읽는 사람의 반응을 바로 확인할 수 있다.
> ㉰ 정확하게 쓰지 않으면 오해가 생길 수 있다.

( )

[06~08] 다음 글을 읽고, 물음에 답하시오.

> 지효에게
> 지효야, 안녕? 나 신우야.
> 지효야, 아까 내가 네 책상 옆에서 미역국을 엎질렀지? 너는 네 가방이 더러워져서 많이 속상했을 텐데 나에게 "괜찮아?" 하면서 걱정을 해 주었어. 그리고 미역국 치우는 것을 도와주었어.
> 나는 미역국을 엎지르고 너에게 미안하다는 말도 못 하고 멍하니 서 있었어. 너무 당황스러워서 어떻게 해야 할지 생각이 나지 않았어. 그런데 네가 오히려 나를 걱정해 주고 같이 치워 주어서 감동했단다.

06 이 글은 누가 누구에게 쓴 글인지 쓰시오.

( )가 ( )에게

07 이 글에서 나누려는 마음은 무엇이겠는지 쓰시오.

( )

08 이 글에서 신우는 마음을 나누기 위해 어떤 방법으로 글을 썼는지 쓰시오.

( )

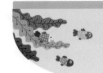 **학교 시험 만점왕**

[01~05] 다음을 보고, 물음에 답하시오.

01 여자아이가 자원을 아끼자는 생각을 한 까닭은 무엇입니까? ( )

① 학용품을 잃어버리고 나서
② 텔레비전 뉴스를 보고 나서
③ 아버지의 말씀을 듣고 나서
④ 선생님의 말씀을 듣고 나서
⑤ 친구들의 이야기를 듣고 나서

02 여자아이가 나누려는 마음은 무엇입니까? ( )

① 감사한 마음
② 미안한 마음
③ 고마운 마음
④ 안타까운 마음
⑤ 사과하는 마음

03 여자아이가 마음을 나누는 글을 쓰기 전에 생각할 것으로 알맞지 **않은** 것은 무엇입니까? ( )

① 글을 쓰는 목적 정하기
② 나누려는 마음 생각하기
③ 글을 쓰는 상황 파악하기
④ 맞춤법을 잘 지켜 표현하기
⑤ 읽을 사람이 누구인지 생각하기

서술형
04 내가 여자아이라면 마음을 전하기 위해서 어떤 방법을 사용하여 글을 쓸지 까닭과 함께 쓰시오.

_____

_____

중요
05 마음을 나누는 글을 쓰면 좋은 점은 무엇입니까?
( )

① 글을 짧게 쓸 수 있다.
② 글을 읽는 사람에게 부담을 줄 수 있다.
③ 일어난 사건에 대한 마음을 숨길 수 있다.
④ 내가 하고 싶은 말은 무엇이든지 할 수 있다.
⑤ 쑥스러워서 전하지 못한 마음을 더 잘 전할 수 있다.

[06~10] 다음 글을 읽고, 물음에 답하시오.

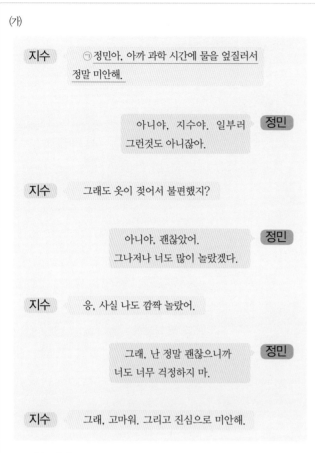

(가)

지수: ㉠정민아, 아까 과학 시간에 물을 엎질러서 정말 미안해.

정민: 아니야, 지수야. 일부러 그런 것도 아니잖아.

지수: 그래도 옷이 젖어서 불편했지?

정민: 아니야, 괜찮았어. 그나저나 너도 많이 놀랐겠다.

지수: 응, 사실 나도 깜짝 놀랐어.

정민: 그래, 난 정말 괜찮으니까 너도 너무 걱정하지 마.

지수: 그래, 고마워. 그리고 진심으로 미안해.

(나) 지효에게

지효야, 안녕? 나 신우야.

지효야, 아까 내가 네 책상 옆에서 미역국을 엎질렀지? 너는 네 가방이 더러워져서 많이 속상했을 텐데 나에게 "괜찮아?" 하면서 걱정을 해 주었어. 그리고 미역국 치우는 것을 도와주었어.

나는 미역국을 엎지르고 너에게 미안하다는 말도 못 하고 멍하니 서 있었어. 너무 당황스러워서 어떻게 해야 할지 생각이 나지 않았어. 그런데 네가 오히려 나를 걱정해 주고 같이 치워 주어서 감동했단다.

06 (가)의 내용으로 알맞은 것은 무엇입니까? (　　)

① 정민이는 점심시간에 물을 엎질렀다.
② 지수는 미술 시간에 미역국을 엎질렀다.
③ 지수는 정민이에게 일부러 물을 쏟았다.
④ 정민이는 지수가 쏟은 물에 옷이 젖었다.
⑤ 지수는 정민이의 실수로 가방이 더러워졌다.

07 (나)에서 알 수 있는 지효의 성격으로 알맞은 것은 무엇입니까? (　　)

① 덤벙거린다.
② 이기적이다.
③ 신경질적이다.
④ 배려심이 깊다.
⑤ 감동을 잘 받는다.

08 (가)와 (나)의 공통점으로 알맞은 것은 무엇입니까?

(　　)

① 나누려는 마음
② 글을 쓰는 사람
③ 글을 읽는 사람
④ 글을 전하는 방법
⑤ 글을 쓰게 된 사건

09 (가)와 (나)에서 마음을 나누기 위해 어떤 방법으로 글을 썼는지 선으로 이으시오.

(1) (가) ·   · ① 문자 메시지

(2) (나) ·   · ② 편지

서술형
10 (가)에서 지수가 선생님께 물을 엎질렀다면 ㉠을 어떻게 바꾸어야 하는지 쓰시오.

_____

_____

메모

아직 기초가 부족해서 차근차근 공부하고 싶어요.

조금 어려운 내용에 도전해보고 싶어요.

영어의 모든 것! 체계적인 영어공부를 원해요.

조금 어려운 내용에 도전해보고 싶어요.

학습 고민이 있나요?
초등온에는 친구들의 고민에 맞는 다양한 강좌가 준비되어 있답니다.

학교 진도에 맞춰 공부하고 싶어요.

초등ON 이란?

EBS가 직접 제작하고 분야별 전문 교육업체가 개발한 다양한 콘텐츠를 바탕으로,

대표강좌

초등 목표달성을 위한 <초등온> 서비스를 제공합니다.

BOOK 3

해설책

BOOK 3 해설책으로
틀린 문제의 해설도 확인해 보세요!

EBS

인터넷·모바일·TV
무료 강의 제공

초 | 등 | 부 | 터 **EBS**

예습, 복습, 숙제까지 해결되는

교과서 완전 학습서

만점왕

인터넷·모바일·TV
무료 강의 제공

BOOK 3
해설책

국어 6-1

초등 기본서

만점왕

국어

6·1

book 3 해설책

차례

비유하는 표현

교과서 내용 학습

8~11쪽

01 예 뻥튀기가 사방으로 날리는 모양 02 ⑤ 03 ① 04
(1) 예 솜사탕 (2) 예 작은 것이 순식간에 크게 변하는 것이
비슷하기 때문에 05 봄비(봄비 내리는 소리) 06 ③ 07
지붕 08 ⑤ 09 ③, ⑤ 10 (3) ○ (4) ○ 11 ④ 12 예
꽃잎 같은 친구 좋아 / 언제나 아름답고 예쁜 꽃을 피우는 꽃
잎처럼 13 ⑤ 14 ③ 15 ④ 16 (1) 예 날씨 (2) 예 따뜻
함, 포근함 17 ④ 18 예 봄은 새로운 시작을 알리는 호루
라기

01 이 글에서는 뻥튀기가 사방으로 날리는 모양을 봄날에
꽃잎이 흩날리는 모습, 나비가 날아가는 모습, 함박눈
이 내리는 모습에 비유하고 있습니다.

02 이 글에서는 뻥튀기 냄새를 메밀꽃 냄새, 새우 냄새, 멍
멍이 냄새, 옥수수 냄새에 비유하고 있습니다.

03 뻥튀기 냄새와 메밀꽃 냄새, 새우 냄새, 멍멍이 냄새,
옥수수 냄새의 공통점은 고소한 냄새가 난다는 것입니
다.

04 뻥튀기의 모양, 냄새, 색깔 등을 생각해 보고 공통점이
있는 사물을 떠올려 봅니다.

채점 기준
비유하는 표현과 그렇게 비유한 까닭을 모두 다 알맞게 썼으
면 정답으로 인정합니다.

05 이 시에서는 '봄비'를 '큰 은혜로 내리는 교향악'에 비유
했습니다.

06 이 시에서는 봄비 때문에 지붕, 세숫대야 바닥, 앞마을
냇가, 뒷마을 연못, 외양간 엄마 소가 악기가 된다고 했
습니다.

07 이 시에서는 지붕을 큰북에 비유하고, 세숫대야를 작은
북에 비유했습니다.

08 세숫대야 바닥은 봄비를 맞으면 작은북처럼 '도당도당
도당당'과 같이 운율이 느껴지는 소리를 낸다고 표현했
습니다.

더 알아보기
운율
시에서 운율은 소리가 비슷한 글자나 일정한 글자 수가 반복
될 때 생깁니다.

09 이 시에서는 좋아하는 친구를 풀잎과 바람에 비유하여
표현하였습니다.

10 (1)은 내용을 묻는 질문이고, (2)는 형식을 묻는 질문이
고, (3), (4)는 느낌과 감상을 묻는 질문입니다.

11 이 시에는 말하는 이가 친구를 좋아하는 마음이 나타나
있습니다.

12 친구의 모습을 '풀잎' 대신 어떤 대상에 비유하면 좋을
지 '~같이', '~처럼', '~듯이'와 같은 말을 사용해서 써
봅니다.

채점 기준
어떤 대상과 친구의 특징을 살려 알맞게 바꾸어 썼으면 정답
으로 인정합니다.

13 생각 그물은 '봄이 되면 만날 수 있는 것'을 중심으로 생
각을 떠올린 내용입니다.

14 생각 그물에서 ㉠은 봄이 되면 만날 수 있는 것 중에서 꽃
에 해당되는 것이므로 '개나리꽃'이 들어갈 수 있습니다.

15 새 교실에서 볼 수 있는 것에는 칠판, 책상, 의자, 사물
함 등이 있습니다.

16 봄이 되면 만날 수 있는 것을 쓰고, 그에 대하여 표현하
고 싶은 생각이나 마음을 정리해 봅니다.

17 '밝은 햇살'과 '친구'의 공통점으로는 '밝은 모습, 밝은
웃음' 등이 알맞습니다.

18 봄의 특징을 떠올려 보고 그와 공통점이 있는 대상을 찾아봅니다.

> **더 알아보기**
>
> **은유법과 직유법**
> • 은유법은 어떤 대상을 '~은/는 ~이다'로 빗대어 표현하는 방법입니다.
> • 직유법은 '~같이', '~처럼', '~듯이'와 같은 말을 써서 두 대상을 직접 견주어 표현하는 방법입니다.

> **채점 기준**
>
> 비유하는 표현을 사용하여 '봄'을 나타냈으면 정답으로 인정합니다.

단원 확인 평가
15~16쪽

01 ④ **02** ① **03** ⑤ **04** ④ **05** 직유법 **06** ④ **07** 바람 **08** 예 대상을 실감 나고 재미있게 나타낼 수 있다. **09** ② **10** 예 잘 웃는 내 친구는 밝은 햇살이다.

01 ㉠은 뻥튀기가 사방으로 날리는 모습을 나비가 날아가는 모습에 비유해 나타낸 표현입니다.

02 '가을날 메밀꽃 냄새'는 뻥튀기를 할 때 나는 고소한 냄새를 비유해 표현한 것입니다.

03 이 글을 읽으면 뻥튀기가 사방으로 날리는 모습을 떠올릴 수 있습니다.

04 하얀 연기는 대상을 비유하는 말이 아니라 연기를 사실 그대로 나타내는 말입니다.

05 비유하는 표현에서 '~같이', '~처럼', '~듯이'와 같은 말을 사용해서 두 대상을 직접 견주어 표현하는 방법을 '직유법'이라고 합니다.

06 '풀잎 같은 친구'는 헤어질 때 또 만나자고 손 흔드는 친구의 모습을 비유하여 표현한 것입니다.

07 이 시에서는 만나면 얼싸안는 친구의 모습을 바람에 비유했습니다.

08 비유하는 표현을 사용하면 대상을 실감 나고 재미있게 나타낼 수 있고, 대상의 특징을 더 잘 이해할 수 있습니다.

> **더 알아보기**
>
> **비유하는 표현을 사용하면 좋은 점**
> • 글이나 그림책의 내용이 쉽게 이해됩니다.
> • 글쓴이의 의도를 쉽게 파악할 수 있습니다.
> • 상황이 실감 나게 느껴집니다.
> • 장면이 쉽게 떠오릅니다.

09 친구를 발전소에 비유하려고 할 때 떠오르는 공통점이 무엇인지 생각해 봅니다.

10 〈보기〉에서 사용한 방법은 은유법입니다. 친구의 잘 웃는 모습을 은유법을 사용하여 어떻게 표현하면 좋을지 생각해 봅니다.

> **채점 기준**
>
> 친구의 웃는 모습과 같은 공통점을 가진 대상을 정하여 은유법으로 나타냈으면 정답으로 인정합니다.

1단원에서는 어떤 대상을 다른 대상에 빗대어 표현하는 방법을 공부했어.

이야기를 간추려요

교과서 내용 학습

01 ㉔ 두 동네 사람들   02 ⑤   03 ㉔ 황금 사과를 서로 차지하기 위해서   04 ㉔ 황금 사과를 팔아서 그 돈으로 공원이나 도로를 만드는 등 두 동네에 필요한 일에 사용한다. / 황금 사과를 판 돈을 두 동네가 나누어 가진다.   05 ②   06 욕심   07 ④   08 ㉔ 서로 소통하여 사과를 나누어 가졌다면 두 동네가 사이좋게 살았을 텐데, 그러지 못하여 아쉬운 마음이 든다.   09 ㉔ 무시무시한 괴물들   10 ⑤   11 ㉔ 꼬마 아이가 공을 주우려고 담 쪽으로 갔다가 담에 있는 문을 열자, 그곳에서 아이들이 즐겁게 놀고 있었습니다.   12 ①   13 ④   14 ①   15 (1) ○   16 ④   17 ③   18 ②   19 ⑤   20 (2) ○   21 ③   22 ㉔ 덕진의 저승 곳간에서 빌려서   23 저승 → 이승   24 ㉔ 이승에 돌아온 원님이 나졸들에게 시킨 것은 무엇입니까?   25 ④, ⑤   26 ㉔ 선뜻 열 냥을 내주었다.   27 ④   28 당연하다   29 (1) 이승 (2) 덕진 (3) 쌀 삼백 석   30 ㉔ 당황스럽다.   31 ㉔ 덕진이 원님에게 받은 쌀로 마을 앞을 가로지르는 강가에 다리를 놓았습니다.   32 개울가   33 ②   34 ④   35 (4) ○   36 ⑤

01 이 이야기는 오래전 어느 작은 도시 한가운데에 있는 사과나무를 중심으로 사건이 벌어진다는 내용으로 두 동네 사람들이 등장인물입니다.

02 어느 작은 도시 한가운데에는 예쁜 사과나무가 있었습니다.

03 두 동네 사람들은 황금 사과를 서로 차지하기 위해서 싸움을 했습니다.

04 두 동네 사람들은 황금 사과를 서로 갖겠다고 하여 다툼이 생겼습니다. 사이좋게 나누려면 서로를 배려하는 마음과 공동체를 위한 방법을 생각해야 합니다.

윗동네와 아랫동네 사람들에게 공평한 방법을 썼으면 정답으로 인정합니다.

05 금보다 더 확실하고 분명한 방법은 작은 문이 달린 나무 울타리를 세우는 것이었습니다.

06 황금 사과에 대한 사람들의 마음은 욕심이었습니다. 그 욕심 때문에 서로 다투고 이기적인 행동을 한 것입니다.

07 사람들은 서로 담을 왜 쌓았는지도 잊고 결국 서로 미워하는 마음만 갖게 되었습니다.

08 두 동네 사람들은 서로 황금 사과를 많이 가지려는 욕심 때문에 처음에는 금만 그었지만, 나중에는 서로 약속도 지키지 않고, 싸움을 하였습니다. 그 뒤에 나무 울타리를 세우고, 사방이 꽉 막힌 높고 단단한 담을 쌓고, 서로를 의심하다가 결국 보초까지 세우는 행동을 합니다. 이러한 행동에 대한 생각을 쓰면 됩니다.

두 동네 사람들의 이기적인 행동에 대한 생각이나 느낌을 썼으면 정답으로 인정합니다.

09 꼬마 아이는 어른이 되어 어린 딸에게 담 너머에는 무시무시한 괴물들이 살고 있다고 말하였습니다.

10 공놀이를 하던 꼬마 아이는 공을 줍기 위해 담 쪽으로 갔다가 작은 문의 열쇠구멍을 통해 공을 가지고 즐겁게 노는 담 너머 아이들의 모습을 보았습니다.

11 글의 내용을 살펴보고 중요한 내용을 중심으로 정리해 봅니다.

꼬마 아이가 한 일이 무엇인지 간단히 정리해 썼으면 정답으로 인정합니다.

12 「황금 사과」는 두 동네 사람들이 욕심을 부리다가 결국 서로 대화도 소통도 하지 않게 되었다는 내용으로, 너무 욕심 부리지 말고, 소통하자는 주제의 이야기입니다.

13 이 이야기의 첫 장면은 원님이 죽어서 염라대왕 앞으로 끌려간 장면입니다.

14 원님은 이승에서 좀 더 살게 해 달라고 간청했습니다.

15 저승사자는 원님에게 원님 때문에 헛걸음을 했으니 이승으로 가려면 수고비를 내놓으라고 하였습니다.

16 저승에 있는 곳간은 이승에서 좋은 일을 한 만큼 재물이 쌓이게끔 되어 있다고 하였습니다.

17 원님의 저승 곳간에는 특별한 재물이랄 게 없었으며, 고작 볏짚 한 단만이 있었습니다.

18 원님은 자신의 저승 곳간을 보고 쥐구멍에라도 숨고 싶을 만큼 부끄러웠습니다.

19 원님은 단 한 번 가난한 아낙이 짚이 없어서 쩔쩔매는 것을 우연히 보고 볏짚 한 단을 구해 준 적이 있어서 원님의 저승 곳간 안에 볏짚 한 단만이 들어 있었던 것입니다.

20 사건이 본격적으로 발생하고 갈등이 일어나는 부분은 전개입니다.

더 알아보기

이야기 구조
• 발단: 이야기의 사건이 시작되는 부분
• 전개: 사건이 본격적으로 발생하고 갈등이 일어나는 부분
• 절정: 사건 속의 갈등이 커지면서 긴장감이 가장 높아지는 부분
• 결말: 사건이 해결되는 부분

21 저승 곳간을 채우려면 덕을 베풀어야 하는데 덕진의 저승 곳간이 가득 차 있는 것으로 보아 덕진은 이승에서 덕을 많이 베풀며 살고 있다는 것을 짐작할 수 있습니다.

22 원님은 덕진의 저승 곳간에서 쌀을 꾸어 저승사자에게 수고비를 주었습니다.

23 이야기의 공간적 배경은 저승에서 이승으로 바뀌었습니다.

24 이야기에서 일어난 사실이 무엇인지 살펴보고 〈보기〉와 같은 질문을 만들어 봅니다.

채점 기준

사실에 대해 질문의 형식으로 문장을 완성하여 썼으면 정답으로 인정합니다.

25 원님은 자신의 신분을 감추고 덕진이 어떤 인물인지 사실을 확인하고 싶어서 허름한 모습을 하고 덕진을 찾아갔습니다.

26 원님이 덕진에게 돈 열 냥을 빌려 달라고 하자 덕진은 망설이지 않고 선뜻 열 냥을 내주었습니다.

27 원님은 모르는 사람인 자신에게조차 덕을 베푸는 덕진의 모습에서 감동을 받았을 것입니다.

28 원님은 덕을 베푸는 덕진의 행동을 보고 덕진의 저승 곳간에 곡식이 가득 차 있는 것은 당연하다고 생각하였습니다.

29 사건의 중심 내용을 간추릴 때에는 중요하지 않은 내용은 삭제하고, 관련 있는 사건은 하나로 묶어야 합니다.

더 알아보기

이야기를 요약하는 방법
• 이야기 구조를 생각하며 각 부분에서 중요한 사건이 무엇인지 찾습니다.
• 이야기 흐름에서 중요하지 않은 내용은 삭제하거나 간단히 씁니다.
• 중요한 사건이 일어난 원인과 그에 따른 결과를 찾습니다.
• 여러 사건이 있을 때에는 관련 있는 사건을 하나로 묶습니다.

30 원님이 덕진에게 쌀을 주었을 때 덕진이 영문을 몰라 어리둥절해하며 원님을 쳐다본 것에서 당황스러웠음을 알 수 있습니다.

31 4에서 일어난 중요한 일은 덕진이 원님에게 받은 쌀을 팔아 다리를 놓은 것입니다.

채점 기준

덕진이 다리를 놓은 일이 문장으로 나타나 있으면 정답으로 인정합니다.

32 소년은 집으로 돌아가던 길에 개울가에서 물장난하는 소녀와 마주쳤습니다.

33 소년은 징검다리를 막고 있는 소녀에게 비켜 달라는 말을 하지 못하고 비키기만을 기다리고 있습니다. 소년이 순수하고 수줍음이 많다는 것을 짐작할 수 있습니다.

34 소녀는 멀리서 바라보기만 하는 소년의 소극적인 모습

이 서운하여서 조약돌을 던졌을 것입니다.

35 산에서 소년과 소녀가 비를 피한 일과 소녀가 많이 아팠고 이사를 가게 되었다고 하는 장면이 「소나기」의 절정입니다.

36 소녀는 소년과 함께했던 추억을 소중히 생각하고 간직하고 싶었기 때문에 자신이 입던 옷을 그대로 입혀서 묻어 달라고 하였을 것입니다.

서술형 수행 평가 돋보기

29쪽

1 예 이승에서 남에게 덕을 베푼 일이 가난한 아낙에게 볏짚 한 단을 구해 준 일만 있었기 때문에

2 (1) 예 고작 볏짚 한 단만이 있었다. (2) 예 이승으로 갈 수 없다고

3 예 원님은 이승에서 남에게 덕을 베푼 적이 없어 자신의 저승 곳간이 비어 있는 것을 보고 이승으로 갈 수 없을 것 같아 걱정되었다.

1 저승 곳간에 볏짚이 한 단만 있었던 일의 원인과 결과를 파악해 봅니다.

2 원님의 저승 곳간에 무엇이 있었는지, 원님은 왜 걱정하는지 씁니다.

3 문제 2번에서 정리한 중요한 사건을 바탕으로 이야기의 내용을 요약합니다.

채점 기준

상	중요한 사건이 잘 드러나도록 이야기의 내용을 자연스럽게 요약하였으면 만점입니다.
중	중요한 사건이 드러났으나 요약한 내용이 자연스럽지 않은 점이 아쉽습니다.
하	이야기의 내용을 간추렸으나 중요한 사건이 잘 드러나지 않았다면 점수를 받기 어렵습니다.

단원 확인 평가

34~35쪽

01 (가), (나) 02 저승사자, 원님, 덕진 03 (라) 04 ⑤ 05 예 덕진과 같이 다른 사람을 위해 좋은 일을 많이 하는 사람이 되고 싶다. 06 ① 07 ⑤ 08 발단 09 (1) ㉮ (2) ㉰ (3) ㉯ 10 예 소년과 소녀가 가까워져 함께 산으로 놀러 감.

01 (가)와 (나)의 공간적 배경은 저승이고, (다)와 (라)의 공간적 배경은 이승입니다.

02 (가)~(다)에 나오는 등장인물은 저승사자, 원님, 덕진입니다.

03 결말은 사건이 해결되는 부분입니다.

04 저승에 있는 곳간은 이승에서 좋은 일을 한 만큼 재물이 쌓이게끔 되어 있다고 하였습니다.

05 인물의 한 일이나 성격, 이야기의 주제 등에 대한 내 생각을 정리해 봅니다.

채점 기준

이야기에 대한 자신의 생각이나 느낌이 잘 드러나게 썼으면 정답으로 인정합니다.

06 소녀가 던진 조약돌을 소중히 간직하는 소년의 모습에서 소년이 소녀를 좋아하고 있다는 것을 짐작할 수 있습니다.

07 소녀가 자신이 입던 옷을 그대로 입혀서 묻어 달라고 한 유언을 통해 소녀가 소년과의 추억을 소중하게 여겼다는 것을 짐작할 수 있습니다.

08 이야기 구조에 따라 개울가에서 소년과 소녀가 처음 마주친 장면은 발단에 해당됩니다.

09 (1)은 이야기 구조인 '발단, 전개, 절정, 결말'을 확인하는 질문이며, (2)는 이야기를 읽고 나서 친구들의 생각을 알아보는 질문입니다. (3)은 이야기에 드러나 있지 않은 내용을 미루어 짐작하는 질문입니다.

10 소년과 소녀가 함께 산으로 놀러간다는 내용이 이야기의 전개입니다.

채점 기준

소년과 소녀가 함께 산으로 놀러간 내용을 썼으면 정답으로 인정합니다.

교과서 내용 학습

38~44쪽

01 (2) ○   02 ①   03 예 회장 선거에 나가서 친구들 앞에서 연설을 한 경험이 있다.   04 ④   05 예 높임 표현을 사용하여 말한다.   06 ①   07 (1) ○   08 ⑤   09 ⑤   10 깨끗한 화장실을 만들어 주세요.   11 예 책 『오늘의 순위』   12 ①   13 ④   14 ④   15 (1) – ② (2) – ③ (3) – ①   16 예 축제 사진이 우리 지역 축제 모습을 잘 보여 줄 수 있고, 축제 안내 자료에 여러 가지 행사가 잘 나와 있기 때문이다.   17 (3) △   18 ④   19 (1) 다 (2) 예 수량의 변화 정도를 알 수 있다. / 정확한 수치를 나타낼 수 있다.   20 가   21 ②   22 (1) 표 (2) 동영상   23 예 사라진 보부상의 모습을 생생히 보여 줄 수 있기 때문에   24 사진   25 (1) 예 지도 (2) 예 여행지까지 가는 길을 한눈에 보여 줄 수 있다.   26 ③   27 (1) 예 우리 반 친구들의 장래 희망을 정리한 표 (2) 예 친구들의 장래 희망을 설문으로 조사해 표로 정리한다.   28 예 우리 반 친구들이 닮고 싶은 인물   29 ③   30 ③   31 예 미래에는 어떤 인재가 필요할까   32 표, 동영상   33 (1) 예 동영상 자료 (2) 예 발표 마지막 부분에 친구들이 가장 흥미 있는 내용을 넣어 마지막까지 집중해서 들을 수 있도록 하기 위해서이다.   34 예 설문 조사표, 그림 자료, 사진 자료

01 (1)은 친구들과 대화를 나누는 말하기 상황이고, (2)는 교실에서 친구들 앞에서 발표하는 공식적인 말하기 상황입니다.

02 공식적인 말하기 상황은 여러 사람 앞에서 말하기 때문에 높임 표현을 사용하여 큰 목소리로 또박또박 말해야 하며 들는 사람은 집중해서 들어야 합니다.

03 회장단 선거에서 소견 발표를 할 때, 친구들 앞에서 발표를 할 때, 학급 회의 시간에 발표하기 등은 공식적인 상황에서의 말하기입니다.

공식적인 말하기 상황에 대한 경험을 알맞게 썼으면 정답으로 인정합니다.

04 가와 나는 공식적인 말하기 상황으로 말하는 사람과 듣는 사람이 있습니다.

05 공식적인 말하기 상황에서는 높임 표현을 사용하여 큰 목소리로 말해야 합니다.

공식적인 말하기 상황에서 주의할 점을 알맞게 썼으면 정답으로 인정합니다.

06 자료를 활용해 말하면 설명하려는 내용을 쉽게 전달할 수 있고, 듣는 사람은 이해하기 쉽습니다.

07 이 글에 나타난 말하기 상황은 전교 학생회 회장단 선거 입후보자의 소견 발표를 하는 상황으로 공식적인 말하기 상황입니다.

08 나성실 학생은 가고 싶은 학교, 즐거운 학교를 만들고 싶어서 회장단 선거에 입후보했다고 말했습니다.

09 나성실 학생은 설문 조사 결과 자료를 활용해 학생들이 학교에 바라는 점을 제시했습니다.

10 학생들이 학교에 바라는 점 가운데에서 가장 많이 나온 의견은 '깨끗한 화장실을 만들어 주세요.'입니다.

11 나성실 학생은 책을 읽고 우리나라에서 꿈이 없는 학생들의 수가 얼마인지 알 수 있었습니다.

12 나성실 학생은 깨끗한 화장실을 만드는 것과 꿈이 있는 학교를 만들기 위해 노력하겠다고 했습니다.

13 학교 강당에서 전교 학생회 회장단이 되기 위해 설문 조사 자료나 책의 자료를 활용하여 여러 학생들 앞에서 말하고 있습니다.

14 공식적인 말하기 상황이라고 해서 반드시 자료를 활용해야 하는 것은 아닙니다.

15 공식적인 말하기 상황의 내용을 통해 활용할 자료를 정할 수 있습니다.

16 발표 내용을 효과적으로 전달할 수 있습니다.

축제 모습을 잘 보여 줄 수 있다는 까닭을 들어 썼으면 정답으로 인정합니다.

더 알아보기

공식적인 말하기 상황에서 활용한 자료와 그 자료를 활용한 까닭 알기

공식적인 말하기 상황	활용한 자료	그 자료를 활용한 까닭
우리 지역 축제를 조사해 친구들 앞에서 발표하는 상황	• 축제 사진 • 축제 안내 자료	축제 사진이 우리 지역 축제 모습을 잘 보여 줄 수 있고, 축제 안내 자료에 여러 가지 행사가 잘 나와 있기 때문입니다.
가족과 여행한 곳을 발표하는 상황	사진, 지도	사진은 여행지의 모습을 있는 그대로 보여 줄 수 있고, 지도는 여행지까지 가는 길을 한눈에 보여 줄 수 있기 때문입니다.
옛사람의 생활 모습을 발표하는 상황	그림	옛사람의 생활 모습을 그림으로 보여 주면 쉽게 설명할 수 있기 때문입니다.

17 자료를 활용하면 내용을 더 쉽게 설명할 수 있습니다.

18 표는 여러 가지 자료의 수량을 비교하기 쉽고, 많은 양의 자료를 간단하게 나타낼 수 있습니다.

19 도표는 대상의 수량의 비교하거나 수량의 변화 정도를 제시할 때 활용할 수 있는 자료입니다.

기호와 자료의 특성을 모두 알맞게 썼으면 정답으로 인정합니다.

더 알아보기

다양한 자료의 특성

자료 종류	특성
표	여러 가지 자료의 수량을 비교하기 쉽다. / 많은 양의 자료를 간단하게 나타낼 수 있다.
사진	설명하는 대상의 정확한 모습을 보여 줄 수 있다. / 설명하는 대상을 한눈에 보여 줄 수 있다.
도표	수량의 변화 정도를 알 수 있다. / 정확한 수치를 나타낼 수 있다.
동영상	음악이나 자막을 넣어 분위기를 잘 전달할 수 있다.

20 동영상 자료는 음악이나 자막을 넣어 분위기를 생생하게 전달할 수 있습니다.

21 가는 사라진 과거의 직업 종류를 설명하고, 나는 과거의 직업인 보부상을 설명하고 있습니다.

22 가는 지금은 사라진 직업의 종류를 표로 나타내어 설명하고 있고, 나는 동영상을 통해 보부상을 소개하고 있습니다.

23 동영상의 특징이 무엇인지 생각해 보고 남자 어린이의 말주머니 내용을 통해 무엇을 생생하게 보여 주려고 하는지 살펴봅니다.

24 여행지의 자연환경을 말할 때 사진 자료를 활용하면 한눈에 볼 수 있습니다.

25 길이 나타나 있는 지도를 활용하면 여행지까지 가는 길을 한눈에 보여 줄 수 있습니다.

활용할 자료와 그렇게 생각한 까닭을 모두 알맞게 썼으면 정답으로 인정합니다.

26 보부상은 과거에 있던 직업으로 시장을 중심으로 봇짐이나 등짐을 지고 행상을 하면서 생산자와 소비자 사이의 중간자 역할을 했던 전문적인 상인을 말합니다.

27 장래 희망을 조사할 때에는 표로 정리하는 게 좋습니다. 하지만 사진이나 그림을 활용할 수 있는 경우도 있으니 다양하게 생각해 봅니다.

친구들의 장래 희망을 조사할 때 필요한 자료와 조사 방법을 알맞게 제시했으면 정답으로 인정합니다.

28 '우리의 미래'에 대하여 발표할 내용을 정할 때 관련된 내용을 떠올려 정리해 봅니다.

29 교실에서 친구들 앞에서 발표할 때의 상황은 공식적인 말하기 상황입니다.

30 교실에서 발표할 때에는 멀리 있는 친구도 잘 볼 수 있도록 자료를 크게 확대해 제시하고, 너무 복잡하지 않게 만들어야 하며, 자료의 출처는 정확하게 밝혀야 합니다.

31 친구들은 '미래에는 어떤 인재가 필요할까'라는 주제에 대하여 발표하고 있습니다.

32 1모둠 친구들은 발표를 위해 표와 동영상 자료를 준비했습니다.

33 동영상을 발표 마지막 부분에 넣으면 듣는 친구들이 마지막까지 발표에 집중할 수 있습니다.

채점 기준

발표 마지막에 넣은 자료와 그 자료를 마지막에 넣은 까닭 모두를 알맞게 썼으면 정답으로 인정합니다.

34 발표 주제를 효과적으로 전달하기 위해서 설문 조사 자료가 들어갈 수도 있고, 미래의 변화 모습에 대한 그림 자료도 활용할 수 있습니다.

단원 확인 평가   49~50쪽

01 ① **02** 높임 **03** 예 듣는 사람이 이해하기 쉽다. / 듣는 사람이 흥미를 가질 수 있다. **04** ⑤ **05** 예 설문 조사 결과 **06** ③ **07** 대 **08** 표 **09** ① **10** (1) 동영상 (2) 예 발표를 듣는 사람이 흥미를 갖고 들을 수 있도록 하기 위해서이다.

01 부모님께 인사하는 상황은 개인적인 말하기 상황입니다.

02 공식적인 말하기 상황에서 발표를 할 때에는 높임 표현을 사용해야 합니다.

03 공식적인 말하기 상황에서 자료를 활용하여 발표하면 설명하는 사람도 쉽게 설명할 수 있고, 듣는 사람도 흥미를 가지고 발표를 듣고 쉽게 이해할 수 있습니다.

채점 기준

공식적인 상황에서 자료를 활용해 발표할 때의 좋은 점을 한 가지 이상 썼으면 정답으로 인정합니다.

04 학생들의 설문 조사 결과 학생들이 학교에 바라는 점 가운데에서 가장 많이 나온 의견은 '깨끗한 화장실을 만들어 주세요.'입니다.

05 나성실 학생은 자신의 의견을 발표하며 설문 조사 결과를 자료로 제시하였습니다.

06 가는 표, 나는 사진, 다는 도표, 라는 동영상입니다. 사진 자료는 여행지의 자연환경을 설명하기에 좋습니다.

07 다는 도표로 수량의 변화 정도를 알 수 있고, 정확한 수치를 나타낼 수 있습니다.

08 ㈎에서는 '100대 기업의 인재상 변화'라는 표를 자료로 제시하고 있습니다.

09 2008년에는 창의성이 1순위였는데, 2013년에는 도전정신, 2018년에는 소통과 협력이 1순위입니다. 이처럼 시대에 따라 미래에 필요한 인재상은 달라지고 있습니다.

10 발표 내용이나 상황이 무엇인지 살펴보고 어울리는 자료를 생각합니다. 일자리의 미래와 미래 핵심 역량에 대하여 듣는 사람이 쉽게 이해할 수 있고 흥미를 갖고 들을 수 있도록 하기 위해서 동영상을 사용할 수 있습니다.

채점 기준

효과적으로 발표하기 위해 활용할 자료와 그 까닭을 모두 알맞게 썼으면 정답으로 인정합니다.

3단원에서는 자료를 활용하여 짜임새 있게 발표하는 방법을 배웠어.

4 단원
주장과 근거를 판단해요

교과서 내용 학습

54~59쪽

01 ②   02 예 동물원이 있어야 한다고 생각합니다.   03 ①, ④   04 예 동물들이 지내는 환경   05 ①   06 ②, ③   07 (1) 예 있어야 한다 / 없애야 한다   (2) 예 동물원에서 신기한 동물들을 보고 동물과 교감하는 시간을 가질 수 있기 때문이다. / 동물원에 있는 동물들도 자유를 누릴 권리가 있기 때문이다.   08 (1) ○   09 ⑤   10 ①   11 예 항암 효과와 해독 작용을 한다.   12 (2) ○   13 ①   14 (3) ○ (4) ○   15 결론   16 (1) 예 우리 전통 음식을 사랑하자.   (2) 예 우리 전통 음식에서 우리 조상의 슬기와 문화를 경험할 수 있다.   17 (1) ○   18 ①, ②   19 예 오염된 환경을 되살리는 데 수십, 수백 배의 시간과 노력이 들기 때문에 / 자연의 힘이 아무리 위대해도 자정 능력을 넘어서는 오염은 감당하기 어렵기 때문에   20 ③   21 ②, ⑤   22 ①, ⑤   23 예 우리 모두 자연 보호를 실천해야 한다.   24 (1) 예 매우 그렇다   (2) 예 이상 기후 현상이 점점 심각해지는 지금 상황에서 이 주장은 중요하다고 생각하기 때문이다.

01 시은이는 좁은 우리에 갇혀 살아가는 동물들은 스트레스를 많이 받기 때문에 문제가 된다고 생각했습니다.

02 지훈이는 동물원이 있어야 한다는 주장을 내세웠습니다.

03 지훈이는 동물원이 우리에게 큰 즐거움을 주고, 동물을 보호해 준다는 근거를 들어 자신의 주장을 말했습니다.

04 지훈이는 동물들이 지내는 환경을 친환경적으로 개선하면 동물원이 사람에게도 동물에게도 이로운 곳이 된다고 하였습니다.

05 글 ❸에서 미진이는 동물원은 없애야 한다고 주장하고 있습니다.

06 미진이는 동물원은 동물의 자유를 구속하고, 동물에게 사람의 구경거리가 되는 고통을 준다는 근거와 동물원

은 인공적인 환경이기 때문에 자연을 대신할 수 없다는 근거를 들어 자신의 주장을 말했습니다.

07 동물원이 필요한지에 대한 자신의 주장과 주장에 알맞은 근거를 씁니다.

채점 기준
문제 상황에 대한 주장을 알맞은 근거를 들어 썼으면 정답으로 인정합니다.

08 같은 문제 상황이라 해도 사람마다 겪은 일이 서로 다르고 처한 환경이 서로 다르기 때문에 주장이 서로 다를 수 있습니다.

09 이 글에서는 많은 어린이들이 우리 전통 음식보다 햄버거나 피자 같은 외국에서 유래한 음식을 더 좋아하는 것을 문제 상황으로 제시하고 있습니다.

10 발효 식품은 무기질과 비타민이 풍부하게 들어 있는 음식으로, 된장, 간장, 고추장, 청국장 등이 있습니다. 밥은 발효 식품은 아닙니다.

11 우리 전통 음식 중 발효 식품은 무기질과 비타민이 풍부하게 들어 있어 몸을 건강하게 해 주는데, 특히 청국장은 항암 효과는 물론 해독 작용까지 뛰어납니다.

12 (1)과 (3)은 친구들의 생각을 알고 싶은 질문이고, (2)는 글의 내용을 확인하는 질문입니다.

13 겨울을 나려고 김장을 하고, 고기류와 어패류를 오랫동안 보관하기 위해 염장 기술을 발전시키고, 저장 온도와 저장 기간을 조절해 겨울철에도 신선하게 채소를 보관하는 기술을 지닌 것에서 우리는 우리 조상들의 슬기와 문화를 엿볼 수 있습니다.

14 논설문의 본론 부분에서는 글쓴이의 주장에 대한 근거와 근거를 뒷받침하는 예나 자료를 제시합니다.

더 알아보기
논설문의 짜임
• 서론: 글을 쓴 문제 상황과 글쓴이의 주장을 밝힙니다.
• 본론: 글쓴이의 주장에 적절한 근거를 제시합니다.
• 결론: 글 내용을 요약하기도 하고 글쓴이의 주장을 다시 한 번 강조할 수도 있습니다.

15 논설문에서 글의 내용을 요약하기도 하고 글쓴이의 주장을 다시 한번 강조할 수도 있는 부분은 결론입니다.

16 글에서 글쓴이의 주장과 주장을 뒷받침하는 근거를 찾아 정리하여 씁니다.

글쓴이의 주장과 주장에 대한 알맞은 근거를 알맞게 썼으면 정답으로 인정합니다.

17 (1)은 친구들의 생각을 알고 싶은 질문이고, (2)는 글의 내용에 대한 질문입니다.

18 논설문의 서론 부분에서는 무분별한 자연 개발로 인해 인류의 생존까지 위협받는 문제 상황이 나타나 있고, 그것과 관련해 자연을 보호하자는 글쓴이의 주장이 분명하게 나타나 있습니다.

19 환경을 오염시키는 것은 순식간이지만 오염된 환경을 되살리는 데에는 수십, 수백 배의 시간과 노력이 들기 때문에 복원되기가 어렵습니다. 또한 자연의 자정 능력을 넘어서는 오염은 자연이 감당하기가 쉽지 않습니다.

20 이 글의 본론에는 자연을 보호해야 하는 까닭이 주장에 대한 근거로 제시되었습니다.

21 자연이 훼손되면 지구 온난화도 심해지고, 이상 기후 현상이 점점 심해집니다.

22 글쓴이는 자연이 한번 파괴되면 복원되기 어렵고, 무리한 자연 개발은 생태계를 파괴하고, 자연은 우리 후손이 살아갈 삶의 터전이기 때문에 자연을 보호해야 한다고 했습니다.

23 논설문에서는 글쓴이의 주장을 결론에서 다시 한번 강조합니다. 글 **5**에서 글쓴이는 우리 모두 자연 보호를 실천하자고 다시 한번 강조하여 주장하고 있습니다.

24 글쓴이는 자연을 보호하자는 주장을 세 가지 근거를 들어 제시하고 있습니다. 글쓴이의 주장이 가치 있고 중요한지와 근거가 주장과 관련 있는지, 근거가 주장을 뒷받침하는지 생각해 보고 자신이 생각하는 주장에 대한 근거를 써 봅니다.

주장의 타당성을 판단하고, 그렇게 판단한 까닭을 알맞게 썼으면 정답으로 인정합니다.

서술형 수행 평가 돋보기

60쪽

1 (1) ㉮ (2) ㉯ (3) ㉰ 2 (1) 예 국립 공원에 케이블카를 설치해서는 안 된다. (2) 예 급식 시간에 음식을 남겨도 된다.
3 (1) 예 도서관에서는 장난을 치지 말자. (2) 예 도서관에서 장난을 치면 책을 읽는 사람들에게 방해가 되기 때문이다.

1 (1)은 논설문에는 적절하지 않은 '반드시'라는 단정하는 표현을 사용했고, (2)는 모호한 표현을 사용해서 자신이 말하려는 내용을 다른 사람에게 명확하게 전달할 수 없습니다. (3)은 '나는 ~을/를 좋아한다.'와 같은 주관적인 표현을 사용해서 다른 사람을 논리적으로 설득하기 어렵습니다.

2 (1)은 단정하는 표현을 사용했고, (2)는 주관적인 표현을 사용했습니다.

3 주장과 근거를 쓸 때에는 주장이 가치 있고 중요한지, 근거가 주장과 관련 있고 주장을 잘 뒷받침하는지 살펴보아야 합니다. 또한 주관적인 표현이나 모호한 표현, 단정하는 표현을 쓰지 않고 논설문에 알맞게 표현해야 합니다.

상	문제 상황을 파악하여 그에 대한 주장과 적절한 근거를 알맞게 썼으면 정답입니다.
중	문제 상황을 파악하여 그에 대한 주장을 썼으나 근거가 다소 부족한 점이 아쉽습니다.
하	문제 상황을 알맞게 파악하지 못하고 그에 대한 주장과 근거가 적절하지 않다면 점수를 받기 어렵습니다.

단원 확인 평가

01 (가)　**02** (나), (다)　**03** ①　**04** ⓒ　**05** (1) ○ (2) ○　**06** (가)
07 ①　**08** (1) (가) (2) (나), (다), (라) (3) (마)　**09** 예 (우리 전통 음식의 과학성과 우수성을 알고) 우리 전통 음식에 관심을 가지고 우리 전통 음식을 사랑하자.　**10** ①

01 글 (가)에서는 많은 사람들이 동물원을 좋아하고 동물원에서 즐거움을 느낀다는 사실을 설명하고 있습니다.

02 글 (가)와 (라)는 '동물원은 있어야 한다.'라는 주장에 대한 근거이고, 글 (나)와 (다)는 '동물원은 없애야 한다.'라는 주장에 대한 근거입니다. 글 (마)는 동물원의 좋은 점에 대한 내용입니다.

03 글 (라)는 '동물원이 있어야 한다.'라는 주장에 대한 근거입니다. 동물의 자유를 제한하기는 하지만 먹이와 안전을 보장하는 등 동물원은 동물을 보호해 준다는 내용을 말하고 있습니다.

04 ㉠~㉣을 사실을 나타낸 부분과 의견이나 주장을 나타낸 부분으로 구분해 봅니다.

05 내 생각과 다른 주장이라도 무시하지 말고, 구체적 근거와 내용을 보고 판단해야 합니다.

06 서론인 글 (가)에는 문제 상황과 주장이, 본론인 글 (나), (다), (라)에는 주장에 대한 근거가 나타나 있습니다. 결론인 글 (마)에서는 내용 요약과 글쓴이의 주장을 다시 한번 강조하고 있습니다.

07 글 (나)에서는 밥, 된장, 간장, 고추장, 청국장과 같은 음식을 예로 들어 전통 음식이 건강에 이롭다는 근거를 들고 있습니다.

08 글 (가)는 서론, 글 (나), (다), (라)는 본론, 글 (마)는 결론 부분입니다. 논설문의 서론에서는 문제 상황과 글쓴이의 주장을 쓰고, 본론에서는 주장에 대한 근거를 쓰고, 결론에서는 글 내용을 요약하고 글쓴이의 주장을 다시 한번 강조하는 내용을 씁니다.

더 알아보기

논설문의 특성
• 주장과 이를 뒷받침하는 근거로 이루어져 있습니다.
• 서론, 본론, 결론으로 짜여 있습니다.

09 글쓴이는 이 글의 서론인 글 (가)와 결론인 글 (마)에서 '우리 전통 음식에 관심을 가지고 우리 전통 음식을 사랑하자.'라는 주장을 하고 있습니다.

채점 기준
글쓴이의 주장을 찾아 알맞게 썼으면 정답으로 인정합니다.

10 제시된 근거는 자연 보호에 대한 내용입니다. 자연이 파괴되면 복원되기 어렵고, 무리한 자연 개발은 생태계를 파괴하고, 자연은 후손이 살아갈 삶의 터전이므로 중요하다는 내용은 자연을 보호해야 한다는 주장에 대한 근거로 알맞습니다.

4단원에서는
논설문에 대해 알고
논설문에서 내용의 타당성과
표현의 적절성을 판단하는
방법을 공부했어.

교과서 내용 학습

70~78쪽

01 ④ 02 ⑤ 03 예 무슨 일이든지 여러 사람이 함께 힘을 합하면 쉽게 잘 해낼 수 있다는 뜻이다. 04 (1) ○ (3) ○ 05 ③ 06 ㉺ 07 (1) ○ (2) ○ 08 이루 09 (1) – ② (2) – ① 10 ㉺ 11 예 용돈을 저축해 부모님께 선물을 사 드려서 자랑스러웠던 상황 12 (3) ○ 13 ③ 14 ① 15 ②, ③ 16 ㉯, ㉺ 17 (1) 쥐구멍 (2) 햇빛 18 ①, ④ 19 (1) ㉮ (2) ㉯ 20 예 간장이나 된장을 담거나 곡식을 보관할 때, 술을 담글 때 사용했다. 무덤으로 쓰기도 했다. 21 예 빚을 갚는 데 쓴다. 22 ③ 23 예 논과 밭을 사고, 남는 돈으로는 고래 등 같은 기와집을 지을 거라고 했다. 24 ④ 25 ㉮ 26 ③ 27 예 말고기를 먹으려고 입을 벌려서 28 ⑤ 29 ㉡ 30 ㉣ → ㉰ → ㉮ → ㉯ 31 ① 32 예 나이에 상관없이 사람들이 죽게 되었다. 33 ⑤ 34 (1) ㉮ (2) ㉯ 35 (1) – ② (2) – ① 36 ② 37 말 38 ① 39 ③

01 속담 ㉠과 ㉡은 '어떤 일이든지 힘을 합하면 쉽게 할 수 있다.'는 뜻입니다.

02 '협동'에 대하여 이야기하고 있는 속담은 ⑤입니다. ① 은 대항해도 도저히 이길 수 없는 경우를 비유하는 말이고, ②는 무슨 일이나 그 일의 시작이 중요하다는 뜻, ③은 강한 자들끼리 싸우는 통에 아무 상관도 없는 약한 자가 중간에 끼어 피해를 입게 됨을 비유적으로 이르는 말, ④는 어릴 때 몸에 밴 버릇은 늙어서도 고치기 힘들기 때문에 어렸을 때부터 좋은 습관을 들여야 한다는 뜻입니다.

03 ㉡은 '무슨 일이든지 여러 사람이 함께 힘을 합하면 쉽게 잘 이룰 수 있다.'는 뜻입니다.

채점 기준

어떤 일이든지 여러 사람이 힘을 모아 함께 하면 더 쉽게 할 수 있다는 내용으로 썼으면 정답으로 인정합니다.

04 속담은 예로부터 전해 오는 쉬운 말로 우리 민족의 생각과 지혜, 생활 모습과 교훈 따위가 담겨 있습니다.

05 여러 사람이 자기주장을 내세우다 보니 일이 진행되지 못하고 시간만 흘러갔다는 내용이므로 ③이 가장 잘 어울립니다.

06 글을 쓸 때 속담을 활용하면 글의 주제를 명확하고 효과적으로 나타낼 수 있습니다.

07 우진이는 속담을 활용하여 듣는 사람이 흥미를 갖게 했습니다. 우진이가 사용한 속담은 사람의 긴밀한 관계를 비유적으로 이르는 말입니다.

08 ㉡은 일부만 보고도 전체를 미루어 알 수 있다는 뜻입니다.

09 ㉠은 소를 도둑맞은 다음에야 빈 외양간의 허물어진 데를 고치느라 수선을 떤다는 뜻이고, ㉡은 아무리 작은 것이라도 모이고 모이면 나중에 큰 덩어리가 된다는 뜻입니다.

10 제때 중요한 일을 하지 않아서 일을 그르친다는 뜻이므로 ㉺와 같은 상황에서 사용할 수 있습니다.

11 아무리 작은 것이라도 모이고 모이면 나중에 큰 덩어리가 될 수 있다는 뜻에 어울리는 상황을 씁니다.

채점 기준

작은 것들이 모여서 큰일을 이루는 상황이나 경험을 썼으면 정답으로 인정합니다.

12 ㉠은 어떤 일이든 한 가지 일을 끝까지 해야 성공할 수 있다는 뜻입니다.

13 한 가지 일을 끝까지 해야 성공할 수 있다는 뜻이므로 ③이 가장 잘 어울립니다.

14 철없이 함부로 덤빈다는 뜻입니다.

15 ①은 나쁜 일이 계속해서 일어나는 상황을 비유하는 말이고, ④는 이미 잘못된 뒤에는 손을 써도 소용이 없다는 뜻, ⑤는 다른 사람에 관한 이야기를 하는데 공교롭게 그 사람이 나타나는 경우를 이르는 말입니다.

16 ㉣, ㉥는 사람의 긴밀한 관계를 비유적으로 이르는 말입니다.

17 (1)과 (2)는 아무리 어려운 일이 계속되어 고생이 심해도 언젠가는 좋은 날이 올 수 있다는 뜻으로, 희망을 가지라는 뜻의 속담입니다. '쥐구멍에도 볕 들 날 있다', '응달에도 햇빛 드는 날이 있다'와 같이 사용합니다. 비슷한 뜻을 가진 속담으로는 '마룻구멍에도 볕 들 날이 있다'가 있습니다.

18 모든 일은 근본에 따라 거기에 걸맞은 결과가 나타난다는 뜻으로, 자기가 뿌리고 노력한 만큼 거두게 된다는 말입니다.

더 알아보기

②는 아무 관계 없이 한 일이 공교롭게도 때가 같아 어떤 관계가 있는 것처럼 의심을 받게 됨을 비유적으로 이르는 말, ③은 기역 자 모양으로 생긴 낫을 보면서도 기역 자를 모른다는 뜻으로 아주 무식함을 비유적으로 이르는 말, ⑤는 원하는 성과를 얻으려면 그에 마땅한 일을 하여야 함을 비유적으로 이르는 말입니다.

19 (1)은 무슨 일이든 시작이 중요함을, (2)는 말은 비록 발이 없지만 멀리까지 빨리 퍼진다는 뜻입니다.

20 간장, 된장 등을 담그거나 곡식을 보관하기 위해, 술을 담글 때 독을 사용했습니다. 무덤으로 쓰는 마을도 있었습니다.

채점 기준

장을 담그거나 곡식을 보관하는 용도, 술을 담그는 용도, 무덤으로 사용하는 경우 중 한 가지 이상 쓰면 정답으로 인정합니다.

21 독장수는 독 두 개를 팔아 빚을 갚는 데 쓰고, 나머지 한 개를 팔아 독 두 개를 살 것이라고 했습니다.

22 독을 팔아서 더 많은 독을 살 생각을 했던 독장수는 기분 좋은 상상에 기쁘고 기대되는 마음이었을 것입니다.

23 논과 밭을 사고 고래 등 같은 기와집을 지을 것이라고 했습니다.

채점 기준

독을 팔아서 개수를 두 배씩 늘리고, 논과 밭을 사고 훌륭한 집을 지을 것이라는 내용 중 하나를 쓰면 정답으로 인정합니다.

24 ①, ②, ③, ⑤는 이야기에서 있었던 일을 생각하며 질문을 만든 것이고, ④는 이야기를 읽고 추론하거나 평가할 수 있는 질문을 만든 것입니다.

25 '독장수구구는 독만 깨뜨린다.'는 것은 이야기 속의 독장수처럼 실속 없이 허황된 것을 궁리하고 미리 셈하다가는 도리어 손해만 가져온다는 것을 뜻합니다.

26 강 도령에게 편지를 전해 주기 위해 까마귀에게 인간 세상에 다녀오라고 했습니다.

27 까마귀는 말고기를 먹으려고 입을 벌리는 순간 물고 있던 편지를 잃어버렸습니다.

28 편지를 찾지 못한 까마귀는 강 도령에게 아무렇게나 꾸며 대기로 했습니다.

29 ㉡에서 까마귀는 정신없이 말고기를 먹느라 중요한 편지를 잃어버리고 걱정하고 있습니다.

30 염라대왕의 심부름을 하기 위해 인간 세상에 내려간 까마귀는 고기 냄새에 이끌려 고기를 맛있게 먹다가 편지를 잃어버렸습니다. 편지를 찾지 못한 채 까마귀는 강 도령을 만나러 갔습니다.

까마귀는 자신이 해야 할 중요한 일을 잊어버렸어.

31 편지의 내용을 모르는 까마귀는 염라대왕이 아무나 끌어 올리라고 하셨다고 전했습니다.

32 까마귀가 염라대왕의 뜻을 잘못 전한 뒤에 사람들이 나이에 상관없이 죽게 되었습니다.

33 "까마귀 고기를 먹었나"라는 속담은 무엇인가를 잘 잊어버리는 사람을 뜻합니다.

34 「독장수구구」를 통해 실현성 없는 허황된 생각은 헛된 욕심으로 손해를 가져온다는 주제를 전하고 있고, 「까마귀고기를 먹었나」를 통해 강 도령에게 편지를 전하지도 않고 말고기를 먹는 까마귀의 모습에서 중요한 일은 잊어버리지 않도록 노력하자는 주제를 전하고 있습니다.

더 알아보기

「독장수구구」와 「까마귀 고기를 먹었나」의 주제 알아보기 예

「독장수구구」	독장수가 실현성이 없는 허황된 생각을 하는 모습을 보고 '헛된 욕심은 손해를 가져온다.'라는 생각이 들었습니다.
「까마귀 고기를 먹었나」	까마귀가 강 도령에게 편지도 전하지 않고 말고기를 먹는 모습에서 '중요한 일은 잊어버리지 않도록 노력하자.'라고 생각했습니다.

35 ⑴은 다른 사람에 대한 이야기를 하는데 공교롭게도 그 사람이 나타나는 상황을 이르는 말이고, ⑵는 잡혀서 옴짝달싹을 못하는 상황을 나타내는 말입니다.

36 ②의 '말'은 사람이 하는 말을 뜻하는 것입니다.

37 모두 '말'과 관련된 속담으로 빈칸에 들어갈 말은 '말'입니다.

38 모두 올바른 언어생활 습관과 관련된 속담이므로 ①과 같은 상황에서 사용할 수 있습니다.

39 속담 사전 만들기를 할 때에는 우선 무엇과 관련된 속담에 대해 사전을 만들지 탐구 대상을 정해야 합니다.

서술형 수행 평가 돋보기

1 예 욕심을 부리지 말자. / 다른 사람의 물건을 탐내지 말자.

2 ⑴ 예 바다는 메워도 사람의 욕심은 못 채운다
⑵ 예 사람의 욕심은 끝이 없다.

3 예 「소금 나오는 맷돌」은 욕심을 부리다가 바닷속에 가라앉은 도둑의 이야기입니다. 도둑은 임금님이 가진 어떤 물건이든지 만들어 내는 신기한 맷돌을 훔쳐 바다를 건너 도망을 가다가 배 위에서 소금을 만들어 내는 주문을 외쳤습니다. 소금으로 무거워진 배가 가라앉으려고 하자 당황한 도둑은 맷돌을 멈추게 하는 방법을 잊어버려 바다에 빠지게 됩니다. '바다는 메워도 사람의 욕심은 못 채운다'는 말이 있습니다. 이야기 속 도둑처럼 너무 큰 욕심을 부리면 오히려 안 좋은 일을 당하게 될 수 있습니다. 지나친 욕심을 부리지 맙시다.

1 욕심을 부리다가 화를 당한 도둑의 이야기입니다. 지나친 욕심을 부리지 말자는 교훈을 얻을 수 있습니다.

2 '지나친 욕심'과 관련된 속담을 찾아봅니다. "남의 떡이 커 보인다", "달아나는 노루 보고 얻은 토끼를 놓았다", "토끼 둘을 잡으려다가 하나도 못 잡는다" 등이 있습니다.

3 이야기의 줄거리, 이야기를 통해 얻을 수 있는 교훈, 속담을 활용해 소개하는 글을 씁니다.

채점 기준

상	이야기의 줄거리, 교훈, **2**에 제시한 속담이 모두 글의 내용에 들어가게 쓰고, 전하려고 하는 말을 분명하게 표현하여 썼으면 만점입니다.
중	이야기의 줄거리, 교훈, **2**에서 제시한 속담 중에 하나를 빠뜨리거나 글을 통해 전하려고 하는 말이 무엇인지 분명하게 알기 어려워 아쉽습니다.
하	이야기의 줄거리, 교훈, 속담 중 한 가지만 넣어 글을 써서 점수를 받기 어렵습니다.

단원 확인 평가

01 ①, ③　02 예 주관하는 사람이 없어 여러 사람이 자기주
장만 내세우면 일이 제대로 되기 어렵다는 뜻이다.　03 ④
04 (1) ○　05 ①　06 ④　07 ③　08 ④, ⑤　09 ③　10
③

01 함께 일을 하면 훨씬 수월하다는 뜻을 가진 속담은 ①
과 ④입니다.

02 배에 탄 여러 사람이 저마다 제 주장대로 노를 저으려
고 하면 결국에는 배가 산으로 올라간다는 뜻입니다.

채점 기준

일을 할 때 여러 사람들이 자기주장만 하면 일이 제대로 진행
되지 않는다는 뜻으로 썼으면 정답으로 인정합니다.

03 속담을 활용하여 말하면 자신의 생각을 효과적으로 드
러낼 수 있습니다.

04 한 가지 일에 집중해서 하라고 충고하고 있으므로 (1)의
속담이 어울립니다.

05 "배보다 배꼽이 더 크다"는 상황이 이치에 맞지 않는다
는 뜻으로, 중심이 되는 것보다 부분적인 것이 더 크거
나 많아서 마땅히 작아야 할 것이 크고 커야 할 것이 작
다는 말입니다.

06 ①은 하찮거나 언짢은 일을 그럴듯하게 돌려 생각하여
좋게 풀이함을 비유적으로 이르는 말, ② 무슨 일이나
그 일의 시작이 중요하다는 말, ③은 옳고 그름이나 신
의를 돌보지 않고 자기의 이익만 꾀함을 비유적으로 이
르는 말, ⑤는 너무 크게 욕심을 부려 동시에 여러 가지
일을 하면 어느 한 가지도 제대로 이루지 못한다는 말
입니다.

07 아무리 어려운 일이 계속되어도 언젠가는 좋은 날이 올
수 있다는 뜻을 가진 속담은 ③입니다. ①과 ②는 갈수
록 더욱 어려운 지경에 처하게 되는 경우를 비유적으로
이르는 말입니다.

08 설명하고 있는 뜻을 가진 속담은 ④와 ⑤입니다. 이 밖
에 "가시나무에 가시가 난다"라는 속담도 같은 뜻입니
다.

09 설명하는 상황에 어울리는 속담은 ③입니다. ③은 실속
없이 허황된 마음을 독장수구구가 독을 세는 것에 빗대
어 나타낸 말입니다.

10 ①, ②, ④, ⑤는 모두 '음식'과 관련된 속담입니다. ③
의 '가지'는 '나뭇가지'를 가리킵니다.

> 5단원에서는
> 여러 가지 속담과
> 속담의 뜻을 알아보았어.
> 속담을 활용해 하고 싶은 말을
> 표현할 수 있겠지?

교과서 내용 학습

88~92쪽

01 순조 때 02 예 원래의 모습대로 만들 수 있었다. 03 ④
04 연재 05 ① 06 ④ 07 ①, ② 08 예 융건릉과 용주
사에도 볼거리가 많다. 09 예 사도 세자의 명복을 빌려고
10 (3) ○ 11 경복궁, 창덕궁, 창경궁, 경희궁, 경운궁 12
⑤ 13 경회루 14 우리 15 ④ 16 부용지, 부용정 17
창경궁 18 예 일제 강점기에 나라의 힘이 많이 약해졌다는
것을 알 수 있다. 19 리아 20 (1) 숭정전 (2) 태령전 21
③ 22 ③

01 『화성성역의궤』는 정조의 다음 임금인 순조 때 만들어
졌습니다.

02 수원 화성 공사에 대해 자세하게 기록한 『화성성역의궤』
가 있었기 때문에 수원 화성이 훼손되었을 때에도 이것
을 보고 원래의 모습대로 다시 만들 수 있었다는 점을
추론할 수 있습니다.

채점 기준

『화성성역의궤』에 실린 기록을 활용하여 할 수 있는 일을 추론
하여 알맞게 썼으면 정답으로 인정합니다.

03 수원 화성이 훼손된 것은 일제 강점기 때부터로, 『화성
성역의궤』가 만들어지고 난 이후의 일입니다.

04 글쓴이는 세계 문화유산에 등록될 수 있는 기준이 무엇
인지 알려 주고 싶었던 것이 아니라 수원 화성과 『화성
성역의궤』의 우수함을 알리고 싶어서 글을 썼다는 점을
추론할 수 있습니다.

05 수원 화성은 규모가 커서 다 돌아보려면 꽤 시간이 걸
린다고 하였습니다.

06 문장의 앞뒤 내용으로 보아 ㉠은 대상의 성질이나 내용
따위가 보통 이상의 수준이어서 만족할 만하다는 뜻으
로 사용된 것을 알 수 있습니다.

07 글쓴이는 수원 화성 근처를 더 둘러보고 싶을 때에는
융건릉과 용주사를 추천한다고 했습니다.

08 글의 내용을 추론할 때에는 자신이 평소에 아는 사실과
경험한 곳을 떠올려 보고 더 알 수 있는 사실에는 무엇
이 있는지 생각해 봅니다.

채점 기준

융건릉과 용주사에 볼 것이 많다는 내용을 알맞게 썼으면 정
답으로 인정합니다.

09 글 4 를 살펴보면 융건릉과 용주사에 대한 내용이 나타
나 있습니다.

10 글에 직접 드러나 있지 않은 부분을 추론해 볼 수 있는
질문을 떠올려 봅니다.

11 현재 서울에 남아 있는 조선 시대의 궁궐은 다섯 곳으
로 경복궁, 창덕궁, 창경궁, 경희궁, 경운궁입니다.

12 궁궐 건물의 명칭은 주인의 신분에 따라 달랐습니다.

13 '경사스러운 연회'라는 뜻을 가진 경회루는 커다란 연못
중앙에 섬을 만들고 그 위에 지은, 우리나라에서 가장
큰 누각입니다.

14 낱말의 뜻을 추론할 때는 앞뒤 문장에서 알 수 있는 사
실을 바탕으로 하여 그 뜻을 추론할 수 있습니다. '즉위
식'은 '임금 자리에 오르는 것을 백성과 조상에게 알리
기 위하여 치르는 의식'입니다.

15 ④는 창경궁에 대한 설명입니다. 창덕궁은 경복궁의 동
쪽에 있어 동궐이라고 불렸고, 건물과 후원이 잘 어우
러져 매우 아름다워서 유네스코 세계 문화유산으로 기
록되었습니다.

16 창덕궁 후원의 부용지와 부용정은 우리나라 전통 정원
의 모습을 잘 보여 줍니다. 부용지는 연못 가운데 둥근
섬을 띄워 놓은 형태이고, 부용정은 연못 가장자리에
있는 십자 모양의 정자입니다.

17 창경궁은 성종이 할머니들을 모시려고 지은 궁궐로, 정
조가 태어났고, 창경궁의 문정전 앞뜰에서는 사도 세자
가 목숨을 잃었습니다.

18 일제 강점기에 일본 사람들이 창경궁을 헐었다는 내용을 통해 일제 강점기에 나라의 힘이 많이 약했다는 사실을 추론할 수 있습니다.

19 경희궁의 원래 규모는 1500칸이었지만, 일제 강점기에 강제로 헐려 터만 남아 있다가 최근에 옛 모습의 일부를 되찾았다고 했습니다. 따라서 경희궁이 옛 모습 그대로일 것이라는 현정이의 추론은 올바르지 않습니다.

20 글 ⑤에서 숭정전과 태령전에 대한 내용을 찾아봅니다.

21 경운궁 안에는 전통적 건물과 서양식 건물이 함께 있습니다.

22 고종 황제는 경운궁의 정관헌에서 커피를 마시며 여가를 즐기거나 손님을 맞이했다고 했습니다.

더 알아보기

글 내용을 추론하는 방법
- 인물의 말, 행동, 표정을 보고 알 수 있는 사실을 자세히 살펴봅니다.
- 자신이 평소에 아는 사실과 경험한 것을 떠올려 보고 무엇을 더 알 수 있는지 생각해 봅니다.
- 글에 쓰인 다의어나 동형어가 어떤 뜻인지 정확히 이해하려면 국어사전을 찾아봅니다.
- 이야기의 특정 부분을 바탕으로 하여 알 수 있는 내용과 더 추론할 수 있는 사실을 살펴봅니다.
- 글 내용을 바탕으로 하여 친구들과 함께 질문을 만들고 서로 묻거나 답해 봅니다.

05 ②는 논설문의 내용을 파악하는 방법입니다.

06 창경궁에는 일제 강점기에 동물원과 식물원이 생겼다가 1983년에 동물원과 식물원 일부가 다른 곳으로 옮겨졌습니다.

07 경운궁은 현재에는 '덕수궁'이라고 불립니다.

08 경운궁은 임진왜란이 끝난 뒤에 서울의 궁궐이 모두 불타 버려서 선조가 월산 대군의 집을 넓혀 행궁으로 만든 것입니다.

09 뜻을 알지 못하는 낱말을 추론할 때에는 앞뒤 문장에서 알 수 있는 사실을 바탕으로 하여 그 뜻을 추론할 수 있습니다.

10 글의 내용을 추론할 때에는 앞뒤 문장에서 알 수 있는 사실을 바탕으로 하여 내용을 추론합니다. ㉯는 추론한 내용이 아니라 글에서 알 수 있는 사실입니다.

단원 확인 평가 96~97쪽

01 ① 02 근정전 03 (1) ㉮ (2) ㉯ 04 ㉮ 경복궁의 규모로 봐서 경복궁을 지을 당시에는 왕권이 아주 강했던 것 같다. 05 ② 06 ⑤ 07 ④ 08 ② 09 보민 10 ㉮, ㉯

01 조선 시대 최초의 궁궐이면서 여러 궁궐 가운데 가장 대표적인 궁궐은 경복궁입니다.

02 경복궁의 근정전에서는 왕의 즉위식, 왕실의 혼례식, 외국 사신과의 만남과 같은 나라의 중요한 행사를 치렀습니다.

03 교태전은 왕비가 생활하던 곳이고, 경회루는 우리나라에서 가장 큰 누각으로 왕이 외국 사신을 접대하거나 신하들에게 연회를 베풀던 장소입니다.

04 글의 내용과 자신의 경험, 아는 사실들을 활용하여 추론할 수 있습니다.

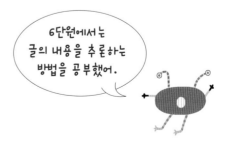

6단원에서는 글의 내용을 추론하는 방법을 공부했어.

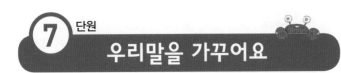
교과서 내용 학습

100~103쪽

01 생선, 핵노잼, 헐 02 ⑤ 03 (1) 예 다른 사람의 기분을 생각하며 말하기를 잘한다. (2) 예 비속어나 줄임 말을 사용할 때가 가끔 있다. 04 ② 05 ④ 06 예 우리말이 파괴될 것이다. / 올바른 우리말이 점점 사라질 것이다. 07 병호 08 「초등학생 줄임 말, 신조어 '심각'」 09 ③ 10 ③ 11 예 우리 반 학생들의 비속어 사용 실태 12 예 긍정하는 말과 고운 우리말을 사용하자는 주장을 하려고 13 (3) ○ 14 ④

01 아빠는 여자아이의 말 중에서 '생선, 핵노잼, 헐'이란 말을 이해하지 못했습니다.

02 여자아이가 줄임 말과 신조어, 비속어 등을 사용하여 아빠와 의사소통이 되지 않고 있습니다.

03 (1)에는 언어생활 습관 중에서 잘하는 점, (2)에는 언어생활 습관 중에서 고쳐야 할 점을 생각해 씁니다.

채점 기준
자신의 언어생활 습관을 되돌아보고 솔직하게 썼으면 정답으로 인정합니다.

04 〈사례 1〉을 통해 학생들의 욕설 사용이 심각한 수준임을 알 수 있습니다.

05 준형이와 수진이가 교실 뒤쪽을 걷다가 의도치 않게 부딪쳤는데, 서로 짜증을 내며 비난하는 거친 말을 사용했습니다.

06 우리말이 파괴되고 올바른 우리말이 사라질 것입니다.

채점 기준
'우리말이 파괴되고, 올바른 우리말이 점점 사라질 것이다.'와 같은 내용을 넣어 썼으면 정답으로 인정합니다.

07 외국어나 줄임 말, 욕설이나 비속어를 사용하는 친구와 대화할 때의 느낌이나 배려하는 말, 긍정하는 말, 바른 말을 사용하는 친구와 대화할 때의 느낀 점을 답할 수 있는 질문을 만듭니다.

08 지원이는 인터넷에서 「초등학생 줄임 말, 신조어 '심각'」이라는 텔레비전 뉴스 기사를 찾았습니다.

09 중화는 선생님과 학생, 학생과 학생들끼리도 서로 높임말을 사용하는 언어문화를 조사했습니다.

10 자료의 출처를 밝히는 것은 자료를 조사하고 난 뒤 조사한 내용을 정리할 때 고려할 내용입니다.

11 우리말 사용 사례로 조사하고 싶은 주제를 떠올려 씁니다.

더 알아보기

조사 계획 세우기

조사 날짜	20○○년 ○○월 ○○일
조사 장소	학교 앞, 학교 도서관, 학교 컴퓨터실 등
준비물	컴퓨터, 필기도구, 기록장
조사 방법	직접 조사, 인터넷 검색
조사 자료	뉴스 영상
주의할 점	출처를 정확하게 밝힙니다. / 큰 소리로 말해 다른 사람에게 피해를 주지 않습니다./ 조사와 관련 없는 이야기나 장난을 해서 모둠 친구들에게 피해를 주지 않습니다.

계획에 따라 조사하기

조사 주제	욕설·비속어에 중독된 청소년들
조사 내용	우리말을 잘못 사용하는 실태
조사 결과와 출처	• 조사 결과: 욕설·비속어에 중독된 청소년들 • 출처: 한국방송공사(2013/10/24), 「KBS 아침 뉴스 타임: 욕설·비속어에 중독된 청소년들」, 한국방송공사.
조사한 뒤 드는 생각이나 느낌	우리말 사용 실태를 조사하고 나니 우리가 너무 우리말을 파괴하고 훼손하고 있다는 것을 알게 되었고, 올바른 우리말을 사용하고 바른 언어생활을 해야겠다고 느꼈습니다.

12 이 글은 글쓴이의 생각이 담긴 주장하는 글입니다.

13 **1**에서 글쓴이는 우리 반 친구들이 요즘 대화할 때 부정하는 말과 비속어, 욕설 등의 거친 말을 사용한다는 문제점을 지적하고 있습니다.

14 고운 우리말 사용은 아름다운 소통을 이루고, 진정한 말맛을 느끼게 해 주며, 자신과 상대의 마음을 아름답게 해 줍니다. 또한 너그럽고 미안하고 고마운 마음이 생겨 아름다운 사람이 될 수 있습니다.

서술형 수행 평가 돋보기

1 ⑩ 긍정하는 말이 부정하는 말보다 좋다는 반 친구들의 실태이다.

2

(1) 주장	⑩ 긍정하는 말과 고운 우리말을 사용합시다.
(2) 근거	⑩ 친구에게 긍정하는 말을 해 주니 좋은 일이 생겼습니다. ⑩ 긍정으로 말하면 말하는 사람은 물론이고 듣는 사람의 마음도 편안해집니다. ⑩ 고운 말을 사용하면 말하는 사람과 듣는 사람의 마음을 아름답게 해 줍니다 .

3 ⑩ 긍정하는 말과 고운 우리말

1 글을 통해 어떤 문제 상황과 경험을 쓴 글인지 알 수 있습니다.

2 글쓴이의 주장은 '긍정하는 말과 고운 우리말을 사용합시다.'이고, 근거는 가운데 부분의 주요 내용입니다.

3 긍정하는 말과 고운 우리말을 사용하자는 글쓴이의 주장이 글의 제목과 관련 있습니다.

채점 기준

상	글의 주장과 관련된 제목을 잘 썼습니다.
중	글의 주장과 관련된 제목이긴 하지만 어색합니다.
하	글의 주장과 관련 없는 제목을 써서 점수를 받기 어렵습니다.

단원 확인 평가

01 생일 선물   02 ①, ②   03 ⑩ 줄임 말이나 신조어를 자주 사용한다.   04 ③   05 (1) ○   06 ④   07 높임말   08 ③   09 ⑺   10 ④

01 여자아이는 생일 선물을 줄여서 '생선'이라고 말했습니다.

02 그림 ❸의 여자아이 말에서 여자아이가 왜 줄임 말을 사용하는지 알 수 있습니다. 친구들도 다 그렇게 말하고, 그렇게 안 하면 핵노잼이라고 하였습니다.

03 여자아이는 올바른 우리말을 사용하지 않고 줄임 말, 신조어, 비속어를 사용하고 있습니다.

채점 기준

'줄임 말, 신조어, 비속어를 사용한다.', '올바른 우리말이 아닌 말을 사용한다.' 등의 내용을 썼으면 정답으로 인정합니다.

04 글쓴이는 대중 매체 환경이 빠르게 바뀌는 것이 원인이라고 했습니다.

05 준형이와 수진이는 상대방을 배려하지 않고 부정하는 말을 쓰고 있습니다. 대화를 할 때에는 부정하는 말보다는 긍정하는 말로 상대의 기분을 상하지 않게 해야 합니다.

06 지원이는 인터넷에서 텔레비전 뉴스 기사를 찾았다고 했습니다.

07 중화는 선생님과 학생, 학생과 학생들끼리도 존칭과 높임말을 사용하는 언어문화를 조사했습니다.

08 ③은 우리말이 변화해 온 과정을 알 수 있는 내용으로 우리말 사용에 대하여 조사하기 위한 주제와 거리가 있습니다.

09 ⑺에서 글쓴이는 반 친구들을 대상으로 조사한 실태를 들어 이야기하고 있습니다.

10 글쓴이의 주장은 ⑷에 나타나 있습니다. 글쓴이는 긍정하는 말과 고운 우리말을 사용하자는 주장을 하고 있습니다.

인물의 삶을 찾아서

교과서 내용 학습

114~122쪽

01 『꿀벌 마야의 모험』 02 (1) ○ 03 (1) ○ 04 ③ 05 (1) 예 일편단심 (2) 예 변치 않는 마음이라는 뜻이 정몽주의 생각을 그대로 보여 주는 것 같아서이다. 06 (1) - ① (2) - ② 07 (4) ○ 08 ⑤ 09 ⑤ 10 명량 대첩 11 ①, ③ 12 예 어떤 고난에도 포기하지 않고 극복하려는 의지를 추구한다. 13 쓰레기 소각장 14 ③ 15 ④ 16 사람이 되고 싶어 하는 것 17 ② 18 (2) ○ 19 ② 20 ④ 21 ⑤ 22 예 버들이가 몽당깨비를 꾐에 빠뜨리고 있다고 생각했기 때문이다. 23 버들이, 몽당깨비 24 ② 25 ⑤ 26 ⑤ 27 예 몽당깨비에게 앞으로 어떻게 해야 할지 함께 방법을 찾아보자고 했을 것 같다./ 도깨비들이 노여워하는 것은 당연하므로 어머니의 병이 나을 때까지만 도깨비들이 자신의 기와집에 와서 샘을 이용하면 어떻겠냐고 도깨비들을 설득했을 것 같다. 28 (1) ○ (3) ○ 29 ⑤ 30 ② 31 ④ 32 예 몽당깨비를 보고 진심을 담아 상대를 대하는 것의 중요성을 깨닫게 되어 주변 사람들을 대할 때 다시 한번 더 생각하고 행동하게 되었다.

01 글쓴이는 발데마르 본젤스의 『꿀벌 마야의 모험』을 읽고 작가가 되는 꿈을 갖게 되었다고 했습니다.

02 글쓴이가 말하고자 하는 생각은 '지혜롭게 세상을 살 수 있도록 책을 읽자.'는 것입니다.

더 알아보기

글쓴이가 말하고자 하는 생각을 찾으며 글을 읽으면 좋은 점

- 글 내용을 깊이 이해할 수 있습니다.
- 글을 쓴 의도나 목적을 알 수 있습니다.
- 대상에 대한 자신의 생각을 다시 점검할 수 있습니다.
- 자신의 삶을 되돌아볼 수 있습니다.

03 (1)은 정몽주가 쓴 「단심가」에 대한 설명입니다. 「단심가」는 새로운 나라를 세우는 것에 반대하며 고려에 대한 자신의 마음은 변하지 않는다는 내용입니다.

더 알아보기

「하여가」
- 글쓴이: 이방원
- 글을 쓴 상황: 고려 말 이성계와 함께 고려를 무너뜨리고 새로운 왕조를 세우려고 이를 반대하는 정몽주를 설득하려 함.
- 주제: 뜻을 함께 모아 새 나라를 세우자.

「단심가」
- 글쓴이: 정몽주
- 글을 쓴 상황: 새 나라를 세우자고 설득하는 이방원에게 자신의 생각을 담아 쓴 시조임.
- 주제: 변함없이 고려에 충성을 다하겠다.

04 ㉠에는 자신이 죽어 넋이 없어도 생각이 변하지 않을 것이라는 정몽주의 마음이 나타나 있습니다.

05 글쓴이의 생각이 잘 드러난 표현을 찾아보면 글쓴이가 추구하는 가치를 알 수 있습니다. ㉯에서는 고려에 대한 정몽주의 충성심이 잘 나타난 낱말을 찾을 수 있습니다.

채점 기준

글쓴이의 생각이 잘 드러난 낱말과 그 까닭을 알맞게 썼으면 정답으로 인정합니다.

06 ㉮에서 이방원은 '뜻을 함께 모아 새 나라를 세우자.'는 생각을, ㉯에서 정몽주는 '변함없이 고려에 충성을 다하겠다.'라는 생각을 나타내고 있습니다.

07 원균이 삼도 수군통제사가 된 뒤에 부산을 치라는 임금님의 명령에 따라 싸움에 나간 조선 수군은 무참하게 져서 원균은 죽고, 조선의 병사들도 대부분 죽거나 포로가 되었습니다.

08 이순신은 무기와 군사, 배가 적어 전쟁에서 이길 가능성이 낮아 작전을 짜야 하는 상황에 처해 있습니다.

09 내용을 확인하는 질문은 '누가, 언제, 어디에서, 무엇을, 어떻게, 왜'에 해당하는 말이 질문 내용이나 답에 들어가도록 합니다. ⑤는 인물에 대한 생각을 알 수 있는 질문입니다.

10 이순신은 명량 대첩에서 단 13척의 배로 133척의 배를 물리쳤습니다.

11 이순신은 아들 면이 일본군의 기습 공격에 맞서 싸우다가 죽었다는 소식을 듣고 이를 악물며 이제는 전투를 끝내야 한다고 생각했습니다.

이순신은 아들의 죽음이라는 큰 고난 앞에서도 흔들리지 않고 자신과 나라가 처한 상황을 극복하려고 했어.

12 이순신의 이를 악무는 행동에서 어려운 상황에서도 절대 포기하지 않으려는 의지를 알 수 있습니다. 이야기에서 인물의 말과 행동을 보면 인물이 처한 상황에 따라 인물이 어떤 일을 선택하고 실천하는지 알 수 있습니다.

채점 기준
고난을 극복하려는 의지, 용기, 자신감을 추구한다는 내용을 알맞게 썼으면 정답으로 인정합니다.

13 생각하는 인형인 미미와 몽당깨비는 쓰레기 소각장에서 만났습니다.

14 몽당깨비는 버들이가 사는 샘마을 기와집으로 돌아갈 것이라고 했습니다.

15 몽당깨비가 버들이와 같이 사람으로 살고 싶어서 큰 기와집을 지었다고 말하는 내용을 통해 버들이를 좋아한다는 것을 알 수 있습니다.

16 "너도 사람이 되고 싶었니?"라는 미미의 질문에서 ⓛ이 뜻하는 내용은 사람이 되고 싶어 하는 것임을 알 수 있습니다.

17 버들이는 강안이마을에서 늙고 병든 어머니와 둘이 살았고, 몽당깨비에게 음식을 가져다주기도 하는 예쁜 아가씨였습니다. ②는 몽당깨비가 한 행동입니다.

18 어머니의 병을 낫게 하려고 새벽마다 샘물을 뜨러 온 버들이의 행동을 통해 버들이는 부모님께 효도하는 것을 가치 있게 생각한다는 것을 알 수 있습니다.

19 몽당깨비는 버들이를 좋아할수록 자신이 사람이 아니고 도깨비라는 사실이 슬펐다고 했습니다.

20 몽당깨비는 버들이를 위해 숲에서 버섯, 산딸기, 머루를 구해 주고, 재주를 부려 가랑잎으로 돈을 만들어 주고, 부잣집 돈을 훔쳐서 가져다주기도 했습니다.

21 버들이는 어머니가 위독하셔서 샘물을 좀 더 드리고 싶은데 샘이 너무 멀어 조금밖에 못 길어 가기 때문에 샘가에 오두막을 짓고 살겠다고 했습니다.

22 파랑이는 버들이 때문에 몽당깨비가 위험에 처할 것이라고 생각해서 버들이를 모른 체하라고 야단쳤습니다.

채점 기준
몽당깨비가 위험해질 것 같아서, 버들이 때문에 도깨비들이 샘을 뺏기게 될 것 같아서, 몽당깨비가 대왕님께 혼날 것 같아서 등의 내용을 썼으면 정답으로 인정합니다.

23 버들이는 샘가에 집을 지으면 몽당깨비와 더 오래 만날 수 있다고 말했습니다.

24 버들이가 샘가에 집을 짓고 싶다고 하니 몽당깨비가 집을 지어 주었습니다. 그러자 버들이는 이제 샘을 기와집 뒤란으로 옮겨 달라고 부탁했습니다. 버들이는 몽당깨비가 자신을 좋아해서 부탁을 들어준다는 것을 이용해 자신의 현실적인 이익을 추구했습니다.

25 버들이는 다른 동물들은 생각하지도 않고 동물들이 샘물을 마실 수 없게 되는데도 샘을 옮기려고 했습니다.

26 버들이는 샘물줄기를 기와집 뒤란으로 흐르게 바꾸고 나서 도깨비들이 기와집으로 찾아오지 못하도록 하려고 몽당깨비에게 도깨비가 제일 무서워하는 것을 물어보았습니다.

27 작품 속 인물들이 처한 상황과 인물들의 생각은 다르기 때문에 추구하는 가치도 다릅니다. 주어진 상황에서 인물의 선택과 자신의 선택을 비교하면서 추구하는 가치를 생각해 봅니다.

채점 기준
주어진 상황에서 자신이 추구하는 가치를 알맞게 썼으면 정답으로 인정합니다.

몽당깨비의 말과 행동에 나타난 인물이 추구하는 가치

- 몽당깨비의 말과 행동
  - "버들이는 착한 여자라 그럴 리가 없어."
  - 버들이에게 기와집을 만들어 주려고 돈을 만들고 부자들의 보물도 훔쳤습니다.
- 몽당깨비가 추구하는 가치
  - 진심을 담아 상대를 대하는 것을 추구합니다.
  - 믿음과 사랑을 추구합니다.

버들이의 말과 행동에 나타난 인물이 추구하는 가치

- 버들이의 말과 행동
  - "위독하신 어머니께 샘물을 좀 더 드리고 싶으니 샘가에 오두막을 짓고 살겠어."
  - 점점 더 샘물을 쉽게 얻을 수 있는 방법을 원했습니다.
- 버들이가 추구하는 가치
  - 현실적인 이익을 추구합니다.
  - 효를 추구합니다.

28 (1)과 (3)에서 버들이의 잘못도 덮어 주려는 몽당깨비의 마음을 알 수 있습니다.

29 도깨비 대왕님은 몽당깨비에게 버들이 곁에 있으면서도 만날 수 없도록 기와집 옆의 은행나무 뿌리에 천 년 동안 얽매여 있는 벌을 내렸습니다.

30 몽당깨비의 이야기를 들은 미미는 슬퍼서 눈물을 흘렸고 자신에게도 마음이 생겼다며 신기해했습니다.

31 혼자 두고 가지 말라는 미미의 말을 듣고 미미를 손바닥에 올려놓은 몽당깨비의 행동을 통해 배려심이 많은 성격임을 알 수 있습니다.

32 몽당깨비는 진심을 담아 상대를 대하고 서로에 대한 믿음과 사랑을 추구하는 인물입니다. 자신이 추구하는 가치는 무엇인지 생각해 보고, 몽당깨비가 추구하는 가치와 비교해 봅니다.

채점 기준

몽당깨비가 추구하는 가치와 자신이 추구하는 가치를 비교하여 썼으면 정답으로 인정합니다.

---

1 (1) 예 『샘마을 몽당깨비』 (2) 예 황선미 (3) 예 몽당깨비 (4) 예 심심하면 몽당빗자루로 변하고, 종종 사람을 놀라게 하는 도깨비이다. / 버들이를 좋아한다.

2 <u>저는 몽당깨비에게서 진심을 담아 상대를 대하는 것이 중요함을 깨닫게 되어 주변 사람들을 대할 때 다시 한번 더 생각하고 행동합니다.</u>

3 (1) 예 『마당을 나온 암탉』 (2) 예 잎싹 (3) 예 자신이 생각한 꿈을 위해 노력하는 잎싹의 모습에서 게으른 내 자신을 반성하게 되었다. / 새끼를 길러 내기 위해 자신을 희생하는 잎싹의 모습에서 희생 정신을 느낄 수 있었다.

1 첫 번째 문단에서 글쓴이가 소개하고 있는 작품 제목과 지은이, 소개할 인물에 대해 알 수 있습니다.

2 마지막 문단에서 글쓴이는 몽당깨비가 추구하는 가치에서 느낀 점을 썼습니다.

3 자신이 읽었던 문학 작품 중에서 소개하고 싶은 내용을 떠올리고 그 작품에서 소개할 인물을 생각합니다. 그다음 인물이 추구하는 가치에 대한 나의 생각이나 느낀 점을 씁니다.

채점 기준

상	작품 제목, 소개할 인물, 인물이 추구하는 가치에서 느낀 점을 모두 알맞게 썼습니다.
중	작품 제목, 소개할 인물은 썼지만 인물이 추구하는 가치에서 느낀 점을 정확히 쓰지 못해 아쉽습니다.
하	작품 제목, 소개할 인물만 써서 점수를 받기 어렵습니다.

단원 확인 평가

01 작가   **02** ⑤   **03** 예 자신만의 꿈을 이루려고 끊임없이 나는 법을 연습했던 갈매기의 이야기를 통해 꿈을 이루려면 어떻게 해야 하는지 배웠다고 했다.   **04** ②   **05** ②   **06** 만 수산 드렁칡   **07** ④   **08** ⑤   **09** ③   **10** ④

01 글쓴이는 글 (가)에서 자신의 직업이 작가임을 밝히고 있습니다.

02 글쓴이는 발데마르 본젤스의 『꿀벌 마야의 모험』을 처음으로 재미있게 읽고 작가가 되는 꿈을 갖게 되었다고 했습니다.

03 글 (라)에서 글쓴이가 『갈매기의 꿈』을 통해 어떤 점을 배웠는지 알 수 있습니다.

채점 기준
꿈을 이루려면 어떻게 해야 하는지 알게 되었다는 내용을 알맞게 썼으면 정답으로 인정합니다.

04 글쓴이는 책을 통해 다양한 경험을 할 수 있고, 작가가 말하려는 생각을 알 수 있고, 자신의 삶을 되돌아볼 수 있고 이를 통해 세상을 더 지혜롭게 살 수 있다고 했습니다.

05 글쓴이는 자신의 경험을 바탕으로 하여 책을 읽으면 좋은 점을 알려 주면서 어린이들에게 책을 많이 읽자고 말하고 있습니다.

06 (가)에서는 이방원이 자신의 생각을 '만수산 드렁칡'에 빗대어 뜻을 함께 모아 새 나라를 세우자고 말하고 있습니다.

07 (가)는 이방원이 쓴 「하여가」입니다. 고려 말, 새 왕조를 세우길 원했던 이방원은 이 글에서 '이런들 어떠하며 저런들 어떠하리', '우리도'라는 말을 통해 정몽주가 자신의 뜻에 함께 해 주기를 바라고 있습니다.

08 (나)에서 정몽주는 '일편단심'이라는 말을 통해 고려에 대해 끝까지 충성을 다하겠다는 마음을 나타내고 있습니다.

09 (가)에서 이순신은 전투에서 물살의 방향을 이용하여 일본군을 공격하고 있습니다.

10 아들이 죽은 상황에서도 흔들리지 않고 이를 악물면서 전투에서 이겨야겠다고 결심하는 행동을 통해 이순신은 어떤 고난에서도 포기하지 않고 나라가 처한 상황을 극복하려는 의지를 추구한다는 것을 알 수 있습니다.

더 알아보기

인물이 추구하는 가치를 파악하는 방법
• 인물이 처한 상황을 떠올려 봅니다.
• 인물이 처한 상황에서 인물이 한 말과 행동을 알아봅니다.
• 인물이 처한 상황에서 그렇게 말하고 행동한 까닭을 생각해 봅니다.

8단원에서는 인물들이 추구하는 다양한 가치를 찾아보고 자신이 추구하는 가치와 비교해 보는 활동을 했어.

교과서 내용 **학습**

132~135쪽

01 (1) ○ 02 예 무분별한 벌목으로 아마존 밀림의 크기가 줄어든다는 뉴스를 보아서 03 ① 04 (2) ○ 05 ① 06 ③ 07 ③, ⑤ 08 ㉣ 09 예 하고 싶은 말을 자세히 표현할 수 있다. / 편지를 보내기 전 읽어 보기 때문에 오해가 생길 만한 표현을 하지 않을 수 있다. 10 ④ 11 예 미안한 마음 / 사과하는 마음 12 ⑤ 13 예 내 생각이나 느낌을 바로 전할 수 있다. / 읽는 사람의 반응을 바로 확인할 수 있다. 14 ⑤ 15 ② 16 (3) ○ 17 ②

01 친한 친구가 전학을 갔으므로 슬펐을 것입니다.

02 서연이는 무분별한 벌목으로 아마존의 밀림의 크기가 점점 줄어들고 있다는 뉴스를 보고 자원을 아껴야겠다는 생각을 했습니다.

03 서연이는 버려진 연필과 지우개를 보며 자원이 낭비되는 것에 안타까운 마음이 들었습니다.

04 서연이는 자원이 낭비되는 모습에 안타까움을 느꼈기 때문에 친구들에게 자원을 절약하자거나 자원을 소중히 여기자는 내용의 글을 쓸 것입니다.

05 글을 써서 누리집에 올리는 것은 직접 만나서 이야기하는 것이 아니기 때문에 글의 내용을 이해하는 데 오해가 생길 수도 있습니다. 그러나 여러 친구들과 마음을 나눌 수 있다는 것과 글과 관련된 사진이나 영상을 함께 전달할 수 있다는 것은 장점입니다.

06 연아는 선생님을 만난 후, 싫어했던 국어 공부가 좋아지고 점점 다른 과목 공부도 좋아지게 되어 선생님께 고마운 마음을 갖게 되었습니다.

07 연아는 만화책 말고는 재미가 없고, 글쓰기는 팔만 아프다고 했습니다.

08 글을 쓰기 전에는 글을 쓰게 된 계기, 전하고 싶은 마음, 글을 읽는 사람, 글을 전하는 방법 등을 생각해야 합니다. 연아는 선생님께 편지로 고마운 마음을 전하고 있습니다.

더 알아보기

글을 쓸 때 고려해야 할 점

글을 쓰는 상황과 목적을 파악할 때 고려할 점	일어난 사건을 토대로 글을 쓰는 상황과 목적을 파악함.
쓸 내용을 정할 때 고려할 점	• 일어난 사건을 떠올림. • 일어난 사건에 대한 자신의 생각이나 행동을 떠올림. • 나누려는 마음을 생각함.
표현하기를 할 때 고려할 점	• 읽을 사람을 생각해서 표현함. • 맞춤법, 띄어쓰기를 잘 지켜 표현함.

09 나누고 싶은 마음을 편지로 쓰면 직접 만나서 하기 부끄러운 말도 할 수 있고, 편지를 보내기 전에 하고 싶은 말을 정리하거나 고칠 수 있다는 장점이 있습니다.

채점 기준

편지로 마음을 전했을 때의 좋은 점을 썼으면 정답으로 인정합니다.

10 '과학 시간에 물을 엎질러서 정말 미안해.'라는 지수의 메시지를 보고 알 수 있습니다.

11 지수는 정민이에게 물을 엎질러서 미안했던 마음을 전하고 싶었습니다.

12 지수와 정민이는 문자 메시지를 이용하여 대화를 주고받고 있습니다.

13 글을 쓰는 방법에는 책, 편지, 신문, 컴퓨터, 전화, 휴대전화, 전자 우편, 누리집, 누리 소통망 등이 있습니다. 전하고 싶은 마음에 따라서 더 효과적인 방법을 선택하여 글을 쓸 수 있습니다. 문자 메시지는 상대방에게 생각이나 느낌을 바로 전할 수 있고, 동시에 여러 사람에게 보내거나 시간을 지정하여 예약 발송을 할 수도 있습니다.

채점 기준

문자 메시지의 장점과 관련된 내용을 썼으면 정답으로 인정합니다.

14 신우는 점심 시간에 미역국을 엎질러서 지효 가방이 더러워진 일 때문에 글을 썼습니다.

15 신우는 지효에게 편지를 써서 마음을 전하고 있습니다.

16 에서는 일어난 사건에 대한 자신의 생각과 행동을 표현하고 있습니다.

더 알아보기

'신우가 지효에게 쓴 편지'의 짜임과 내용

처음 부분	• 마음을 나누려는 사람을 밝히고, 첫인사를 함. • 일어난 사건을 자세히 씀.

↓

가운데 부분	• 일어난 사건에 대한 자신의 생각이나 행동을 표현함.

↓

끝 부분	• 나누려는 마음을 표현하고 끝인사를 함. • 글을 쓴 사람을 밝힘.

17 신우의 글을 읽은 사람은 친구인 지효이므로 공손한 표현보다는 친근한 표현을 사용하여 글을 써야 합니다.

단원 확인 평가

139~140쪽

01 ③ **02** ㉣ **03** (3) △ **04** 반응 **05** ③ **06** 예 편지
07 ④, ⑤ **08** ① **09** ②, ③ **10** (1) 예 나에게 고마워하는
신우에게 고마운 마음 / 미안해하는 신우에게 미안해하지 않
아도 된다는 마음 (2) 예 문자 메시지로 쓸 것이다. 내 마음을
신우에게 빨리 전하고 싶기 때문이다. / 편지로 쓸 것이다. 고
마운 마음을 신우처럼 편지지에 담아서 주고 싶기 때문이다.

01 그림 속 여자아이는 친구들이 연필이나 지우개를 잃어버리고도 찾지 않는다는 것을 알게 되어 안타까운 마음이 들었습니다.

02 친구들에게 안타까운 마음을 전하기 위해서 글을 쓰는 것입니다. 혼자만의 일기장에 쓴다면 친구들 모두가 글을 읽을 수는 없습니다.

03 미안한 마음을 전하고 있는 사람은 지수이고, 정민이는 지수의 사과를 받아들였습니다.

04 문자 메시지는 직접 만나서 하는 것이 아니기 때문에 상대방의 표정을 곧바로 확인하기는 어렵습니다.

05 마음을 나누는 글을 계획하여 표현할 때에는 읽을 사람을 생각해서 표현하고, 맞춤법과 띄어쓰기를 잘 지켜 표현합니다.

06 연아는 선생님께, 신우는 친구인 지효에게 편지를 통하여 마음을 나누고 있습니다.

07 편지의 장점은 직접 만나서 하기 어려운 말을 전할 수 있고, 편지를 보내기 전에 내용을 읽어 보고 수정할 수 있어 정리된 내용을 전할 수 있다는 것입니다.

08 선생님은 연아에게 읽기와 쓰기를 재미있게 할 수 있는 방법을 알려 주셨고, 이해되지 않거나 더 알고 싶은 것은 없는지 물어봐 주시고 진지하게 들어 주셨습니다.

09 신우는 미역국을 엎질러 가방이 더러워졌는데도 오히려 신우를 걱정해 주고 함께 치워 준 지효에게 미안하고 고마운 마음을 전하고 싶어 합니다.

10 신우가 쓴 글을 읽고 지효가 어떤 생각이나 느낌이 들었을지 살펴보고, 신우에게 전하고 싶은 마음과 마음을 잘 나눌 수 있는 방법에 대해 생각해 봅니다.

채점 기준

지효의 입장에서 신우에게 전하고 싶은 마음과 글을 쓸 방법을 정하고 그 까닭을 알맞게 썼으면 정답으로 인정합니다.

> 9단원에서는
> 글을 쓰는 상황과 목적을
> 파악하여 마음을 나누는 글을
> 쓰는 방법을 배웠어.

1 단원 쪽지 시험

01 예 비유하는 표현　**02** 은유법　**03** (1) ○　**04** 예 뻥튀기 가 사방으로 날리는 모양　**05** (2) ○　**06** 직유법　**07** 풀잎, 바람　**08** 예 선물 / 선생님 / 엄마

학교 시험 만점왕　　1. 비유하는 표현

01 ①　**02** ㉤　**03** ④　**04** 선호, 민주　**05** ②　**06** ⑤　**07** 친구　**08** ⑤　**09** ⑤　**10** (1) 예 나는 가족이 좋아, 가족 같 은 친구 좋아 / 곁에서 슬픔과 기쁨을 같이 나누는 가족처럼 (2) 예 가족처럼 항상 기쁨과 슬픔을 같이해서

01 "뻥이요, 뻥!"은 뻥튀기를 튀길 때 마지막에 나는 큰 소 리에 사람들이 놀랄까 봐 주의를 주는 소리입니다.

02 ㉡~㉣은 뻥튀기가 사방으로 날리는 모양을 비유한 표 현이고, ㉤은 뻥튀기를 할 때 나는 냄새를 비유한 표현 입니다. 글을 읽을 때 비유하는 표현을 생각하며 읽으 면 상황이 실감 나게 느껴지고 장면이 쉽게 떠오릅니다.

03 이 글에서는 은유법을 사용하여 뻥튀기 냄새를 메밀꽃 냄새, 새우 냄새, 멍멍이 냄새, 옥수수 냄새로 표현했습 니다.

더 알아보기

- 직유법: '~같이', '~처럼', '~듯이'와 같은 말을 사용해서 두 대상을 직접 견주어 표현하는 방법
- 은유법: 어떤 대상을 '~은/는 ~이다'로 빗대어 표현하는 방법

04 이 글에서는 뻥튀기를 할 때 나는 고소한 냄새를 멍멍 이 냄새에 비유해 표현했습니다.

05 글을 큰 소리로 읽는 것은 비유하는 표현과 관련이 없 습니다.

더 알아보기

비유하는 표현을 사용하면 좋은 점
- 글이나 그림책의 내용이 쉽게 이해됩니다.
- 글쓴이의 의도를 쉽게 파악할 수 있습니다.
- 상황이 실감 나게 느껴집니다.
- 장면이 쉽게 떠오릅니다.

06 이 시는 2연 6행으로, 중심 글감인 '친구'를 '풀잎'과 '바 람'에 비유하여 표현하고 있습니다. 또 '나는', '좋아'와 같이 반복되는 말이 사용되어 운율이 느껴집니다.

07 '풀잎'과 '바람'은 '친구'를 비유한 표현입니다. 비유하는 표현에는 직유법과 은유법이 있는데, 직유법은 '풀잎 같은 친구'와 같이 '~같이', '~처럼', '~듯이' 등을 사용 해서 두 대상을 직접 견주어 표현하는 방법이고, 은유 법은 어떤 대상을 '~은/는 ~이다'로 빗대어 표현하는 방법입니다.

08 이 시의 주제는 친구 간의 우정입니다. 말하는 이는 좋 아하는 친구를 '풀잎'과 '바람'에 빗대어 표현했습니다.

09 친구와 바람은 헤어져도 다시 찾아와서 만나고, 만나면 얼싸안는다는 공통점이 있습니다.

10 '친구'를 무엇에 비유하여 표현하면 좋을지 생각해 보 고, 그렇게 비유한 까닭을 정리해 봅니다.

채점 기준

비유하는 표현을 사용하여 시의 일부분을 바꾸어 쓰고, 그에 알맞은 까닭을 썼으면 정답으로 인정합니다.

2단원 쪽지 시험 17쪽

01 절정   02 결말   03 (1) ○   04 (1) 삭제   (3) 관련 있는
05 저승   06 ⑩ 원님이 이승에서 좀 더 살게 해 달라고 간청
해서   07 ⓒ   08 ⑩ 저승사자는 원님에게 수고비를 내놓으
라고 함.

18~19쪽

학교 시험 만점왕 **2. 이야기를 간추려요**

01 원님, 염라대왕   02 발단   03 ⑤   04 ①   05 ⑩ 이승에
서 수많은 사람들을 도와주어서 / 이승에서 덕을 많이 베풀어
서   06 현정   07 조약돌   08 ③   09 (2) ○   10 (1) ⑩ 소
나기가 멎은 뒤에 소년이 소녀를 업고 물이 불어나 돌다리가
없어진 개울을 건너는 장면   (2) ⑩ 몸이 약한 소녀를 배려하
는 소년의 마음이 느껴진다.

01 이 이야기에 나오는 인물은 원님과 염라대왕입니다.

02 이 이야기의 시작 부분으로 발단입니다.

더 알아보기

「저승에 있는 곳간」의 이야기 구조에 따른 중심 내용

이야기 구조	중심 내용
발단	저승에 간 원님이 염라대왕에게 이승에서 좀 더 살게 해 달라고 간청하자 염라대왕은 원님을 저승사자에게 돌려보냈고, 저승사자는 원님에게 수고비를 내놓으라고 함.
전개	저승사자는 원님에게 덕진이라는 아가씨의 곳간에서 쌀을 꾸어 계산하게 하고 원님을 이승으로 보냄.
절정	원님이 이승으로 돌아와 덕진을 만나고 덕진의 말과 행동에 크게 감명받아 덕진에게 쌀 삼백 석을 갚음.
결말	덕진이 원님에게 받은 쌀로 마을 앞을 가로지르는 강가에 다리를 놓음.

03 원님이 염라대왕에게 이승에서 좀 더 살게 해 달라고
간청하자 염라대왕은 원님을 딱하게 여겨 저승사자에
게 돌려보냈습니다.

04 덕진은 도움을 청하는 사람들에게 선뜻 적선하는 착한
인물입니다.

05 덕진은 이승에서 수많은 사람들을 도와주었기 때문에
저승 곳간이 가득 차 있었던 것입니다.

06 소년은 소녀에게 징검다리에서 비켜 달라는 말도 못 할
정도로 수줍음이 많은 아이입니다.

07 소년은 소녀가 던진 조약돌을 소중하게 여겨 소녀를 생
각하거나 기다릴 때마다 조약돌을 만지작거립니다.

08 소년이 소녀가 앓다가 죽었다는 소식을 듣게 된다는 장
면이 「소나기」의 결말입니다.

09 (1)은 이야기 구조를 확인하는 질문이고, (3)은 이야기
내용을 추론하는 질문입니다.

더 알아보기

「소나기」를 읽고 만들 수 있는 질문의 ⑩

• 이야기 구조를 확인하는 질문
 – 이야기는 어떻게 시작되나요?
 – 어느 부분에서 사건이 본격적으로 발생하나요?
 – 어느 부분에서 긴장감이 가장 높아지나요?
 – 어느 부분에서 사건이 해결되나요?
• 이야기 내용을 추론하는 질문
 – 소년은 왜 소녀에게 비켜 달라는 말도 못 했을까요?
 – 소녀가 소년에게 하얀 조약돌을 던지며 "이 바보."라고 외
  친 까닭은 무엇일까요?
 – 소녀의 옷에 묻은 얼룩은 어떻게 해서 생겼을까요?
• 친구들 생각을 알고 싶은 질문
 – 왜 소년과 소녀의 이름이 나오지 않을까요?
 – 제목을 「소나기」로 한 까닭은 무엇일까요?
 – 소녀가 자신이 입던 옷을 그대로 입혀서 묻어 달라고 한
  까닭은 무엇일까요?

10 인상 깊었던 장면은 이야기를 읽고 가장 기억에 남는
장면을 말합니다.

채점 기준

이야기에서 인상 깊었던 장면과 그에 대한 생각이나 느낌을
알맞게 썼으면 정답으로 인정합니다.

3 단원 쪽지 시험 21쪽

01 (2) △ 02 ⑩ 높임 03 (2) ○ 04 ⑩ 말하는 사람과 듣는 사람이 있다. 05 도표 06 동영상 07 표 08 진우

22~23쪽

학교 시험 만점왕   3. 짜임새 있게 구성해요

01 ③ 02 ⑤ 03 ⑩ 내용을 쉽게 설명할 수 있다. / 사람들의 관심을 끌 수 있다. 04 (1) ⑩ 표 (2) ⑩ 학생의 의견을 순위별로 나타내기 좋을 것 같기 때문이다. 05 (1) ○ 06 ㉯ 07 ①, ⑤ 08 ⑤ 09 ⑤ 10 ⑩ 큰 소리로 또박또박 말하고 높임 표현을 사용한다. / 듣는 사람이 알아듣기 쉽게 자료를 활용한다.

01 학교에서 친구들을 대상으로 하여 전교 학생회 회장단에 입후보한 학생이 소견 발표를 하는 공식적인 말하기 상황입니다.

02 학생들이 학교에 바라는 점에 대한 내용은 설문 조사를 통해 알게 된 결과입니다.

03 공식적인 말하기 상황에서 자료를 활용하면 사람들에게 내용을 쉽게 설명할 수 있고 사람들의 관심을 끌 수 있습니다.

채점 기준
자료를 활용해 발표할 때의 좋은 점을 알맞게 썼으면 정답으로 인정합니다.

04 학생들이 학교에 바라는 점을 설명하려고 할 때 가장 적절한 자료는 학생의 의견을 순위별로 나타낸 표나 학생들의 인터뷰 내용을 담은 동영상입니다.

채점 기준
활용할 자료와 활용하려고 하는 까닭이 알맞게 나타났으면 정답으로 인정합니다.

05 ㉮는 표, ㉯는 사진, ㉰는 도표, ㉱는 동영상입니다. 대상을 생생하게 보여 줄 수 있는 자료는 동영상입니다.

06 사진은 설명하는 대상의 정확한 모습을 보여 줄 수 있

고, 설명하는 대상을 한눈에 보여 줄 수 있습니다.

07 글 ㈎에서 1모둠이 준비한 자료는 표와 동영상이라고 했습니다.

08 '100대 기업의 인재상 변화'를 보면 시대에 따라 달라지는 인재상에 대하여 알 수 있습니다.

09 발표자는 미래에 필요한 인재도 4차 산업 분야에서 필요한 능력을 가진 인재일 것이라고 생각했습니다.

10 공식적인 상황에서 이야기할 때에는 큰 소리로 발표하고 높임 표현을 사용합니다.

채점 기준
여러 사람 앞에서 말하는 상황에서 주의할 점을 알맞게 썼으면 정답으로 인정합니다.

4 단원 **쪽지 시험**

25쪽

01 근거 **02** (1) ④ (2) ⑦ (3) ④ **03** (나) **04** (다) **05** (가)
06 (3) ○ **07** (3) ○

26~27쪽

학교 시험 **만점왕**   **4. 주장과 근거를 판단해요**

01 ① **02** (나) **03** (1) 예 동물원은 있어야 한다. (2) 예 동물원은 우리에게 큰 즐거움을 준다. 동물원은 동물을 보호해 준다. **04** ① **05** ⑦ **06** ⓛ **07** ⑤ **08** ㉮, ㉯ **09** ⑤ **10** (1) ○

01 이 글은 '동물원이 필요한가'라는 주제에 대해 찬성하거나 반대하는 내용을 쓴 글입니다. 글 (가)는 '동물원이 있어야 한다.'라는 주장과 그에 대한 근거이고, 글 (나)는 '동물원은 없애야 한다.'라는 주장에 대한 근거입니다.

02 글 (가)는 '동물원이 있어야 한다.'라는 주장과 그 주장에 대한 근거이고, 글 (나)는 '동물원은 없애야 한다.'라는 주장에 대한 근거입니다.

03 글 (가)에서 글쓴이는 동물원은 우리에게 큰 즐거움을 주고, 동물을 보호해 준다는 근거를 들어 동물원은 있어야 한다고 주장했습니다. 글쓴이가 말하려고 하는 주장과 그 주장을 뒷받침하는 근거를 찾아봅니다.

채점 기준

동물원은 있어야 한다는 주장과 주장에 대한 근거를 찾아 알맞게 썼으면 정답으로 인정합니다.

04 ①의 '인물, 사건, 배경'은 이야기의 구성 요소이고, ②, ③, ④, ⑤는 논설문의 특성에 대한 내용입니다.

더 알아보기

논설문의 특성

• 읽는 사람을 설득하는 것을 목적으로 자신의 주장을 논리적으로 쓴 글입니다.
• 주장과, 주장을 뒷받침하는 근거로 이루어져 있습니다.
• 서론, 본론, 결론으로 짜여 있습니다.

05 글 (가)는 논설문의 서론으로, 문제 상황과 주장이 나타나 있습니다. ㉠은 우리 전통 음식보다 외국에서 유래한 음식을 더 좋아하는 요즘의 문제 상황을 제시한 내용입니다.

06 이 글에서 글쓴이는 '우리 전통 음식을 사랑하자.'라고 주장했습니다. 논설문의 서론인 글 (가)에서 글쓴이의 주장을 찾을 수 있습니다.

07 글 (나)에서는 우리 전통 음식을 가까이하면 계절과 지역에 따라 다양한 맛을 즐길 수 있다고 하였습니다.

08 글 (가)는 문제 상황과 글쓴이의 주장이 나타나 있는 논설문의 서론입니다. 논설문의 본론에서는 주장과 주장을 뒷받침하는 적절한 근거가 제시되고, 결론에서는 글 내용을 요약하기도 하고 글쓴이의 주장을 다시 한번 강조할 수 있습니다.

09 글 (나)는 자연은 한번 파괴되면 복원되기 어렵다는 내용을 쓴 논설문의 본론입니다.

10 글 (나)와 (다)는 글 (가)의 '자연을 보호해야 한다.'라는 주장을 뒷받침하는 근거입니다. 글 (나)는 오염된 환경을 되살리는 데에는 많은 노력이 필요하다는 내용을, 글 (다)는 무리한 자연 개발은 생태계를 파괴한다는 내용을 주장에 대한 근거로 제시했습니다.

09 '바르고 고운 말을 쓰자.'는 주제에 어울리는 '말'과 관련된 속담과 그 뜻을 씁니다.

> **채점 기준**
>
> '말(언어)'과 관련된 속담과 그 뜻을 올바르게 썼으면 정답으로 인정합니다.

10 '말'과 관련된 속담은 ⑭와 ⑭, '동물'과 관련된 속담은 ㉮, ㉣, ㉺입니다.

---

⑤단원 쪽지 시험

29쪽

01 (2) ○   02 ㉾ 티끌 모아 태산   03 ㉾ 용돈을 조금씩 저축해서 부모님께 큰 선물을 사 드린 상황   04 ㉾ 바늘보다 실이 굵다 / 얼굴보다 코가 더 크다   05 콩, 팥, 팥   06 ㉾ 바늘 가는 데 실 간다 / 용 가는 데 구름 간다 / 구름 갈 제 비가 간다   07 ㉾ 가는 말이 고와야 오는 말이 곱다   08 ㉾ 호랑이도 제 말 하면 온다 / 개천에서 용 난다

30~31쪽

학교 시험 만점왕　　　　**5. 속담을 활용해요**

01 ③   02 (2) ○   03 (2) ○   04 ㉾ 우물을 파도 한 우물을 파라   05 ㉾ 소 잃고 외양간 고친다   06 ⑤   07 (1) – ② (2) – ① (3) – ③   08 ㉮, ⑭   09 (1) ㉾ 가는 말이 고와야 오는 말이 곱다 (2) ㉾ 남에게 말이나 행동을 좋게 해야 남도 나에게 좋게 한다.   10 (1) ⑭, ⑭ (2) ㉮, ㉣, ㉺

01 '협동'과 관련된 속담은 ③입니다.

02 그림 속 여자아이처럼 속담을 사용해서 말하면 자기 생각을 효과적으로 드러낼 수 있습니다.

03 여러 사람이 자기주장만 내세워 일이 제대로 되지 않는 상황에 어울리는 속담은 (2)입니다.

04 한 가지 일에 집중해서 하라고 충고하는 상황에 어울리는 속담은 '우물을 파도 한 우물을 파라.'입니다.

05 설명하고 있는 뜻을 가진 속담은 '소 잃고 외양간 고친다.'입니다.

06 철없이 함부로 덤빈다는 뜻을 가진 속담이므로 ⑤의 상황에 사용할 수 있습니다.

07 (1)은 시작이 중요하다는 뜻, (2)는 좋은 사람이라도 업신여기면 가만있지 않는다는 뜻, (3)은 어릴 때 버릇은 고치기 힘들다는 뜻입니다.

08 상황이 이치에 맞지 않는다는 뜻으로 중심이 되는 것보다 부분적인 것이 더 크거나 많다는 뜻의 속담은 ㉮와

6 단원 쪽지 시험

33쪽

01 주인의 신분   02 왕, 왕비   03 ⑵ ○ ⑶ ○   04 큰 복을 누리며 번성하라   05 태조 이성계   06 근정전   07 교태전   08 왕이 외국 사신을 접대하거나 신하들에게 연회를 베풀던 장소

34~35쪽

학교 시험 만점왕   6. 내용을 추론해요

01 ④   02 ⑵ ○   03 성종   04 ④   05 예 성종이 할머니들을 모시려고 지은 궁궐일 뿐 아니라, 효자로 유명한 정조가 태어난 곳이기 때문이다.   06 경덕궁   07 ②   08 ⑤   09 중화전, 정관헌   10 ⑴ ○ ⑶ ○

01 창덕궁은 경복궁의 동쪽에 있어서 '동궐'이라고 불렸습니다.

02 부용지와 부용정이 하늘과 땅의 모습을 반영해 지었다는 내용을 통해 ⑵를 추론할 수 있습니다.

더 알아보기

글의 내용을 추론하는 방법
• 글 내용과 관련해 자신이 이미 아는 사실을 떠올립니다.
• 글 내용과 관련된 자신의 경험을 떠올립니다.
• 글에서 뜻을 알지 못하는 낱말이나 문장의 뜻을 추론해 봅니다.

03 글 (나)에서 성종이 할머니들을 모시려고 창경궁을 지었다는 것을 알 수 있습니다.

04 창경궁의 문정전 앞뜰은 사도 세자가 목숨을 잃은 사건이 일어난 장소입니다.

05 글 (나)에서 창경궁은 할머니들을 모시려고 성종이 지었고, 효자로 유명한 정조가 태어난 곳이라는 내용을 찾을 수 있습니다.

채점 기준

성종이 할머니들을 모시기 위해 지었다는 것과 효자로 유명한 정조가 태어난 장소라는 내용을 알맞게 썼으면 정답으로 인정합니다.

06 경희궁은 처음에 경덕궁이라고 불렸으나 영조 때 경희궁이라고 고쳐 부르게 되었습니다.

07 경희궁은 일제 강점기에 강제로 헐려 터만 남아 있다가 최근에 옛 모습의 일부를 되찾았습니다.

08 선조가 행궁으로 만들었던 경운궁은 조선 왕조 말기에 고종이 지내게 되면서 궁궐다운 모습을 갖추게 되었습니다.

09 경운궁에 있는 건물인 중화전은 전통적 건물로 국가적 의식을 치르던 곳이고, 서양식 건물인 정관헌은 고종 황제가 여가를 즐기거나 손님을 맞이하던 곳입니다.

10 궁궐의 터를 정하게 된 것에 대한 내용이 없기 때문에 ⑵는 글의 내용을 통해 추론할 수 있는 사실이 아닙니다.

더 알아보기

글 ⑺와 ⑻에서 추론할 수 있는 사실
• 글 ⑺: 경희궁의 규모가 1500칸에 이르렀다는 것으로 알 수 있는 것은 무엇인가요?
• 글 ⑻: 경운궁에 전통적 건물과 서양식 건물이 함께 들어서 있는 까닭은 무엇일까요?

쪽지 시험   37쪽

01 (먹는) 생선   02 생선, 핵노잼, 헐   03 예 여자아이가 줄임 말과 신조어, 비속어를 써서   04 예 뉴스, 사진, 신문, 뉴스 영상   05 부정   06 (2) ○   07 예 말하는 사람은 물론 듣는 사람도 모두 마음이 편안해진다. / 말하는 사람과 듣는 사람 모두 기분이 좋아지고 자신감도 생긴다.   08 예 부정하는 말보다는 긍정하는 말을 쓰자.

38~39쪽

학교 시험 만점왕   **7. 우리말을 가꾸어요**

01 (2) ○   02 ④   03 ④   04 (1) 예 미안해. 다치지 않았니? (2) 예 괜찮아. 나도 못 봤는데 뭐. 괜찮니?   05 ⑤   06 예 인터넷   07 ②   08 예 서로 높임말을 사용하는 언어문화 09 예 <u>그러므로 긍정하는 말과 고운 우리말을 사용해야 합니다.</u>   10 (2) △

01 대중 매체 환경의 빠른 변화로 욕설이나 비속어를 대하는 나이가 점차 어려지고 있다고 했습니다.

02 학생들이 일상적으로 욕을 사용하는 것이 문제라고 했습니다.

03 준형이와 수진이가 배려하는 말을 하지 않고 비속어를 사용하며 비난했기 때문에 다툼이 일어났습니다.

04 비난하는 말 대신 상대에게 먼저 사과하는 말을 합니다.
    채점 기준
    친구를 배려하는 올바른 말을 상황에 맞게 썼으면 정답으로 인정합니다.

05 ⑤는 우리말 사용 실태를 조사한 후에 결과를 정리할 때 써야 할 내용입니다.

06 지원이는 인터넷에서 텔레비전 뉴스 기사를 찾았다고 했습니다.

07 지원이는 줄임 말과 신조어를 찾아보았습니다. ② '존칭'은 높여 이르는 말의 한자어입니다.

08 중화는 학교에서 서로 높임말을 사용하는 언어문화를 조사했습니다.

09 마지막 문단에 글쓴이의 주장이 나타나 있습니다.

10 (2)는 글쓴이가 근거로 제시한 내용이 아닙니다.

01 ⓔ 목적   02 『레 미제라블』   03 ⑷ ○   04 ⓔ 너희도 책을 읽어 봐.   05 ⑺   06 ⑻   07 ⓔ (고려) 임금

42~43쪽

학교 시험 만점왕   8. 인물의 삶을 찾아서

01 『꿀벌 마야의 모험』   02 ①   03 ④   04 ④   05 ⓔ 이야기 속 인물들을 통해 다양한 경험을 할 수 있다. / 작가가 말하고자 하는 생각을 들을 수 있다. / 내 삶을 되돌아보는 기회가 된다.   06 ②   07 일편단심   08 ③   09 ①   10 ⑴ ○

01 글쓴이는 『꿀벌 마야의 모험』을 읽고, 꿀벌이 여러 가지 경험을 하며 자신의 삶을 이끌어 가는 모습에서 꿈과 희망을 얻고 작가라는 꿈을 갖게 되었다고 했습니다.

02 글쓴이는 『레 미제라블』에서 자신이 받은 도움을 생각하며 어려운 사람들을 돕는 인물의 모습에서 감동을 받았다고 했습니다.

03 글쓴이는 자신의 꿈을 이루려고 끊임없이 노력하는 갈매기의 이야기인 『갈매기의 꿈』을 읽고 꿈을 이루려면 어떻게 해야 하는지 알게 되었다고 했습니다.

04 『꿀벌 마야의 모험』, 『레 미제라블』, 『노인과 바다』, 『갈매기의 꿈』은 모두 등장인물들이 글쓴이에게 특별하게 기억되는 책입니다.

05 글쓴이가 말한 '책이 주는 선물'은 책을 읽으면 얻을 수 있는 좋은 점입니다. 글 ⑷에서 책을 통해 얻을 수 있는 점을 찾을 수 있습니다.

채점 기준

다양한 경험을 할 수 있다, 작가가 말하고자 하는 생각을 들을 수 있다, 내 삶을 되돌아보는 기회가 된다는 내용을 알맞게 썼으면 정답으로 인정합니다.

06 ②는 ⑻의 글쓴이가 말하고자 하는 생각입니다.

07 ⑻는 ⑺에 대한 답장으로 정몽주가 쓴 시조로, 고려 왕

조에 대한 변치 않는 마음을 표현한 내용입니다. '일편단심'의 뜻은 '한 조각의 붉은 마음'입니다.

08 ⑻는 정몽주의 「단심가」입니다. 정몽주는 고려 왕조를 향한 자신의 변함없는 마음을 시조로 표현했습니다.

09 이순신은 우리 군사의 수가 많은 것처럼 보이도록 하기 위해서 백성들에게 바다가 보이는 육지의 산봉우리에서 계속 돌아다니게 했습니다.

10 불리한 상황에서도 물러서지 않고 열심히 싸우는 이순신의 모습을 통해 이순신은 용기와 자신감을 추구한다는 것을 알 수 있습니다.

9 단원 쪽지 시험

45쪽

01 미안한   02 ⑩ 친구에게 / 정민이에게   03 ⑩ 미안한 마음, 사과하는 마음   04 문자 메시지   05 ㉣   06 신우, 지효
07 ⑩ 미안한 마음, 고마운 마음   08 편지

46~47쪽

학교 시험 만점왕   **9. 마음을 나누는 글을 써요**

01 ②   02 ④   03 ④   04 ⑩ 학급 누리집에 쓸 것이다. 한 번에 여러 사람에게 내 마음을 전할 수 있기 때문이다. / 학급 게시판에 쓸 것이다. 컴퓨터가 없는 친구들도 내 글을 볼 수 있기 때문이다.   05 ⑤   06 ④   07 ④   08 ①   09 (1) – ① (2) – ②   10 ⑩ 선생님, 저 지수예요. 아까 과학 시간에 물을 엎질러서 정말 죄송합니다.

01 첫 번째 장면에서 여자아이는 텔레비전 뉴스를 보고 자원을 아껴 써야겠다는 생각을 하고 있습니다.

02 여자아이는 친구들이 학용품을 소중히 다루지 않아 안타깝고 자원이 낭비되어 걱정하는 마음이 들었습니다.

03 마음을 나누는 글을 쓰기 전에 생각해야 할 내용이므로 맞춤법을 잘 지켜 표현하는 것은 알맞지 않습니다.

04 마음을 나누는 글을 쓸 때에는 글을 전하는 방법을 정하는 것도 중요합니다. 자신의 마음을 가장 잘 전달할 수 있는 방법을 선택해 봅니다.

채점 기준

글을 전하는 방법(게시판, 누리집, 문자 메시지 등)을 정해 쓰고, 그 까닭을 적절하게 썼으면 정답으로 인정합니다.

05 마음을 나누는 글을 쓰는 까닭은 상대에게 잘 보이기 위해서가 아니라 말로는 쑥스러워 전하지 못한 마음을 더 잘 전할 수 있기 때문입니다. 마음을 전하는 글을 쓸 때에는 글을 읽을 사람을 배려하고 예의를 갖추어 써야 합니다.

06 지수가 과학 시간에 정민이에게 물을 엎질러서 정민이의 옷이 젖은 일에 대해 사과하고 있습니다.

07 친구의 실수로 가방이 더러워졌는데도 오히려 친구를 걱정하고 도와주는 모습에서 지효의 성격을 짐작해 볼 수 있습니다.

08 글을 쓴 상황이나 목적은 다르지만 지수와 신우 모두 친구에게 미안한 마음과 사과하는 마음을 전하고 있습니다.

09 ㈎는 문자 메시지, ㈏는 편지를 통하여 마음을 나누고 있습니다.

10 마음을 전하는 글을 쓸 때에는 읽을 사람이 누구인지에 따라서 표현하는 방법이 달라져야 합니다. 친구에게는 친근한 표현을 써도 되지만 웃어른인 선생님께는 공손한 표현을 사용하여 마음을 전해야 합니다.

채점 기준

㉠의 내용을 높임 표현을 사용하여 공손하게 썼으면 정답으로 인정합니다.

6학년 1학기 국어 공부를 잘 마쳤구나. 2학기 때 다시 만나자!

메모

메모

메모

메모

365일, 24시 청소년 모바일 상담

다 들어줄 개

청소년 모바일 상담센터 이용 방법

①
'다 들어줄개' 어플

②
'다 들어줄개' 채널

③
'1661-5004' 문자

EBS와 함께하는 자기주도 학습 초등·중학 교재 로드맵

		예비 초등	1학년	2학년	3학년	4학년	5학년	6학년

전과목 기본서/평가

BEST 만점왕 국어/수학/사회/과학
교과서 중심 초등 기본서

만점왕 통합본 학기별(8책) HOT
바쁜 초등학생을 위한 국어·사회·과학 압축본

만점왕 단원평가 학기별(8책)
한 권으로 학교 단원평가 대비

기초학력 진단평가 초2~중2
초2부터 중2까지 기초학력 진단평가 대비

국어

독해

4주 완성 독해력 1~6단계
학년별 교과 연계 단기 독해 학습

문학

문법

어휘

어휘가 독해다! 초등 국어 어휘 1~2단계
1, 2학년 교과서 필수 낱말 + 읽기 학습

어휘가 독해다! 초등 국어 어휘 기본
3, 4학년 교과서 필수 낱말 + 읽기 학습

어휘가 독해다! 초등 국어 어휘 실력
5, 6학년 교과서 필수 낱말 + 읽기 학습

한자

참 쉬운 급수 한자 8급/7급 II/7급
한자능력검정시험 대비 급수별 학습

어휘가 독해다! 초등 한자 어휘 1~4단계
하루 1개 한자 학습을 통한 어휘 + 독해 학습

쓰기

참 쉬운 글쓰기 1-따라 쓰는 글쓰기
맞춤법·받아쓰기로 시작하는 기초 글쓰기 연습

참 쉬운 글쓰기 2-문법에 맞는 글쓰기/3-목적에 맞는 글쓰기
초등학생에게 꼭 필요한 기초 글쓰기 연습

문해력

어휘/쓰기/ERI독해/배경지식/디지털독해가 문해력이다
평생을 살아가는 힘, 문해력을 키우는 학기별·단계별 종합 학습

문해력 등급 평가 초1~중1
내 문해력 수준을 확인하는 등급 평가

영어

EBS ELT 시리즈 | 권장 학년 : 유아 ~ 중1

EBS Big Cat
Collins **BIG CAT** — 다양한 스토리를 통한 영어 리딩 실력 향상

EBS Big Cat
Shinoy and the Chaos Crew — 흥미롭고 몰입감 있는 스토리를 통한 풍부한 영어 독서

EBS easy learning
easy learning — 저연령 학습자를 위한 기초 영어 프로그램

독해

EBS랑 홈스쿨 초등 영독해 Level 1~3
다양한 부가 자료가 있는 단계별 영독해 학습

EBS 기초 영독해
중학 영어 내신 만점을 위한 첫 영독해

문법

EBS랑 홈스쿨 초등 영문법 1~2
다양한 부가 자료가 있는 단계별 영문법 학습

EBS 기초 영문법 1~2 HOT
중학 영어 내신 만점을 위한 첫 영문법

어휘

EBS랑 홈스쿨 초등 필수 영단어 Level 1~2
다양한 부가 자료가 있는 단계별 영단어 테마 연상 종합 학습

쓰기

듣기

초등 영어듣기평가 완벽대비 학기별(8책)
듣기 + 받아쓰기 + 말하기 All in One 학습서

수학

연산

만점왕 연산 Pre 1~2단계, 1~12단계
과학적 연산 방법을 통한 계산력 훈련

개념

응용

만점왕 수학 플러스 학기별(12책)
교과서 중심 기본 + 응용 문제

심화

만점왕 수학 고난도 학기별(6책)
상위권 학생을 위한 초등 고난도 문제집

특화

초등 수해력 영역별 P단계, 1~6단계(14책)
다음 학년 수학이 쉬워지는 영역별 초등 수학 특화 학습서

사회

사회 역사

초등학생을 위한 多담은 한국사 연표
연표로 흐름을 잡는 한국사 학습

매일 쉬운 스토리 한국사 1~2/**스토리 한국사** 1~2
하루 한 주제를 이야기로 배우는 한국사/ 고학년 사회 학습 입문서

과학

과학

기타

창체

창의체험 탐구생활 1~12권
창의력을 키우는 창의체험활동·탐구

AI

쉽게 배우는 초등 AI 1(1~2학년)
초등 교과와 융합한 초등 1~2학년 인공지능 입문서

쉽게 배우는 초등 AI 2(3~4학년)
초등 교과와 융합한 초등 3~4학년 인공지능 입문서

쉽게 배우는 초등 AI 3(5~6학년)
초등 교과와 융합한 초등 5~6학년 인공지능 입문서